2023 年浙江省文化产业发展报告

主　编　余　钧

副主编　吴怡频　曾照智　张云鹤　宋　雪

浙江工商大学 出版社
ZHEJIANG GONGSHANG UNIVERSITY PRESS

·杭州·

图书在版编目（CIP）数据

2023 年浙江省文化产业发展报告 / 余钧主编；吴怡频等副主编. -- 杭州：浙江工商大学出版社，2024.6.
ISBN 978-7-5178-6495-0

Ⅰ. G127.55

中国国家版本馆 CIP 数据核字第 2025YE4890 号

2023 年浙江省文化产业发展报告

2023 NIAN ZHEJIANG SHENG WENHUA CHANYE FAZHAN BAOGAO

主　编　余　钧

副主编　吴怡频　曾照智　张云鹤　宋　雪

责任编辑　黄拉拉
责任校对　李远东
封面设计　蔡海东
责任印制　祝希茜
出版发行　浙江工商大学出版社
　　　　　　（杭州市教工路 198 号　邮政编码 310012）
　　　　　　（E-mail：zjgsupress@163.com）
　　　　　　（网址：http://www.zjgsupress.com）
　　　　　　电话：0571 - 88904980，88831806（传真）
排　　版　杭州朝曦图文设计有限公司
印　　刷　杭州杭新印务有限公司
开　　本　710 mm×1000 mm　1/16
印　　张　11
字　　数　240 千
版 印 次　2024 年 6 月第 1 版　2024 年 6 月第 1 次印刷
书　　号　ISBN 978-7-5178-6495-0
定　　价　59.00 元

目　录

第 一 篇

2023 年浙江省文化产业发展总报告

2023年浙江省文化产业发展总报告

余　钧　蔡佳晨

　　浙江省文化产业发展水平居于全国前列,拥有丰富的文化资源、扎实的产业发展基础和良好的产业政策环境。2022年,浙江省文化产业以打造新时代文化产业高地为目标,以加快推动高质量发展为主题,以改革创新为动力,抓住由新技术、新业态、新消费带来的重大机遇,优化产业发展布局,促进产业链和创新链精准对接,深化文化和旅游融合发展,有效应对新冠疫情带来的行业冲击,进一步提升文化产业的质量效益和核心竞争力。在全面推进高质量发展、建设共同富裕示范区和争创社会主义现代化先行省的背景下,文化产业将为浙江省实现共同富裕和省域现代化"两个先行"注入新的动能,打造具有时代特色和国际竞争力的省域品牌,实现物质文明与精神文明的协调发展。

一、浙江省文化产业发展环境

(一)区位环境:区位优势突出,内外循环相互促进

　　浙江省位于中国东南沿海长江三角洲南翼,东临东海,南接福建省,西与江西省、安徽省相连,北与上海市、江苏省为邻。全省陆域面积为10.55万平方千米,占全国面积的1.1%,是中国面积较小的省份之一。至2022年年末,全省设11个地级市,有37个市辖区、20个县级市、33个县(含1个自治县),下辖488个街道、618个镇、258个乡。全省常住人口为6577万人,比2021年年末增加37万人,城镇人口占比为73.4%,上升0.7个百分点,高出全国平均水平8.2个百分点。2022年,浙江省纵深推进长三角一体化,牵头实施数字长三角建设方案,深化浙沪小洋山区域合作开发,推动杭州市和宁波市唱响"双城记",促进杭州市、宁波市、温州市、金华市、金义新区四大都市区和中心城市协同发展。在区域协调发展水平不断提高的同时,浙江省开放型经济发展也取得新的成效。2022年,浙江省聚焦聚力"两个先行",高质量推动"一带一路"重要枢纽建设,着力推进义甬舟开放大通道建设,高标准建设中国(浙江)自由贸易试验区。2022年,全省货物贸易进出口总额占全国的比例为11.1%,居全国第3,"一带一路"共建国家进出口份额占全国的比例提升至12.5%。

(二)经济环境:经济稳进提质,数字经济势头强劲

　　浙江省经济运行经受住超预期的冲击和挑战,保持高质量发展,稳进提质,全省生产总值连续多年稳居全国第4。2022年,全省生产总值为77715亿元,比上年增长3.1%。分产业看,第一、二、三产业增加值分别为2325亿元、33205亿元和42185亿元,比上年分别增长

3.2%、3.4%和2.8%,三次产业结构为3.0∶42.7∶54.3。这离不开政策的有力支持。2022年1月,浙江省发布"5+4"稳进提质政策体系,即扩大有效投资、减负强企、科技创新、"两稳一促"、民生保障等五大政策包,以及财政、自然资源、金融、能源等4张要素清单。浙江省深入实施数字经济"一号工程"升级版,高水平建设数字经济创新发展试验区,数字经济发展水平居全国前列,成为经济增长的关键引擎。2022年,浙江省数字经济核心产业增加值为8977亿元,比上年增长6.3%。数字经济核心产业制造业增加值增长10.7%,增速比规模以上工业高6.5个百分点,拉动规模以上工业增加值增长1.7个百分点。此外,浙江省民营经济和海洋经济实力突出。2022年,全省民营经济创造增加值5.2万亿元,占全省地区生产总值的67%,有107家民营企业入围中国民营企业500强,入围数量连续24年居全国首位。全省实现海洋生产总值1.05万亿元,增长5.4%,占全省生产总值的13.5%以上,高出全国平均水平4—5个百分点。

(三)社会环境:社会和谐稳定,共富建设深入推进

浙江省居民收入和消费水平居全国前列。2022年,浙江全体居民、城市居民和农村居民人均可支配收入分别是全国平均水平的1.63倍、1.45倍和1.87倍,均居全国各省区(不包括直辖市)第1。城乡收入比为1.90,连续10年呈缩小趋势。全体居民人均消费支出为38971元,居全国第3。浙江省深入推进共同富裕示范区建设,在高质量发展、缩小"三大差距"、推动公共服务优质共享、打造精神文明高地、建设共同富裕现代化基本单元等方面改革探索,着力提高群众获得感、幸福感、安全感和认同感。2022年,浙江省推动10方面38项22702个民生实施项目落地见效。开展安全生产、扫黑除恶、社会矛盾纠纷治理、信访积案化解等专项行动,确保社会安定有序、群众安居乐业。城市建设、乡村振兴和山海协作也取得新进展。2022年,全省开工改造城镇老旧小区616个,发布和实施《进一步加快推进城市市政基础建设的指导意见》《关于建设"高品质示范街区"提升城市治理能力的实施意见》等;推进新时代美丽乡村建设,建成美丽乡村示范县14个、示范带22条;推进强村富民乡村集成改革,集体经济年经营收入50万元以上村比例超过50%;推动山区26县高质量发展,实施山海协作产业合作项目395个,到位资金560亿元。

(四)文化环境:文化底蕴深厚,传承发展焕发活力

浙江省历史文化悠久,人文荟萃,是中国古代文明和中华优秀传统文化发祥地之一。万年前就有上山文化、跨湖桥文化、河姆渡文化、良渚文化等新石器文化在浙江大地上发展起来。良渚遗址是中华五千年文明史的实证。吴越文化、江南文化、宋韵文化、青瓷文化等一批地域文化具有鲜明特色与广泛影响力,共同塑造了浙江省的多元文化面向。2022年末,全省共有国家历史文化名城10座、中国历史文化名镇27个、中国历史文化名村44个、中国传统村落636个,全省"三名"(历史文化名城、名镇、名村街区)总数居全国第1;共有国家级重点文物保护单位281家,数量居全国第4;拥有国家级非物质文化遗产(以下简称"非遗")项目241项和人类非遗项目11项,数量居各省(区、市)首位。浙江省致力于加强文化强省建设,不断提升文化遗产保护传承水平,促进文物和文化遗产活化利用,推动文化事业和文化产业繁荣发展。2022 年,中国传统制茶技艺及其相关习俗成功入选人类非遗代表作名录,"中国历代绘画大系"圆满结项,宋韵文化传世工程深入推进,南宋德寿宫遗址博物馆建成开放,杭州国家版本馆建成开馆。全省公共文化服务体系不断健全和完善,全年共建成"15 分钟品质文化生活圈"8288 个,并推动文化圈内 7.7 万个文化设施实现闭环管理、实时监测。

(五)创新环境:创新能力领先,高新产业引领发展

浙江省深入实施科技创新和人才强省首位战略,加快构建"315"科技创新体系,扶持高新技术产业成长,区域创新能力首次跃居全国第 4,为经济社会发展提供强劲动能。浙江省创新投入与产出居于全国前列。2022 年,全省研究与试验发展(R&D)经费支出达 2350 亿元,占地区生产总值的 3.02%,比上年提高 0.11 个百分点,居全国第 4。创新主体数量持续增长,已有国家认定的企业技术中心 137 家(含分中心);新建省实验室 4 家,累计 10 家;新建省技术创新中心 4 家,累计 10 家;新认定高新技术企业 8174 家,累计 35418 家;新培育科技型中小企业 20252 家,累计 98744 家。全年专利授权量达 44.4 万件,其中发明专利授权量达 6.1 万件,比上年增长 7.9%。科技进步贡献率预计为 68%。新增"浙江制造"标准 421个,累计 3029 个。浙江省高新技术产业发展迅猛,2022 年,实现高新技术产业增加值 1.4 万亿元,比 2021 年增长 5.9%,增速比规模以上工业高 1.7 个百分点,对规模以上工业增长的贡献率达 94%;高新技术产业投资增长 22.9%,比固定资产投资高 13.8 个百分点。在战略性新兴产业中,新能源、生物、新能源汽车、新一代信息技术产业增加值分别增长 24.8%、10.0%、9.4% 和 9.3%。

二、浙江省文化产业发展现状

(一)产业总体发展现状

2022 年,浙江省文化产业发展因受新冠疫情冲击出现小幅度下滑。全省规模以上文化及相关产业企业共 5721 家,实现营业收入 13410 亿元,比 2021 年下降 0.7%。分产业类型看,文化制造业、文化批发和零售业平稳增长。全年文化制造业营业收入达 3255 亿元,增长 2.2%;文化批发和零售业营业收入达 2032 亿元,增长 8.3%;文化服务业营业收入达 8123亿元,下降 3.8%。分行业类别看,九大行业营业收入实现"六升三降"。其中:文化投资运营和文化装备生产营业收入实现两位数增长,增速分别为 12.4% 和 11.1%;新闻信息服务、内容创作生产和文化娱乐休闲服务分别下降 0.9%、9.3% 和 37.5%。分企业控股类型看,民营企业拉动作用显著。全年民营文化企业营业收入达 6395 亿元,增长 6.3%,高出全部文化产业企业 7 个百分点,拉动文化产业企业增长 2.8 个百分点;国有控股文化企业营业收入达1411 亿元,增长 4.3%;港澳台控股和外商控股文化企业营业收入分别为 3504 亿元、2100 亿元,分别下降 4.7% 和 14.7%。分领域看,文化相关领域营业收入保持正增长。全年文化核心领域营业收入达 9112 亿元,下降 3.1%;文化相关领域营业收入达 4298 亿元,增长 4.7%。根据中国人民大学文化产业研究院发布的"2022 中国省市文化产业发展指数",浙江省文化产业发展综合指数居全国第 3,仅次于北京市、广东省。其中,驱动力指数居全国第 1。截至 2022 年,浙江省的国家级文化产业示范园区、国家文化产业示范基地、国家文化和科技融合示范基地等国家级品牌文化产业总数量达到 164 个。

浙江省文化企业数量和实力居全国前列,在新闻出版、影视动漫、旅游演艺、文化创意、文化会展、文体休闲娱乐、文化装备制造等领域聚集了一批优秀文化企业,产业竞争力进一步增强。2022 年,浙江省文化上市企业增加至 45 家。浙江出版联合集团有限公司、浙报传媒控股集团有限公司、华数数字电视传媒集团有限公司、浙江华策影视股份有限公司等 4 家企业入选第 14 届全国文化企业 30 强,入选企业数量居全国各省(区、市)第 1,宋城演艺发展股份有限公司获全国文化企业 30 强提名。以上 5 家企业的基本情况如表 1 所示。

表 1　2022 年浙江省全国文化企业 30 强入选及提名企业的基本情况

企业名称	基本情况
浙江出版联合集团有限公司	浙江出版联合集团有限公司为省属国有独资出版企业集团,以图书、期刊、电子音像、数字出版物的出版、制作、发行为主业,兼营与出版产业相关的物资贸易、投资等业务。2022 年,旗下浙版传媒实现营业收入 117.85 亿元,同比增长 3.42%;实现归母净利润 14.14 亿元,同比增长 7.33%
浙报传媒控股集团有限公司	浙报传媒控股集团有限公司为全国第一家媒体经营性资产整体上市的省级报业集团,拥有多家传统媒体以及新媒体矩阵。2022 年,旗下浙数文化实现营业收入 51.86 亿元,同比增长 69.27%;实现归母净利润 4.90 亿元,同比减少 5.21%
华数数字电视传媒集团有限公司	华数数字电视传媒集团有限公司是大型国有文化传媒产业集团,也是国内领先的有线电视网络和新媒体运营商,拥有全媒体和宽带网络业务牌照资源。2022 年,旗下华数传媒实现营业收入 93.86 亿元,同比增长 10.64%;实现归母净利润 7.93 亿元,同比减少 12.59%
浙江华策影视股份有限公司	浙江华策影视股份有限公司是国内规模最大的以电视剧、电影为核心业务的华语影视集团上市公司。2022 年,华策影视实现营业总收入 24.75 亿元,同比下降 34.99%;实现归母净利润 4.03 亿元,同比增长 0.58%
宋城演艺发展股份有限公司	宋城演艺发展股份有限公司是中国演艺第一股,已建成或在建数 10 个演艺公园和千古情景区。2022 年,宋城演艺实现营业总收入 4.58 亿元,同比下降 61.36%;实现归母净利润 965.80 万元,同比下降 96.94%

数据来源:作者根据官网信息以及公司财报整理。

浙江省扎实推进文化产业重大平台项目建设,取得了一系列新成就。2022 年,全省贯彻落实重大文化产业项目带动战略,做强之江文化产业带、横店影视文化产业集聚区等重大平台,推进杭钢工业旧址综保项目、之江文化中心项目。其中:之江文化产业带重点建设项目有 88 个,涉及投资总额 1143 亿元;横店影视文化产业集聚区入驻影视企业近 2000 家,实现营业收入 230 亿元,增长 11%。浙江省以申报省文化产业发展专项资金(2023—2025 年)的文化产业项目和入库项目建设为基础,依托"浙文创"应用的专项资金申报管理系统,建立全省文化产业发展项目库。全省共有"中国近代教育文献全文检索知识服务数据库""盐官音乐小镇""上海滩影视旅游拍摄基地""基于全媒体智能中台的天目云3.0平台""剧场演艺装备运维管理服务平台""电子竞技网络游戏——梦三国2亚运版"6个项目入选第二批国家文化产业发展项目库,数量居全国前列。

(二)产业分类发展现状

1.新闻信息服务

在报纸信息服务方面,浙江省新闻媒体顺应时代发展趋势推进技术变革,高举主旋律与正能量大旗,持续提升其作为主流媒体的权威性与号召力。一方面,围绕党的二十大、省第十五次党代会等开展主题宣传,展现习近平新时代中国特色社会主义思想在浙江的生动实践、浙江近五年来的党建成就等;另一方面,聚焦杭州亚运会这类重大体育事件、共同富裕主题、"诗画江南·活力浙江"省域品牌等进行宣传,打造省域形象,将更加多元现代、持续变革的浙江形象展现给更多人。同时,不断推进数字化改革和媒体融合创新。全省宣传思想文化系统数字化改革项目取得重大进展,"舆论引导在线"应用迭代升级,实现横向对接、纵向贯通,各市、县(市、区)客户端日活量显著增加。2022年5月,浙江宣传微信公众号正式上线,同年10月入选2022中国应用新闻传播十大创新案例。2022年,全省共出版报纸101种,其中正式报纸70种、教辅类报纸1种、高校校报30种。全省报纸平均期印数达586.16万份,平均期发行量达585.82万份,年度总印数达16.26亿份,年度总印张数达46.4亿印张;广告收入达32.22亿元,发行收入达15.04亿元,新媒体收入达6.18亿元;全省报纸出版单位总人数达到11184人。全省新闻单位共有15件作品在第32届中国新闻奖评选中获奖,其中一等奖1件、二等奖5件、三等奖9件。

在广播电视信息服务方面,浙江省广播电视和网络视听企业不断强化自身建设,不仅在主题宣传、精品创作方面卓有成效,推出"奋进新征程 建功新时代"、"探索共同富裕一年间"、数字化改革、经济稳进提质等重大主题报道,一大批优秀作品获得国家级奖项,而且在《浙江省广播电视局关于贯彻落实稳经济政策若干举措的通知》《浙江广播电视和网络视听发展三年行动计划(2022—2024年)》《关于加快推进广播电视和网络视听产业基地(园区)高质量发展的若干意见》等政策支持下,相关产业发展焕发新活力。2022年,全省广播电视业总收入达685.80亿元,同比增长2.92%;实际创收收入达557.52亿元,其中广告收入达102.20亿元;广播电视节目销售收入达72.99亿元;有线电视网络收入达81.92亿元,同比增长5.99%;新媒体业务收入达128.33亿元,同比增长32.13%;全省广播电视从业人员有6.34万人。在电视电台方面,有省市级电视台12座、电视节目116套、电视发射台及转播台186座,播出时间达710932小时,所有节目类型中影视剧节目以300684小时占据榜首,具体如表2所示。有线电视实际用户数为1251.45万户,电视人口覆盖率进一步提升,达到99.88%。在广播电台方面,有省市级广播电台12座、广播节目112套、中短波广播发射台和转播台37座、县级广播电视台67座,广播人口综合覆盖率为99.81%,全年公共广播节目播出时间达766322小时,各类型节目播出时间具体如表3所示。

表2　电视节目播出时间

电视节目类别	播出时间/小时
新闻资讯节目	104018
专题服务节目	104486
综艺益智节目	23470
影视剧节目	300684
广告节目	111149
其他节目	67125

数据来源:《浙江统计年鉴2023》。

表3　广播节目播出时间

广播节目类别	播出时间/小时
新闻资讯节目	156283
专题服务节目	181425
综艺节目	166556
广播剧节目	19945
广告节目	77502
其他节目	164611

数据来源:《浙江统计年鉴2023》。

2.内容创作生产

在出版服务方面,浙江省积极营造全民阅读氛围,推进"书香浙江"建设,出台《浙江省全民阅读评价指标体系》,举办全民阅读节、浙江书展、春风悦读盛典、悦读宋韵节等活动,浙江慈溪市新华书店有限责任公司(慈溪书城)和乌镇旅游股份有限公司灵水居书店(佳作书局)等2家书店上榜首届全民阅读大会"年度最美书店";高度重视版权保护,开展"4·26"版权主题宣传活动,举办第10届"知识产权杯"创意设计大赛,加强版权执法监管,开展"剑网2022"、冬奥版权保护、青少年版权保护等专项活动,优化版权公共服务,深化版权全周期管理服务机制改革,推进"版权桥"应用全面运行。2022年,全省有图书出版社15家,出版图书16546种(其中新出7797种),总印数达5.09亿册,比上年增长4.46%,总印张达41.74亿印张,比上年增长10.82%。全省有音像电子出版社10家,出版音像制品112种、173.3万盒(张),种类比上年下降13.85%,数量比上年下降14.02%;出版电子出版物243种、477.52万张,种类比上年增长6.11%,数量比上年下降29.17%。

在影视节目制作方面,浙江省影视节目制作产业发达,拥有多个影视产业基地,在政策引导与扶持下取得显著成绩。2022年,全省通过备案公示电视剧50部、动画片82部,办理电视剧拍摄许可证(乙种证)21张。全年电视剧发证21部,共计704集;动画片发证52部,共计 15951 分钟;纪录片题材备案 249 部。全年网络影视剧共收到规划备案申请 5957 部,发放规划备案号 1644 部;收到上线备案申请 462 部,发放上线备案号 339 部(其中网络电影 97 部、网络剧 53 部、网络动画片 93 部、网络微短剧 96 部)。浙江省审查国产电影完成片 55 部,发放审查决定书 65 份,受国家电影局委托发放《电影公映许可证》11 张,经国家电影局委托发放《电影剧本(梗概)备案回执单》95 张。有 3 部浙产电影票房过亿(见表 4),取得 61.92 亿元的票房佳绩,占年度全国总票房的 20.7%。其中:《独行月球》票房达 31.03 亿元,居全年电影票房排行榜第 2;《这个杀手不太冷静》票房达 26.27 亿元,居全年电影票房排行榜第 3。《送你一朵小红花》《峰爆》等 2 部影片获全国"五个一工程"奖。5 部影片获得国家各类资助,11 部影片获评浙江省"五个一工程"奖,14 部影片入围浙江省文艺基金电影项目评选并受到省级资助或奖励,15 部影片被推荐参评第 19 届中国电影华表奖。浙江省影视基地规模居全国前列,代表性影视基地的基本情况如表 5 所示。

表 4　2022 年票房过亿的浙产电影

序号	电影名称	票房/亿元
1	《独行月球》	31.03
2	《这个杀手不太冷静》	26.27
3	《李茂扮太子》	4.62

数据来源:《浙江年鉴 2023》。

表 5　浙江省代表性影视基地的基本情况

基地名称	基本情况
横店影视城	始建于 1996 年,是全球规模最大、产业要素最集聚的影视基地,已建成广州街·香港街、明清宫苑、秦王宫、清明上河图、梦幻谷、梦外滩、梦泉谷、圆明新园等 20 多个影视拍摄基地。2022 年,接待剧组 330 个
象山影视城	于 2005 年开城,是中国十大影视拍摄基地之一及国家 4A 级景区,已建成神雕侠侣城、春秋战国城、民国城、唐城等建筑。2022 年,接待 215 个剧组入驻拍摄,其中投资过亿的影视剧达 10 部
湖州影视城	是上海拉风投资集团有限公司打造的新一代影视拍摄基地,位于湖州太湖国家旅游度假区。一期"民国城"于 2018 年投入使用

数据来源:根据各影视基地的官方网络及相关新闻报道整理。

在创作表演服务方面,浙江省在文学创作领域的成就引人注目。2022 年,4 件浙江籍作家作品获鲁迅文学奖,在《人民文学》《收获》等 46 家重要文学刊物上发表作品 600 余件;30 余位作家入围全国性文学排行榜及重要刊物、省级协会设立的各类奖项;3 位浙江籍作家获第 4 届茅盾新人奖;在浙中国作协会员有 643 人,在浙省作协会员有 3232 人。在音乐、话剧等艺术表演领域,浙江省同样亮点纷呈:越剧《枫叶如花》获第 17 届中国文化艺术政府奖"文华大奖";歌剧《红船》从 129 部参选作品中脱颖而出,获第 16 届全国精神文明建设"五个一工程"奖;《纳土归宋》等 3 部作品入选文化和旅游部 2022 年度剧本扶持工程;《大潮之上》等

4 部作品入选"时代交响"创作扶持计划,数量居全国第 1。同时,浙江省还举办了第 5 届中国越剧艺术节、中国仙都祭祀轩辕黄帝大典、第 15 届浙江戏剧节、传统戏曲演出季、新年演出季、"诗画浙江"旅游歌曲大赛等艺术活动,促进艺术创作,丰富群众文化生活。

在数字内容服务方面,浙江省在数字出版、动漫游戏等数字内容服务领域实力强劲,拥有数量众多的行业龙头企业,在全国处于领先地位。最具代表性的是杭州市,2022 年,其动漫游戏产业实现全年营业收入 408.6 亿元,较上年增长 24.22%。《下姜村的绿水青山梦》《大桥遗犬》等浙产动画作品获得国内外大奖。在中国文化艺术政府奖第四届动漫奖评选中,浙江省动漫作品《下姜村的绿水青山梦》《红船故事》以及创作团队杭州阿优文化科技有限公司等获奖,数量居全国第 1,如表 6 所示。以杭州市、宁波市、金华市横店镇等地的 9 家国家文化和科技融合示范基地为引领,全省深入实施文化数字化战略,推动数字出版、数字阅读、动漫游戏、电子竞技、数字音乐、短视频、网络直播等新型业态的高速发展。2022 年,全省数字文化企业实现营业收入 7521 亿元,占规模以上文化企业营业收入的 56%。

表 6　获中国文化艺术政府奖第四届动漫奖的浙产动漫作品及创作团队

获奖作品/创作团队	作品/团队介绍
《下姜村的绿水青山梦》	由杭州友诺动漫有限公司制作出品,讲述了来杭州市淳安县枫树岭镇下姜村看望爷爷的小男孩姜弘兴和视频 UP 主李想、华宇三人随着村里的老支书姜应祥一同游览下姜村,深入了解下姜村脱贫致富的历程以及未来"大下姜"的蓝图,并由此展开的精彩故事
《红船故事》	由浙江人民美术出版社出版,细致地刻画出 100 年前中国历史上发生的一系列波澜壮阔的大事件,准确而生动地塑造出陈独秀、李大钊、毛泽东、周恩来等革命先驱的形象,生动再现了中国共产党的诞生历程
杭州阿优文化科技有限公司	成立于 2012 年,位于浙江省杭州市,是国家级高新技术企业、国家级动漫企业,代表作品有系列动画片《阿 U》等

数据来源:浙江文化和旅游厅.动漫领域政府最高奖揭晓,浙江获奖数位居全国第一[EB/OL].(2022-12-23)[2024-07-06].https://baijiahao.baidu.com/s? id=1753007035725277434&wfr=spider&for=pc.

在内容保存服务方面,浙江省博物馆、美术馆、公共图书馆等内容保存机构持续繁荣发展。2022 年,全省登记备案博物馆 435 家(包括国有博物馆 184 家、非国有博物馆 251 家),数量居全国第 2;等级博物馆 72 家,数量居全国第 3。"稻·源·启明——浙江上山文化考古特展""盛世修典——'中国历代绘画大系'成果展"亮相国家博物馆,在全国博物馆十大陈列展览精品推介中获得大满贯。浙江美术馆全年对外开放 300 天,举办各类展览 32 个,新增藏品 785 件(组),进馆观众近 50 万人次,累计推送微信文章 400 余篇,阅读人数达 180 万人次。全省有县以上公共图书馆 102 个,其中省级图书馆 1 个、市级图书馆 11 个、县级图书馆 90 个;公共图书馆馆舍面积达 162.94 万平方米,阅览座席达 10.81 万个;文献总量达 1.15 亿册(件),全年外借实体文献 8098.69 万册;图书馆网站访问量达 1.93 亿人次,读者活动场次达 3.21 万场次。

3.创意设计服务

在广告服务方面,浙江省广告产业发展势头强劲,与北京市、上海市、广东省等一同稳居全国第一阵列。截至2022年年底,全省共有广告经营主体34.9万家,主体经营总收入已从2020年的2764.74亿元增长到2022年的3125.88亿元,年均增速达6.33%;广告业务收入从2020年的736.53亿元提高到2022年的954.44亿元,年均增速达13.84%。

与此同时,广告的经济贡献、税收贡献和就业贡献份额也实现稳步增长,全省样本企业纳税12.48亿元,同比增长24.56%;广告专业人才人数增至49471人,增幅为8.47%。在电商直播、短视频等促销方式的助推下,数字广告成为浙江省广告业的中坚力量。2022年,全省数字广告业务收入达到688.32亿元,占全省广告收入的72.1%。全省拥有19家省级以上广告产业园区,包括杭州运河国家广告产业园、宁波国家广告产业园、温州国家广告产业园等3家国家级产业园区。政府先后印发《浙江省广告产业发展"十四五"规划》《关于进一步推动我省广告产业稳进提质发展》等政策文件,为广告产业发展营造良好的营商环境。

在设计服务方面,浙江省多次举办重大文化创意设计大赛,推动创新理念、灵动巧思与产业发展有机结合。2022年,由浙江省文化和旅游厅主办的"诗画江南·活力浙江"文化旅游创意产品设计大赛,围绕浙江地域山水文化、工艺美术与非遗文创产品、浙江农耕文化印记、浙江红色文化资源开发等4组主题词,收到来自国内院校师生、设计机构与本地创意企业作品共1006件。为深入实施"宋韵文化传世工程",传承千年宋韵文化,台州市文化和广电旅游体育局、中共台州市委宣传部等多个单位联合主办"2022全国宋韵服装时尚设计大赛",获奖设计师免费获得时尚产业创业基地空间及数字营销体系,大赛成果得到落地转化,这提升了宋韵文化在全省乃至全国的影响力。在工业设计领域,浙江省推进国家级、省级工业设计中心建设,推动18个省级特色工业设计基地和良渚梦栖小镇(全国首个工业设计小镇)提升发展。2022年,全省获得中国优秀工业设计奖金奖1件、银奖1件、铜奖2件。

4.文化传播渠道

在出版物发行方面,浙江省发行业整体保持平稳发展势头,持续加强重点出版物发行保障力度,不断优化城乡出版物发行网点建设,推动全省发行业总体规模稳步扩大。2022年,全省共有8489家出版物发行单位参加年检,其中7938家通过年检;从业人员有163300人;出版物资产总额达186.80亿元。全省发行网点有13655个,比2021年增长7.7%;出版物销售总额达328.51亿元,比2022年增长14%;营业收入达3235.16亿元,比2022年增长9.6%;出版物营业收入达329.89亿元,比2022年增长16.5%;资产总额达2676.99亿元,比2022年增长8.7%;利润总额达235.69亿元,比2022年增长8.5%。

在电影发行放映方面,浙江省电影市场虽受新冠疫情等因素冲击产生一定下滑,但在全国仍占据重要位置。2022年,全省有活跃电影院847家,新增电影院69家,注销电影院19家。全省电影票房达22.53亿元(含服务费),比2021年的35.74亿元总票房下降36.96%;票房排名居全国第3,占全国总票房的7.5%。全年放映电影8004497场次,观影人数达51892212人次。浙江省举办"浙里过大年,欢乐看电影"春节电影惠民活动、"聚力奋进两个先行,喜迎党的二十大胜利召开"主题电影展映活动等,为新冠疫情下的电影行业注入市场信心和活力;组织开展"月月有影展"活动,全年举办影展 11 个,展映俄罗斯、意大利、德国、法国、英国等国(境)外影片 72 部、125 场,观影人数达 16850 人次。

表7　2022 年浙江 11 个地级市电影市场数据情况

序号	地级市	票房/万元	放映场次/场次	观影人数/人次
1	杭州市	62477.5	2113705	15455268
2	宁波市	34027.3	1232835	8713645
3	温州市	20329.8	888390	5264287
4	金华市	17583.0	863606	4460317
5	台州市	15822.9	713255	3986454
6	嘉兴市	15057.1	525864	3882511
7	绍兴市	14574.4	696858	3798104
8	湖州市	10989.8	420621	2941906
9	衢州市	5308.8	182932	1372717
10	丽水市	4561.7	231275	1171957
11	舟山市	3271.3	135156	845046

数据来源:《浙江年鉴 2023》。

在艺术表演方面,浙江省拥有实力强劲的演艺集团及大量的文艺组织。2022 年,浙江省文学艺术界联合会有团体会员 38 个,其中省级文艺家协会 13 个、市级文联 11 个、行业企业文联 14 个。浙江演艺集团全年演出场次达 2579 场次,其中商演场次达 1210 场次,公益性演出场次达 913 场次。累计创排音舞诗《春风又绿江南岸》等 24 部新创作品,复排话剧《刘伯温・霜台忠魂》等 11 台经典剧目。浙江交响乐团累计完成演出 84 场次,其中普及公益性演出达 16 场次。浙江小百花越剧院新创大型舞台作品 6 部,公演 5 部。

5.文化投资运营

在投资与资产管理方面,浙江省推动文化产业相关投资持续增长。2022 年,全省文化和旅游建设项目总数为 3538 项,总投资达 2.06 万亿元,年度计划完成投资 3000 亿元,实际完成投资 3650.7 亿元,比 2021 年增长 31.8%,完成率达 121.7%。持续推进全省文旅项目投资"四十百千"计划,协助推进之江文化中心和新时代文化艺术创研基地建设,打造新时代文化地标,开展之江文化中心运营前期工作;推进浙江省博物馆之江馆区展陈工程、浙江省非遗中心展陈工程等工作。2022 年 2 月,举行浙江省文化和旅游重大项目集中开工仪式,集中开工 195 个文化和旅游重大项目,总投资额达 1792 亿元,项目平均投资约为 9.19 亿元,年度计划投资 357.21 亿元,聚焦 4 条诗路、十大海岛公园、百张文旅"金名片"等重点领域。2022 年,全省文化、体育和娱乐业项目建成投产率为 16.8%,高出 2021 年 3 个百分点,低于

总体以及第三产业的平均水平(分别为 23.8％和 19.6％);固定资产投资比 2021 年增长
2.3％,低于总体以及第三产业的平均水平(分别为 9.1％和 6.6％);固定资产交付使用率为
52.8％,高出 2021 年 35.5 个百分点,高于总体以及第三产业的平均水平(分别为 31.4％和
30.3％),具体情况如表 8 所示。浙江省文化和旅游厅同中国人民银行杭州中心支行、浙江
银保监局联合出台《关于做好金融支持文化和旅游业纾困发展的通知》,举办文旅产业投融
资对接大会,建立文旅企业"白名单",全年累计支持 289 家入库企业获得贷款融资 240
亿元。

表 8 2022 年浙江省文化、体育和娱乐业固定资产投资情况

项目	项目建成投产率/％	固定资产投资增长率/％	固定资产交付使用率/％
文化艺术业	15.3	22.8	24.5
体育	21.6	−18.7	149.8
娱乐业	15.0	−10.2	23.4

数据来源:《浙江统计年鉴 2023》。

在运营管理方面,浙江省拥有 160 家以上文化产业园区及近百个文化创意街区,在政府
扶持下享受房租补贴、政策补助等一系列优惠政策,形成了良好的文化产业集群生态。根据
全省文化和旅游企业梯度培育计划,全年新培育领军型、骨干型、新锐型企业 183 家,建立了
优质的领军型、骨干型、新锐型文化和旅游企业库。推动影视文化产业集聚区、衢州儒学文
化产业园区创建国家级文化产业园区,做好国家级、省级文化产业示范基地动态管理,全年
新认定省级文化产业示范基地 18 家,如表 9 所示。

表 9 2022 年浙江省新认定省级文化产业示范基地名单

序号	属地	单位名称
1	杭州市萧山区	杭州萧山古籍印务有限公司
2	杭州市滨江区	杭州电魂网络科技股份有限公司
3	杭州市拱墅区	杭州王星记扇业有限公司
4	杭州市西湖区	浙江华策影视股份有限公司
5	宁波市江北区	宁波联合动力投资控股有限公司
6	宁波市北仑区	宁波美博进出口有限公司
7	温州市瑞安市	奥光动漫股份有限公司
8	温州市苍南县	浙江叶丹文化创意有限公司
9	湖州市吴兴区	湖州漫画老邓文化创意有限公司

序号	属地	单位名称
10	湖州市南浔区	湖州艾迪特琉璃工艺品有限公司
11	嘉兴市桐乡市	浙江佳教控股集团有限公司
12	绍兴市柯桥区	浙江明牌珠宝股份有限公司
13	金华市金东区	浙江古婺窑火陶瓷文化有限公司
14	金华市义乌市	义乌中国小商品展览股份有限公司
15	衢州市龙游县	浙江龙游辰港宣纸有限公司
16	衢州市柯城区	衢州衢窑研究院
17	台州市路桥区	浙江百花园林集团文化创意有限公司
18	丽水市云和县	浙江和信玩具集团有限公司

数据来源:浙江省文化和旅游厅.18 家!2022 年浙江省文化产业示范基地名单公布[EB/OL].(2022-12-28)[2024-07-13].https://mp.weixin.qq.com/s/Ys1ECW8JJS0A44-HIzvxCg.

6.文化娱乐休闲服务

浙江省在文化娱乐休闲服务领域拥有深厚的底蕴和丰富的资源,特别是旅游业不断取得突破。2022 年,台州府城文化旅游区成功获得 5A 级景区认定,全省累计建成 5A 级景区 20 家、国家级旅游度假区 6 家,新增全国乡村旅游重点村 7 个、重点镇 3 个。发展夜间经济、美食经济、露营经济等新业态,累计培育国家级夜间文旅消费集聚区 12 个,数量居全国第 2。打造省级非遗景区,培育首批省美育村 86 个、省级旅游演艺精品项目 10 个。受新冠疫情影响,浙江省在文化娱乐休闲领域增速放缓,旅游业发展普遍出现短时倒退现象。如表 10 所示,2022 年,全省接待国内游客 37465 万人次,实现旅游收入 5982 亿元,均比 2021 年有小幅度下滑。接待入境过夜游客 22.1 万人次;实现国际旅游(外汇)收入 12170 万美元,出现较大幅度下降。

浙江省制定《关于推进文化和旅游产业深度融合高质量发展的实施意见》,有效应对新冠疫情给行业带来的冲击,深化文旅融合改革试验区创建,在全国县域旅游综合实力百强县榜单中占 35 席,连续 4 年居全国第 1。浙江省已建成省级以上全域旅游示范区 66 家,覆盖率达 73%;景区村、景区镇、景区城覆盖率分别达 56.5%、72.2%、92%;全省旅游产业从业人员数量达 398.5 万人,占社会从业人员数量的 10.3%。到 2022 年底,浙江省累计建成 A 级景区村 11531 个,占全省行政村数量的 56.5%;建成 3A 级景区村 2240 个,占 A 级景区村数量的 19.4%。A 级景区村农村居民旅游收入占其可支配收入的比重达 20%,3A 级景区村农村居民旅游收入占其可支配收入的比重达 30%。建成乡村民宿近 2.2 万家,总床位超过 20 万张,就业人数超过 15 万人,总营业收入突破 100 亿元。

表 10 2020—2022 年浙江省旅游事业发展情况

项目	2020	2021	2022
国内旅游人数/万人次	56978	40717	37465
国内旅游收入/亿元	8264	6772	5982
入境旅游外国人/人次	276711	327417	164250
港澳游客/人次	43874	49507	29113
台湾同胞/人次	62899	51508	27279
国际旅游(外汇)收入/万美元	16367	20424	12170

数据来源:《浙江年鉴2023》。

7. 文化辅助生产和中介服务

在印刷复制服务方面,2022年,全省有印刷企业15682家,通过年检印刷企业13401家。其中:出版物印刷企业有398家,包装装潢印刷企业有9485家,其他印刷品印刷企业有3189家,排版、制作、装订专项印刷企业有51家,专营数字印刷企业有278家。印刷企业资产总额达2563.19亿元,销售收入达2001.84亿元,总产出达1999.85亿元,增加值达314.03亿元,分别比2021年增长2.54%、6.58%、5.26%、4.81%。其中,出版物印刷企业销售收入达147.43亿元,增加值达26.43亿元,总产出达129.72亿元。2022年,全省印刷和记录媒介复制业规模以上工业企业总产值达706.0亿元(见图1),比2021年增长4.44%,企业单位数为893个,资产总计865.24亿元,营业收入达728.18亿元,利润总额达35.69亿元,平均用工人数为9.17万人,资产负债率为53.20%,成本费用利润率为5.10%,每百元固定资产原值实现利税13.44元,每百元营业收入实现利税7.69元,新产品产值率为33.85%。

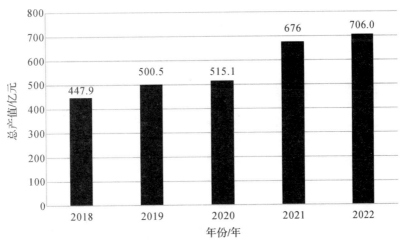

图 1 2018—2022 年浙江省印刷和记录媒介复制业规模以上工业企业总产值

数据来源:《浙江统计年鉴2021》《浙江统计年鉴2023》。

在会议展览服务方面,2022年浙江省积极推进会展业向市场化、专业化、品牌化、数字化发展,浙江省商务厅发布《浙江省展览业发展三年行动计划(2022—2024 年)》,着力建设会展强省。受新冠疫情防控影响,线下展会受到一定阻碍,线上展会获得发展机遇。中国会展经济研究会发布的《2022 年中国展览数据统计报告》显示:全省展览面积达 245.59 万平方米,居全国各省(区、市)第 7 位,比 2023 年下降 45.2%,占全国的比重为 5.03%;展览数量为 89 场,比 2021 年下降 76.8%,占全国的比重为 3.32%;展览平均面积为 3.56 万平方米。相比之下,网上交易会开展正常,由浙江省商务厅打造的"浙江出口网上交易会"持续发力,2022 年 1—3 月共组织举办网上交易会 43 场,意向成交金额累计超过 1.76 亿美元,为浙江省外贸企业在全球新冠疫情背景下开拓市场、保住份额提供有力支持。从城市情况来看,按展览面积排名,杭州市进入全国前 10,位列第 8。2022 年浙江省部分重要展会和文化产业代表性展会分别如表 11、表 12 所示。

表 11　2022 年浙江省重要展会(部分)

序号	展会名称	展会时间
1	第 9 届中国(杭州)国际电子商务博览会	8 月 3—5 日
2	中国(温州)国际工业博览会	8 月 5—7 日
3	首届浙江国际应急物资贸易博览会	8 月 9—11 日
4	第 24 届中国杭州西湖国际博览会	11 月 3—7 日
5	第 15 届中国义乌国际森林产品博览会	11 月 5—8 日
6	第 28 届中国义乌国际小商品博览会	11 月 24—27 日
7	2022 年世界互联网大会"互联网之光"博览会	11 月 8—11 日
8	首届全球数字贸易博览会	12 月 11—14 日
9	第 4 届浙江国际智慧交通博览会	12 月 18—20 日

数据来源:作者整理。

表 12　2022 年浙江省文化产业代表性展会

序号	展会名称	展会时间
1	第 10 届中国(浙江)工艺美术精品博览会	6 月 17—20 日
2	第 14 届浙江·中国非物质文化遗产博览会(杭州工艺周)	6 月 8—30 日
3	嘉兴文化产业博览会	8 月 5—7 日
4	温州国际时尚文化产业博览会	11 月 18—21 日
5	2022 海丝之路文化和旅游博览会	11 月 18—21 日
6	第 18 届中国国际动漫节	11 月 24—27 日
7	2022 文享会暨湖州首届文化产业博览会	11 月 26—28 日
8	第 23 届西湖艺术博览会	12 月 1—4 日
9	未来数字文旅大会暨首届数字文旅产业展	12 月 11—14 日
10	第 16 届杭州文化创意产业博览会	2022 年 12 月 30 日—2023 年 1 月 2 日

数据来源:作者整理。

在造纸和纸制品业方面,造纸和纸制品业作为文化辅助用品制造的重要组成部分,其总产值也出现轻微下跌。2022年,全省造纸与纸制品规模以上工业企业总产值达1602.6亿元(见图2),较2021年下降2.34%,企业单位数为1070家,资产总计2035.88亿元,营业收入达1666.03亿元,利润总额达62.94亿元,平均用工人数为11.24万人,资产负债率为54.59%,成本费用利润率为3.88%,每百元固定资产原值实现利税14.15元,每百元营业收入实现利税7.12元,新产品产值率为43.55%。

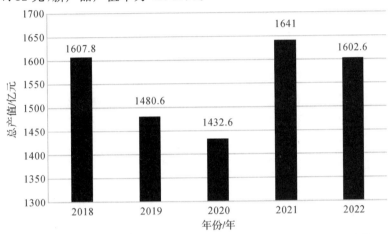

图2 2018—2022年浙江省造纸和纸制品业规模以上工业企业总产值

数据来源:《浙江统计年鉴2021》《浙江统计年鉴2023》。

8.文化装备生产、文化消费终端生产

2022年,浙江省文教、工美、体育和娱乐用品制造业规模以上工业企业总产值达1535.4亿元(见图3),较2021年下降7.65%,企业单位数达1692家,资产总计1552.75亿元,营业收入达1543.68亿元,利润总额达79.89亿元,平均用工人数达22.44万人,资产负债率达58.10%,成本费用利润率达5.41%,每百元固定资产原值实现利税21.77元,每百元营业收入实现利税7.92元,新产品产值率达37.61%。

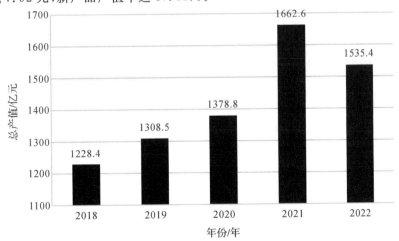

图3 2018—2022年浙江省文教、工美、体育和娱乐用品制造业规模以上工业企业总产值

数据来源:《浙江统计年鉴2021》《浙江统计年鉴2023》。

三、浙江省文化产业发展政策

(一)规划

《浙江省广播电视和网络视听发展三年行动计划(2022—2024年)》

2022年5月,浙江省广播电视局发布《浙江省广播电视和网络视听发展三年行动计划(2022—2024年)》。该行动计划提出"一个目标""两个确保""三个重点""五大工程",并明确五大重点任务,分别是:实施新时代视听作品生产传播工程,使全国领先、全球辐射的首位度得到进一步提升;实施新时代智慧广电建设工程,使数字赋能、创新蝶变的显示度得到进一步提升;实施新时代重大平台创新发展工程,使模式重塑、业态重生的标识度得到进一步提升;实施新时代行业管理优化工程,使安全为先、惠民为要美誉度得到进一步提升;实施新时代广电强基工程,使党建统领、人才引领的优势度得到进一步提升。

(二)政策

1.《关于促进旅游演艺发展的实施意见》

2022年1月,浙江省文化和旅游厅出台《关于促进旅游演艺发展的实施意见》,旨在推动全省旅游演艺业规范发展、提质增效,高水平打造新时代文化高地。该意见提出全省旅游演艺业未来发展的定性目标与截至2025年的定量目标,优化空间布局、扩大品牌影响、推进深度融合、健全产业链条与强化公共服务等五大主要任务,以及加强组织领导、优化政策环境、强化服务保障等保障措施。

2.《关于进一步加强非物质文化遗产保护工作的实施意见》

2022年2月,中共浙江省委宣传部与浙江省文化和旅游厅联合发布《关于进一步加强非物质文化遗产保护工作的实施意见》。面对建设高水平"非遗强省",打造新时代非遗保护高地的发展目标,该实施意见提出构建更加完善的非遗名录体系、更加科学的保护发展体系、更加多元化的传播普及体系、更加高效的融合创新体系与更加专业的机构队伍体系,从组织领导、政策支持、投入机制等多方面保障浙江省非遗发展。

3.《浙江省文化和旅游厅关于加快推进数字文化产业高质量发展的实施意见》

2022年3月,浙江省文化和旅游厅印发《浙江省文化和旅游厅关于加快推进数字文化产业高质量发展的实施意见》,提出夯实数字文化产业发展基础、培育数字文化产业重点业态、构建数字文化产业生态三大类19项重点任务,以及加强组织领导、健全统计评价、优化发展环境三大保障措施。

4.《浙江省关于促进服务业领域困难行业恢复发展的政策意见》

2022年3月,浙江省发展和改革委员会出台《浙江省关于促进服务业领域困难行业恢复发展的政策意见》。在该政策意见的第2部分"精准实施分行业领域纾困扶持措施"中,专门针对旅游业提出了一系列措施,包括创新旅游服务质量保证金交纳方式、允许符合条件的旅游企业缓缴失业保险费、建立健全重点文化和旅游企业项目融资需求库、鼓励银行业金融机构合理增加旅游业有效信贷供给、不得以星级或所有制等为门槛限制相关企业参与政府采购、支持旅行社按规定提供相关委托服务、推进移动支付助力智慧文旅、加强对文化和旅游资源的宣传推介等。

5.《关于进一步推进非物质文化遗产融入现代国民教育体系的实施意见》

2022年4月,浙江省文化和旅游厅、浙江省教育厅联合发布《关于进一步推进非物质文化遗产融入现代国民教育体系的实施意见》,提出进一步加强非遗特色课程建设、进一步强化非遗师资队伍建设、进一步开展非遗主题校外实践教育活动、进一步完善非遗人才培养体系等七大任务。

6.《关于纵深推进"诗画浙江·百县千碗"工程的指导意见》

2022年4月,浙江省文化和旅游厅、浙江省商务厅、浙江省市场监督管理局联合制定《关于纵深推进"诗画浙江·百县千碗"工程的指导意见》,提出:进一步强化标准引领、大力培育市场主体,进一步提升服务质量、提高知名度和美誉度,进一步挖掘文化内涵、加强美食文化传播,进一步强化技术传承、助力乡村振兴等重点任务;强化组织领导、加大财政支持力度、开展综合评价等保障措施。

7.《浙江省文化市场执法行政处罚裁量权行使办法》

2022年7月,浙江省文化和旅游厅、浙江省新闻出版局、浙江省电影局、浙江省广播电视局、浙江省体育局、浙江省文物局六部门联合出台《浙江省文化市场执法行政处罚裁量权行使办法》,规范文化市场执法行政处罚裁量权的适用和监督,保障文化和旅游、新闻出版、电影、广播电视、体育和文物行政部门及文化市场执法队伍合法行使行政处罚裁量权,统一行政执法裁量尺度。

8.《关于进一步推动我省广告产业稳进提质发展的通知》

2022年8月,浙江省市场监督管理局出台《关于进一步推动我省广告产业稳进提质发展的通知》。该通知根据《浙江省广告产业发展"十四五"规划》,提出9条指导意见,如引导数字创新、打造广告产业新高地,构建合作平台、培育广告企业新头雁,推进聚焦发展、提增广告产业竞争力,开展广告助农、赋能"26县"高质量发展等,从而为浙江省广告产业健康有序发展指明方向。

9.《浙江省文化产业发展专项资金管理办法》

2022年9月,浙江省财政厅、中共浙江省委宣传部发布《浙江省文化产业发展专项资金管理办法》,明确文化产业发展专项资金的管理原则、分配方式与使用方向、申报与评审程序、分配与下达、绩效管理与监督检查等,规范专项资金管理,提高资金使用效率。

10.《关于实施文旅融合"五百五千"工程的通知》

2022年11月,浙江省文化和旅游厅发布《关于实施文旅融合"五百五千"工程的通知》。该通知提出实施文旅融合"五百五千"工程,制定"三年行动计划(2023—2025)",以高标准深化"百县千碗"、高品质建设"百县千宿"、高品位推进"百县千礼"、高水平推进"百县千艺"、高起点打造"百县千集"为五大主要任务,塑造具有长期影响力的区域文化和旅游品牌,形成一大批浙江元素鲜明、融入大众生活、勾起乡情乡愁的文旅融合标志性产品。

11.《关于推进浙江省文化和旅游产业深度融合高质量发展的实施意见》

2022 年 11 月,浙江省人民政府出台《关于推进浙江省文化和旅游产业深度融合高质量发展的实施意见》。为促进文化和旅游产业深度融合,加快推动文化和旅游企业稳回升向好,该实施意见提出了擦亮文化和旅游融合"金名片"、优化融合发展布局、促进产业融合升级、打响"诗画江南·活力浙江"品牌、坚持创新驱动发展五大重点任务,并在政策保障方面,提出加强财税支持、实施绩效激励、保障项目用地、加强投资保障、创新金融服务与强化人才培育六大方向。

四、浙江省文化产业发展经验

(一)强化宏观引导,统筹产业全局发展

浙江省文化产业发展水平居于全国前列,文化及相关产业增加值居全国省(区、市)第 3,占生产总值的比重居全国省(区、市)第 2,为建设文化强省,提升文化软实力,加快打造与社会主义现代化先行省、高质量发展建设共同富裕示范区相适应的新时代文化高地贡献关键力量,为经济增长提供重要引擎。文化产业链条持续升级,具有突出的辐射带动效应,产值、效益以及在国民经济中的地位不断提升,这离不开宏观引导和统筹规划。良好且持续健全完善的产业政策环境是浙江省文化产业蓬勃发展的重要支撑。浙江省广电和旅游厅明确提出,2022 年全省文旅工作的总体要求是坚持以习近平新时代中国特色社会主义思想为指导,全面贯彻党的十九大和十九届历次全会精神,全面落实省委十四届九次、十次全会部署。坚定不移地做"两个确立"的忠诚拥护者、"两个维护"的示范引领者,围绕忠实践行"八八战略"、奋力打造"重要窗口",立足发展新阶段、贯彻发展新理念、构建发展新格局,聚焦高质量发展、竞争力提升、现代化先行,稳字当头、稳中求进,举旗帜、聚民心、育新人、兴文化、展形象,奋力打造全国文化高地、中国最佳旅游目的地、全国文化和旅游融合发展样板地,以优异成绩迎接党的二十大胜利召开。

一是立足已有发展基础,高水平、高要求锚定产业发展目标,巩固和提升产业发展优势,打造样板地和领跑者。2022 年 6 月,中国共产党浙江省第十五次代表大会报告提出"到 2027 年具体目标"包括"高水平推进文化强省建设,打造新时代文化高地""现代公共文化服务体系和文化产业体系基本建成"。《浙江省国民经济和社会发展第十四个五年规划和二〇三五年远景目标纲要》提出"打造思想高地、文明高地、文化事业和文化产业高地"。在党代会报告和"十四五"规划的总体指引下,浙江省进一步明确重点产业领域的发展目标,并提出明确的量化指标。如 2022 年 3 月,浙江省文化和旅游厅印发《浙江省文化和旅游厅关于加快推进数字文化产业高质量发展的实施意见》,提出加快推进数字文化产业成为新时代文化高地与全国文化和旅游融合发展样板地的新动能。2022 年 5 月,浙江省广播电视局出台的《浙江省广播电视和网络视听发展三年行动计划(2022—2024 年)》,提出高水平建设广播电视和网络视听强省,成为新时代文化高地建设的排头兵、全国广播电视事业发展的领跑者。

二是优化产业布局,聚焦重点产业领域,出台针对性政策,引导和促进产业发展。如 2022 年 5 月,浙江省广播电视局发布《浙江省广播电视和网络视听发展三年行动计划(2022—2024 年)》,针对广播电视和网络视听发展,提出实施"五大工程",包括新时代视听作品生产传播工程、新时代智慧广电建设工程、新时代重大平台创新发展工程、新时代行业管理优化工程和新时代广电强基工程等。三是面对新形势、新问题,及时出台相关政策,助力产业发展。如 2022 年 3 月,浙江省发展和改革委员会出台《浙江省关于促进服务业领域困难行业恢复发展的政策意见》,精准实施针对旅游行业领域的纾困扶持措施,如:继续实施旅行社暂退旅游服务质量保证金扶持政策,对符合条件的旅行社维持 80% 的暂退比例;符合条件的旅游企业,可缓缴失业保险费,期限不超过 1 年,缓缴期间不收滞纳金;等等。

(二)深挖文化资源,激活产业内生动力

深入挖掘地方特色文化、非遗、历史人文资源等,将其转化为具有市场潜力的文化产品和服务,能够有效提升文化产业的创新能力和竞争力。浙江省拥有非常丰富的文化资源,蕴含巨大的价值和潜力,通过深挖文化资源的内在价值,创新保护传承与开发利用的方式,提升文化资源的附加值和市场化程度,形成独特的区域品牌和产业链条,为文化产业发展提供强大的内生动力。文化基因解码和文化标识建设、宋韵文化传世工程等是浙江省文化资源传承开发的关键抓手和重要举措。"文化标识培育"是指在文化基因解码的基础上,进一步培育、擦亮一批区域性文化标识,以文化标识建设牵引文旅工作模块及流程的整体重塑。2022 年,浙江省推出"文化标识培育"计划,在完成首批 1845 项文化基因解码工程的基础上,打造具有代表性的区域文化符号和文化标识。立项浙江文化标识培育项目 100 个,将和合文化、阳明文化、南孔文化、宋韵文化、丝瓷茶酒产业文化等浙江省特色文化基因进行深度解码,编撰基因解码报告,并深入实施基因解码成果转化利用"1—3—10"计划,即每个县、市、区完成落地投用示范项目 1 个,制定详细规划或设计方案项目 3 个,面向未来 5 年启动转化利用项目的前期研究 10 个。宋韵文化是具有浙江辨识度的重要文化标识。2022 年 6 月,浙江省启动宋韵文化传世工程,打造千年宋韵文化名片,编制《宋韵文化传世工程实施方案》,提出实施宋韵文化研究、遗址保护、数字展示、品牌塑造、文旅融合、文化传播等六大行动,建设宋代文物数据资源库,收录宋代可移动文物 6 万余件、不可移动文物 1800 余处,举办宋韵文化节、宋韵数字策展大赛等活动。各地市也推出了一些具有地方特色的探索实践,如绍兴市的陆游文化节、金华市的南宋文化风情街、台州市的宋韵·丝路文化体验馆等。2022 年 12 月,浙江省文化和旅游厅开展首批文化基因解码成果转化利用示范项目遴选工作,确定南宋德寿宫遗址博物馆、上塘古运河景区夜游·《如梦上塘》、径山文旅 IP 转化利用项目等 20 个项目为首批文化基因解码成果转化利用示范项目。

在物质文化遗产保护利用方面,2022 年,浙江省政府印发实施《关于全面加强新时代文物工作打造文博强省的意见》《关于让文物活起来、扩大中华文化国际影响力的实施意见》,推动安吉古城考古遗址公园晋级国家考古遗址公园、上山文化遗址群申遗工作取得实质性进展、温州朔门古港遗址取得重大考古发现。在世界文化遗产保护方面,浙江省推进大运河

保护顶层设计,完成大运河文物监测预警国家级数据库及总平台——浙江省试点、浙江省大运河世界文化遗产监测预警系统、大运河嘉兴段监测预警系统终期验收,举办第 2 届浙江大运河世界文化遗产宣传周活动;推动良渚古城及外围水利系统年度主动性考古发掘取得阶段性成果;修编《杭州西湖文化景观保护管理规划》《杭州西湖风景名胜区总体规划(2021—2035)》,宣传推广西湖遗产的管理实践经验。在传承保护的基础上,浙江省积极推动物质文化遗产的活化利用。2022 年,开展"跟着考古去旅游""诗化浙江宝藏游"等活动,制作《浙江考古·那些人》等融媒体产品,推动文物事业社会化及文物成果转化。实施革命文物弘扬传播工程,开展"革命文物青年说""革命文物进高校""革命文物数字云展"等系列活动,累计推出 20 期"文物新语 红动之江"和"寻访镇馆之宝"系列短视频,上线 50 个革命文物数字展览。印发《加快推进全省文化安全应用场景试点建设的通知》,确定 8 个赛道 22 个应用场景试点项目。

在非遗保护利用方面,浙江省致力打造新时代非遗保护高地,建设高水平非遗强省。2022 年,中国传统制茶技艺及相关习俗被列入人类非遗代表作名录;浙江省被文化和旅游部列为"推动传统工艺高质量传承发展""非遗助力乡村振兴"试点省份;浙江省出台《关于进一步加强非物质文化遗产保护工作的实施意见》,提出到 2035 年,具有浙江特色的非遗保护新格局全面形成,成为全国非遗传承发展的示范区和样板地。出台《关于进一步推进非物质文化遗产融入现代国民教育体系的实施意见》,推动非遗与国民教育体系相融合;评审确定 113 人申报第 6 批国家级非遗代表性传承人;提出第 6 批省级非遗代表性项目名录推荐项目共 110 项;对 153 位国家级非遗代表性传承人传承活动开展评估工作。浙江省积极推动非遗的传播交流及转化利用。在 2022 年文化和自然遗产日前后,集中开展非遗宣传展示活动 200 多场,举办第 14 届浙江·中国非物质文化遗产博览会等重大活动,用非遗助力乡村振兴发展;以"遇见大美运河 共享精彩非遗"为主题,举办 2022 年中国大运河非遗旅游大会,挖掘活化大运河沿线优秀传统文化资源,促进大运河文化带非遗与旅游深度融合发展;以"非遗过大年·文化进万家"为主题,在 2022 年春节期间组织开展"浙里年味"系列活动,"越过年""慈城年糕"等 2 个视频入围全国"文化进万家——视频直播家乡年"线上集中展播名单。浙江省现有人类非遗与世界非遗情况如表 13 所示。

表 13　浙江省现有人类非遗与世界非遗情况

列入时间	人类非遗	列入时间	世界非遗
2001	昆曲(浙昆与永嘉昆曲)	2010	中国丹霞(衢州江郎山)
2003	古琴艺术(浙派古琴艺术)	2011	杭州西湖文化景观
2009	龙泉青瓷传统烧制技艺	2014	大运河(浙江段)
2009	中国传统蚕桑丝织技艺(余杭清水丝绵制作、杭罗织造、双林绫绢织造)	2019	良渚古城遗址
2009	中国篆刻(西泠印社金石篆刻)		
2009	中国剪纸(乐清细纹刻纸)		

列入时间	人类非遗	列入时间	世界非遗
2009	中国木拱桥传统营造(泰顺木拱桥、庆元木拱桥传统营造技艺)		
2010	中国活字印刷术(瑞安木活字印刷技术)		
2011	中国皮影戏(海宁皮影戏)		
2016	二十四节气(九华立春祭、班春劝农、半山立夏习俗、三门祭冬)		
2022	中国传统制茶技艺及其相关习俗(民俗活动:径山茶宴、赶茶场。绿茶制作技艺:西湖龙井、安吉白茶、婺州举岩、紫笋茶)		

(三)深化数字转型,提升产业质量效益

浙江省深入实施国家文化数字化战略,大力支持数字出版、动漫游戏、电子竞技、数字音乐、短视频、网络直播等新型数字文化业态发展;充分发挥中国视听创新创业基地、杭州国家数字出版产业基地等高能级平台落户浙江的优势,找准着力点放大中国国际动漫节、中国国际网络文化博览会等数字文化相关展会的品牌效应;持续推进文化产业数字化转型升级,打造具有影响力和竞争力的数字文化产业集群,提升数字文化产业的质量效益和竞争力。2022年3月,浙江省文化和旅游厅印发《浙江省文化和旅游厅关于加快推进数字文化产业高质量发展的实施意见》,提出到2025年,规模以上数字文化企业营业收入占规模以上文化企业营业收入比重达到65%,基本形成结构合理、布局优化、深度融合、产业链全、竞争力强,质量、规模和效益稳居全国前列的数字文化产业发展体系,并明确三大类19项重点任务。杭州市、宁波市这2个数字文化产业发展的领先城市也出台了相应政策。2022年11月,中共杭州市委办公厅、杭州市人民政府办公厅发布《关于推进新时代杭州动漫游戏和电竞产业高质量发展的若干意见》,提出到2025年,全市动漫游戏和电竞产业年度总营业收入超过600亿元,并明确六大类20项主要任务。2022年6月,中共宁波市委全面深化改革委员会办公室(以下简称"宁波市文改办")、宁波市财政局联合发布《宁波市加快数字文化产业发展的实施意见》,提出到2025年,规模以上数字文化产业总产值实现比2020年翻一番,达到500亿元,并明确四大类19项政策措施。这些政策全方位、立体化地推动了数字文化产业的高质量发展,既有明确的、可量化的目标,涵盖内容建设、技术应用、主体培育、平台建设、版权保护、国际合作等多个层面,又从组织领导、财政投入、统计评价、发展环境、宣传推广等多方面给予保障。浙江省积极推动数字文化平台建设,做强做优杭州国家文化和科技融合发展平台、宁波国家文化和科技融合发展平台、横店国家文化和科技融合发展平台等9个国家文化和科技融合发展平台,引领数字文化产业发展。在科技部、中宣部对前3批55家国家文化和科技融合示范基地的绩效评价中,杭州国家文化和科技融合示范基地与浙江大丰实业股份有限公司国家文化和科技融合示范基地获评优秀等级。

浙江省不断迭代推动文化相关领域的数字化改革,通过数字化平台、应用等为文化企业、文化消费者提供更加优质的服务,以数字化改革推动文化产业发展。2022 年 10 月上线的"品质文化惠享·浙里文化圈"应用,作为"数字文化"跑道中的引领示范应用项目,为公众提供"24 小时不打烊"的在线文化空间和"一站式文化链接",涵盖看书、观展、艺培、演出、文脉、雅集、知礼、文化圈等综合功能,上线 2 个月注册用户超百万户。"旅游通"App 入选 2022 年全省数字化改革最佳应用,"旅游通(假日版)"应用入选文化和旅游部公布的 2021 年度文化和旅游领域改革创新十佳案例名单。"旅游通"App 基本实现了景区和场馆动态预约,建立了假日旅游厕所战略储备和调度管理制度,能够进行假日旅游统计大数据监测,探索出"大数据+标准化"旅游新业态管理模式。"文旅大脑"入选第 2 批省级领域大脑试点。2022 年 12 月,浙江省文化和旅游厅办公室发布《关于公布"文旅大脑"改革试点的通知》,确定宁波市象山县智慧旅游应用支撑模块、温州市瓯海区错峰乐游支撑模块等 10 个改革试点;文旅系统 20 个项目入选全省数字文化系统优秀应用,如"数字视听"应用,以数字化改革推动广电工作实现跨部门、跨领域、跨层级工作协同,已关联企业 33 万家,服务在线交易洽谈8000 余次,受理网剧备案审批 1800 余部;聚焦文化企业全生命周期数字化服务,迭代"浙文创"应用,为全省各文化市场主体提供政策指引、人才招引、融资信贷等服务。

(四)推动文旅融合,培育产业特色品牌

浙江省充分利用自身丰富的文化和旅游资源,坚持以文化为魂、旅游为体的原则,推动文旅深度融合实现高质量发展,打造具有世界知名度与影响力的文旅品牌和文旅 IP,向建成文化和旅游产业强省、成为国内外知名文化旅游目的地的目标不断进发。全省国家级旅游度假区总数居各省(区、市)第 1,乡村旅游重点镇、重点村、甲乙级民宿数量居全国第 1,全国县域旅游综合实力百强县数量居全国第 1,文旅融合水平居全国前列。浙江省推动文旅融合发展,重视具有辨识度和标志性的文旅品牌培育和塑造。2022 年,浙江省人民政府出台《关于推进浙江省文化和旅游产业深度融合高质量发展的实施意见》,提出:从打造文明之源和优秀传统文化体验地、打造生态文化旅游胜地、打造乡村休闲旅游首选地、打造演艺旅游最佳目的地、打造时尚文化旅游新高地等方面擦亮文化和旅游融合"金名片";打造一批重点文旅目的地、项目、基地、产品和服务等,培育国内外知名文化旅游品牌,从实施省域品牌推介计划、提升国内知名度、扩大国际影响力等方面打响"诗画江南·活力浙江"品牌,以"诗画江南·活力浙江"为统领,形成品牌塑造合力。

浙江省持续加大对文旅品牌和文旅 IP 的宣传推广力度,提升文旅品牌和文旅 IP 的转化能力。2022 年,中共浙江省委宣传部指导、浙江省域品牌 LOGO 全球征集活动组委会主办"诗画江南·活力浙江"浙江省域品牌 LOGO 全球征集活动;中共浙江省委宣传部指导,浙江广播电视集团、浙江日报报业集团主办,美丽浙江短视频矩阵承办"诗画江南·活力浙江"全球短视频大赛;浙江省文化和旅游厅主办、浙江省文化和旅游宣传推广信息中心承办"诗画江南·活力浙江"文创作品设计展。这些活动赛事提高了"诗画江南·活力浙江"的品牌认知度及国际影响力。浙江省文化和旅游厅公布了第 2 批浙江省示范级文化和旅游 IP,

印象西湖、富春山居、象山影视城等入选。2022年浙江省示范级文化和旅游IP名单如表14所示。浙江省举办首届文化和旅游IP推介交流会,发布《浙江省文化和旅游IP发展报告(2019—2021年)》;印发《关于实施文旅融合"五百五千"工程的通知》,以"百县千碗"为龙头,整体推进"百县千宿""百县千礼""百县千集""百县千艺"等文旅融合"五百五千"工程,塑造具有长期影响力的区域文化和旅游品牌,形成一大批浙江元素鲜明、能融入大众生活、勾起乡情乡愁的文旅融合标志性产品。2022年11月,"打造'诗画浙江·百县千碗'美食旅游IP,探索美食文化和旅游融合发展新路径"获评文化和旅游部组织的2021年度文化和旅游领域改革创新优秀案例。"诗画浙江·百县千碗"于2018年8月启动,是浙江省大花园建设"养胃"工程的重要内容,是浙江省文旅融合"金名片",通过坚持政府引导与市场培育相结合、坚持文化和旅游产业融合发展、坚持多方联动和协同推进、坚持开放包容和交流推广等创新做法,创造了突出的经济和社会效益,提升了浙江美食的知名度和美誉度以及旅游美食产业的竞争力和影响力。2022年,"百县千碗"体验店菜品销售总额共计超10亿元。2022年浙江省示范级文化和旅游IP名单如表14所示。

表14　2022年浙江省示范级文化和旅游IP名单

序号	名单	序号	名单
1	印象西湖	9	越剧小镇
2	富春山居	10	西施
3	象山影视城	11	婺州古城
4	永嘉书院	12	醉根
5	德清洋家乐	13	仙居杨梅
6	浙江百叶龙	14	缙云黄帝文化
7	心游嘉兴	15	不灭窑火
8	乌镇戏剧节		

数据来源:浙江发布.15个!第二批浙江省示范级文化和旅游IP名单公布,你知道几个?[EB/OL].(2022-12-24)[2024-07-17].https://zj.zjol.com.cn/red_boat.html? id=101260165.

(五)赋能共同富裕,放大产业社会效益

浙江省是全国首个也是目前唯一的共同富裕示范区。在推动文化产业蓬勃发展过程中,坚持把社会效益放在首位、社会效益和经济效益相统一,积极发挥文化产业对共同富裕的赋能效应。2022年2月,浙江省文化和旅游促进共同富裕示范区建设专家委员会成立会议召开,发布了浙江省文化和旅游促进共同富裕示范区建设专家委员会组建方案和委员名单,以及《浙江省文化和旅游促进共同富裕示范区建设专家委员会共识(文旅共富十条)》,具体包括以人民群众为本、以精神富有为魂、以文化底蕴为基、以"扩中提低"为要、以乡村振兴为重、以山区发展为先、以提升贡献为导、以文旅融合为径、以智慧文旅为上、以国际水准为标。浙江省文化和旅游厅工作思路明确提出"先行探索文化和旅游促进共同富裕路径"的工作思路,具体包括推动实现精神富有、促进区域协调发展、促进城乡一体发展、促进农民旅游收入增长、加快重大理论研究创新等。

在实现精神富有方面,浙江省传承红色根脉和历史文脉,从省级到地方大力推动文化基因解码工程和文化标识建设,擦亮红船精神、宋韵文化等文化标识,增强文化软实力,提升全民文化素养和文化自信,构筑精神家园。浙江省大力支持体现中华优秀传统文化、革命文化、社会主义先进文化以及浙江历史和特色文化的优秀文化作品创作、传播,创新精品内容创作生产的体制机制,加大政策支持力度。如《浙江省广播电视和网络视听发展三年行动计划(2022—2024 年)》明确提出"聚焦首要政治任务,突出'两个确立'的决定性意义,用心用情用力做好习近平新时代中国特色社会主义思想宣传报道,讲好新思想扎根浙江大地的生动实践""深化文艺精品创优工程,鼓励题材多样化、类型多元化,创作生产一批展示中国风范、浙江特色的优秀广播电视和网络视听文艺作品"等。

在促进区域协调发展方面,浙江省加大对山区 26 县、海岛县等文化和旅游产业的扶持力度,深入推进山区 26 县"一县一策""造月工程"等措施,支持培育网红打卡点,推动山区 26 县旅游总收入、接待游客总人次增长率高于全省平均增长率,海岛县旅游增加值增长率高于当地生产总值增长率,更好地发挥文旅产业对山区县、海岛县经济社会发展的促进作用。2022 年 11 月,浙江省人民政府出台《关于推进浙江省文化和旅游产业深度融合高质量发展的实施意见》,明确提出"促进山区 26 县和海岛县文化旅游产业高质量发展"。浙江省文化和旅游厅发布《关于实施文旅融合"五百五千"工程的通知》,提出"联动乡村振兴、山区 26 县'一县一策'等措施,健全工程建设扶持政策"。

在促进城乡一体发展方面,浙江省充分利用乡村文化和旅游资源,打造乡村特色文旅路线与发展文化产业,带动乡村共同富裕,实现乡村振兴。在全国率先出台乡村博物馆建设指南,完成 464 家乡村博物馆建设;提出实施乡村文旅运营"五百计划",即培育 100 个乡村创客团队、100 个乡村运营团队、100 个运营品牌、100 名运营师和 100 名村支书;制定《浙江省文化和旅游运营导则》,增强乡村文化和旅游的"造血"功能。2022 年 9 月,浙江省人民政府办公厅出台《关于开展未来乡村建设的指导意见》,在总体要求中明确提出"主题文化繁荣昌盛""历史文化遗存有效保护,乡村优秀文化全面传承,地域特色文化充分展示,乡村文化产业蓬勃发展";在工作体系中,提出"壮大电子商务、养生养老、文化创意、运动健康、乡村旅游等业态""建好乡村文艺传承队伍,培育好乡村文化产业,打响'我们的村晚''我们的村歌''我们的村运'等乡村文化品牌"。

(六)加强文化交流,拓展产业合作渠道

浙江省持续加强文化领域的交流合作,打造文化交流重大平台,开展丰富多样的文化交流活动,提升影响力和知名度,为文化产业发展提供更多的资源、渠道等支持。浙江省不断完善具有浙江特色的国际文化旅游交流传播工作体系与话语体系。2022 年,实施对外及对港澳台文化和旅游交流活动 82 项,直接参与交流人数达 848 人次;引进项目 661 个,参与人数达 1584 人次,覆盖全球 60 余个国家和地区,影响人数达 5000 余万人;推出 18 项具有浙江辨识度的线上资源,在 50 余个传统媒体和新媒体平台账号放送,影响辐射 200 万人次,5 个驻外使领馆致感谢信;联络文旅厂商参与 2022 中国国际旅游交易会、2022 中国—东盟博览会旅游展、第十届澳门国际旅游(产业)博览会等国际性旅游展会;在日本、韩国、东南亚 3 个推广中心的基础上,新设立欧洲推广中心,推动浙江省与欧洲文化和旅游交流合作走向新阶段;举办"和谐之美"诗画浙江欧洲推介会,向欧洲民众展示浙江风物之美和人文之粹;举办"2022 丝绸之路周",邀请青海省和乌兹别克斯坦共和国分别作为主宾省、主宾国,挖掘青海特有的丝路文化资源,展示乌兹别克斯坦共和国丝路特色风情;参与文化和旅游部举办的 2022 大运河主题旅游海外推广季、中国旅游文化周等活动;举办 2022"相聚浙里"国际人文交流活动等。浙江省持续扩大文化产业领域国际性展会的规模,提升其质量及美誉度,也大力支持文化企业参与国际性专业展会。2022 年,第 18 届中国国际动漫节现场参观人数达 3.2 万人次,通过"云上国漫"平台参与线上互动的人数超过 1020 万人次,共有 57 个国家和地区的 292 家中外企业机构以及 1400 余名展商、客商和专业人士线上或线下参与了本届动漫节,开展一对一洽谈 4073 场,现场意向签约金额达 5.54 亿元;第 16 届杭州文化创意产业博览会线上、线下参与人数超 1 亿人次,实现现场成交及项目签约额 21.15 亿元,共计吸引英国、意大利、法国、德国、西班牙、荷兰、瑞典、芬兰、挪威、丹麦、瑞士、捷克、日本等 40 个国家与地区的 3800 余个企业(机构)和品牌参展。2022 年 3 月,浙江省文化和旅游厅发布《浙江省文化和旅游厅关于加快推进数字文化产业高质量发展的实施意见》,明确提出"支持数字文化企业参与境内外综合性、专业性展会,持续推进技术、人才、资金等资源的全球互动"。

在港澳台文化和旅游交流合作方面,浙江省通过走访、研学、调研等方式传播浙江特色文化,通过交流会、专题活动等推动文旅、民宿等领域的交流合作。以庆祝香港回归 25 周年为契机,组织 67 名香港青年参加为期 4 天的主题学习走访活动;邀请 30 名台湾青年参加"诗画浙江"游学之旅,感受浙江传统文化与现代文化的交汇;组织港澳青少年举行"江南好秋分"云游浙江文化调研活动;推进 50 余项台湾青年参与的民宿项目;浙江省文化艺术交流促进会、浙江省海峡两岸经济文化发展促进会和台湾旅游交流协会共同主办 2022 浙台民宿产业和休闲农业线上交流会;举办海峡两岸影像文化周;开启"诗画浙江·百县千碗"走进澳门活动,带领澳门民众品味浙江,深化两地文化和旅游交流合作。

(七)完善治理机制,优化产业营商环境

浙江省着力加强文化市场治理能力建设,在行政审批、综合治理、市场监管等多方面完善治理机制,优化产业营商环境。浙江省通过数字化、集成化、标准化等改革创新,健全优化行政审批、综合治理的手段和流程,提升治理效能。2022 年,浙江省文化和旅游厅持续推进"放管服"改革,实施 14 项"告知承诺"事项,下放 12 项行政审批事项,率先实现全省文旅领域告知承诺全覆盖、行政审批全下放,"证照分离"改革领跑全国;制定《推进内资投资旅行社经营准入准营"一件事"改革实施方案》,依托"浙江企业在线"平台,按照"一次采集、一网申报、并联审批"模式办理证照;建设"一件事"集成改革数字化应用场景,推行行政审批"一网通办""全省通办"服务模式,实现审批流程简化幅度超过 80%、审批时限压缩幅度超过

50％，基本实现群众办事"一次也不跑"；制定地方标准《演出经纪机构评价指标》，出台文娱领域综合治理行动方案。

浙江省强化文化市场监管检查，创新数字监管和信用监管，深化综合执法改革，促进文化产业规范、健康发展。2022 年，全省各级执法机构出动检查 36.85 万人次，检查文化和旅游场所 16.13 万家次，查获违规文化和旅游场所 3759 家次；受理举报案件 274 件，属实案件 118 件；行政处罚立案调查 1973 件，办结案件 2023 件，罚款 17016000 万元；停业整顿 39 家次，吊销许可证 8 家次。2022 年，浙江省文化和旅游厅构建一体化数字执法平台"浙江省文化市场数字化网络监管系统"，实现浙江省文化市场数字化网络监管系统和全国文化市场技术监管与服务平台的数据实时对接；完善和创新信用监管体系、机制，修订出台《浙江省文化和旅游行业信用评价管理办法》等政策，配套出台《浙江省旅行社信用评价指引》《浙江省旅游市场黑名单管理工作流程》等政策。集成开发旅行社行业"信用＋监管"数字化平台，行业信用信息实时接入全国旅游监管服务平台等 8 个系统的行业数据。在衢州市、宁波市奉化区等 13 个试点市（县）推行"网吧""星级饭店"等主体信用评价；通过建设执法标准体系、建立健全执法清单体系、精细梳理执法规则、构建"金字塔形"行政执法体系等方式深化综合执法改革。拓展部门联合"双随机"执法事项范围，所有"双随机、一公开"检查统一通过浙江省"双随机"抽查管理系统进行，掌上执法开通率与激活率均达到 100％，监管事项入驻率达 100％。

五、浙江省文化产业发展展望

2022 年，浙江省省文化产业整体发展态势良好，其竞争力和影响力进一步提高，产业发展环境持续优化，发展水平全国领先。但同时也存在一些问题，如有待进一步提升文化资源传承和活化利用水平、有待进一步推动数智化转型和跨界融合、有待进一步集聚高端平台和要素资源、有待进一步提高国际竞争力等。未来，浙江省文化产业发展可在以下几个方面持续发力，为建设共同富裕示范区和社会主义现代化先行省贡献更大力量。

（一）加强文化资源开发转化，丰富高品质文化产品供给

2022 年 6 月，浙江省第十五次党代会报告明确提出，"牢牢把握促进人民精神生活共同富裕的要求""高水平推进文化强省建设，打造新时代文化高地"。实现人民精神富有、打造新时代文化高地，丰富高品质文化产品供给是关键所在。随着社会经济的发展，人民的物质生活水平不断提高，人们对精神文化生活的需求也日益增长，这就要求更加丰富、更高品质的文化供给。高品质文化产品是传播和弘扬中华优秀传统文化、革命文化、社会主义先进文化以及地方历史和特色文化的重要载体，有助于增强文化自信，增强社会的凝聚力和向心力，有助于提升城市和区域的文化形象，增强地方文化的吸引力和竞争力，也有助于向世界展示中华文化的独特魅力，提升中华文化在全球的影响力和话语权，是文化强省建设的重要内容，更是打造新时代文化高地的重要支撑。文化产业是高品质文化产品供给的重要主体，要更充分地发挥其重要的作用，推动高品质文化产品的生产与传播。要进一步加强文化遗

产的保护利用和文化标识建设,深入挖掘和传承本地优秀文化资源,推动文创、影视、演艺、出版等行业加大推动优秀文化资源创新性转化和创造性发展的力度,提升文化产品的独特性和辨识度,打造具有浙江特色的文化品牌。

首先,要进一步加强对物质文化遗产和非遗的保护利用。物质文化遗产和非遗是一个地区历史文化底蕴的核心体现。在进一步加强对物质文化遗产的保护利用方面,要实施世界文化遗产之窗建设工程,推动杭州打造世界文化遗产群落城市,继续提升对西湖文化景观、京杭大运河(浙江段)、良渚古城遗址、南宋皇城遗址等的保护水平,推动上山文化遗址群、钱塘江海塘·潮文化景观等项目申报世界文化遗产。要不断完善浙江历史文化专题研究、名人研究、历史文献整理,强化对历史文化名城、名镇、名村以及历史建筑的保护利用,推进文物建筑活化利用培育计划,利用现代科技更好地进行文物保存和数字化展示。在进一步加强对非遗的保护利用方面,加强对非遗代表性项目的保护和对代表性传承人的培养及认定管理,在资金、技术、宣传等各方面提供更加有力的支持。要促进非遗的活态展示与体验、数字化保护与传播、公众教育与推广等,包括线上线下的非遗展示馆、生活馆、文化节庆、体验中心以及非遗宣传讲座、展览、课程等。要推动中国传统制茶技艺及其相关习俗、中国传统桑蚕丝织技艺、龙泉青瓷传统烧制技艺等世界级非遗的保护和传承。要推动非遗与文化产业的融合创新,推动开发具有非遗元素的文化产品与服务,如此既能带来巨大的商业价值,也使其更具活力和市场吸引力。

其次,要进一步推进文化基因解码工程和文化标识培育项目。文化基因解码工程和文化标识培育项目是浙江省文化和旅游厅正在实施的重要文化工程,并已取得阶段性成果。截至 2022 年 7 月,文化基因解码工程 1.0 版已基本完成,完成文化元素普查 31029 个,首批解码重点文化元素 1845 项,涵盖普查文化元素 8342 个。文化标识培育项目于 2021 年下半年启动,5 年建设期内共涉及二级建设任务 1799 项,预计投入项目资金 1260 亿元。在进一步推进文化基因解码工程方面,"解"是文章的上半篇,"用"是文章的下半篇。在首批解码的基础上,要更深入、更广泛地普查浙江文化元素,挖掘其背后的思想精神和价值内涵,同时要加快推进文化基因的转化利用,加大对文化基因解码工程成果转化利用项目的支持力度,以文化基因解码为起点,推动文化基因与文化产业创新融合,比如塑造文旅 IP、设计文创产品等。在进一步推进文化标识培育项目方面,加强对已立项的浙江文化标识培育项目的支持,探索谋划新的浙江文化标识培育项目。从创新模式、创建场景、数字赋能、赋能产业、文化惠民等方面切入,打造一大批具有知名度、美誉度和影响力的重大文化标识,擦亮浙江特色文化品牌,形成具有高辨识度的文化品牌矩阵。要更充分地发挥文化标识的品牌效应和流量效应,推动文化标识建设与文化产业的细分领域深度融合,比如将文化标识元素融入内容创作、文创产品、文旅开发等,打造文化 IP,并推动文化 IP 全产业链的开发。

最后,要进一步加大推动文化资源创新性转化和创造性发展的力度。《浙江省文化改革发展"十四五"规划》明确提出,"依托我省文化资源禀赋,着重构建纵横交织、贯通古今、山海呼应、串珠成链、覆盖全域的'两地五区一带'文化建设格局"。要进一步加强和完善地方文化资源库建设。文化资源库为文化资源的转化开发提供了坚实的基础和丰富的可能性,其通过整合散落的文化资源,提高了文化资源的可见性、可用性及利用效率,为文化资源转化利用提供了宝贵的素材。要在现有的基础上,推动数字化、智能化、标准化建设,构建开放共享的文化资源网络平台,向社会公众、研究机构、企业等开放,鼓励多方参与文化资源库建设以及使用、开发。要进一步推动文化资源与文化产业细分类别的融合创新,营造有利的发展环境。要深入挖掘文化资源的内涵价值,将其融入现代文化产业链,特别是文旅演艺、动漫游戏、新闻出版、文化影视、创意设计等浙江省文化产业的优势领域以及短剧、短视频、沉浸式业态等新兴业态,将文化资源转化为优质的文化产品和服务,打造具有区域特色的文化品牌,加强品牌传播和推广,提升文化资源的市场影响力和品牌价值。要进一步推动地方文化资源的"数字孪生",开发区域特征鲜明的数字文化产品。"数字孪生"为文化资源的保护展示、利用开发带来了新的机遇。要推动基于 3D 扫描、建模、无人机航拍、激光雷达等技术,对文化资源进行数字化采集和重建,打造数字空间中的虚拟孪生体。要推动开发相关数字产品,如虚拟文物展览、虚拟博物馆、在线互动游戏、沉浸式互动体验项目等,实现文化资源的活化和再创造。

(二)不断放大数字赋能效应,推动产业数智化转型升级

在数字技术不断迭代创新、全球数字化进程加速以及消费者文化需求升级的背景下,数智化转型升级是文化产业发展的核心驱动力。推动文化产业数智化转型升级,有助于提高文化生产、传播和管理的效率,创新文化内容和形式,为消费者提供更加丰富和多样化的体验,提升文化产业整体效益和竞争力。浙江省数字文化产业发展水平位于全国前列,在数字出版、网络视听、动漫游戏、电子竞技、数字文化装备等数字文化产业的核心领域优势明显,拥有一大批细分领域的头部企业,国家文化和科技融合示范基地达 11 家,数量居全国第 2。此外,浙江省在数字经济、数字科技等方面也具备领先优势,拥有全球领先的数字科技企业、发达的数字科技生态、先进的数字基础设施以及有力的政策支持,这些为数字文化产业发展提供了坚实的基础和有利的条件。在已有基础和优势的基础上,浙江省要抓住新一轮科技革命和产业变革的新机遇,不断放大数字赋能效应,深入实施数字化战略,推动文化和科技深度融合,实现产业链和创新链精准对接,打造全球领先的数字文化产业发展高地。

一是强化数字文化产业的整体引领作用。要加强政策引导和支持,切实落实《浙江省文化和旅游厅关于加快推进数字文化产业高质量发展的实施意见》的具体任务,出台实施细则和配套措施,支持各地市根据实际需要出台数字文化产业相关扶持政策。要优化全省数字文化产业发展的空间布局。当前,杭州市、宁波市等数字文化产业优势突出,而舟山市、衢州市、丽水市等数字文化产业生态尚不够健全,存在明显的区域发展不平衡问题。要支持杭州市打造国际一流的数字文化产业发展高地,推动各地市发展各具特色的数字文化产业,强化杭州市、宁波市等中心城市数字文化生态对全省的辐射赋能和带动作用,加强跨区域的产业优势互补和协同联动。

二是夯实数字文化产业的发展基础。要增强数字文化前沿技术创新能力,因为推动文化产业数智化转型升级需要不断引入和应用新兴技术。要推动人工智能、大数据、AR/VR、5G、物联网、云计算、边缘计算、区块链等技术在文化产业领域的应用,加强高速网络、数据中心、云服务平台等产业数字化基础设施建设,探索文化产业领域行业级的人工智能大模型研发。要加强数字文化企业梯队建设,优化领军型企业的支持机制,通过精准服务和专项支持推进其做大做强,打造更多世界一流企业、领航企业。完善优质中小微企业的发掘和培育机制,加速骨干型、新锐型数字文化企业成长壮大。支持传统文化企业数字化升级,探索新的商业模式,深化数字化应用,增强市场适应能力和企业竞争力。要加强对既能深刻理解文化产业的业务又能熟练应用前沿数字技术的创新型、复合型人才的培养。要加强数字文化技术标准研制应用。鼓励数字文化技术行业标准、地方标准、团体标准和企业标准研制,以标准建设促进产业发展,形成数字文化产业标准体系的浙江样板。

三是培育数字文化产业重点业态。重点培育动漫、电竞、网络视听、云演艺、云展览、云交易、文化数字装备等数字文化产业重点业态。动漫产业是数字文化产业的重要组成部分,要培育具有国际影响力的动漫产业集群,扶持具有国际竞争力的动漫龙头企业,支持创作优质的动漫精品,打造具有影响力的动漫 IP,开发相关衍生产品,构建品牌生态,放大"中国国际动漫节"的品牌效应。电竞产业是近年来快速崛起的数字文化产业,要支持举办专业化、国际化的重点赛事,在杭州市、宁波市、舟山市、义乌市等地培育电竞产业聚集区,优化完善电竞产业的上、下游生态。网络视听产业是数字文化产业的重要支柱,要打造网络视听产业高地,推动相关产业高质量发展,推动网络视听内容多样化和创新,促进网络视听产业与其他文化形态联动和融合,提升产业总体实力和影响力。要推动演艺、展览、交易等数字化转型,利用数字平台和技术,将线下演艺、展览、交易拓展至线上空间,培育云演艺、云展览、云交易等。数字文化装备是文化内容数智化发展的重要载体。要支持数字文化领域数字文化装备关键核心技术的研发应用,提升三维数字扫描、AR/VR 设备、智能投影、高端数字显示设备、可穿戴智能文化设备、无人飞行器等数字文化装备的技术水平。

四是优化完善数字文化产业生态。要更充分地发挥已有数字文化产业平台在资源集聚与共享、产业协同与创新、技术应用与推广、市场对接与开拓等方面的重要作用,如中国网络作家村、中国(之江)视听创新创业基地、杭州国家数字出版基地、浙江国家音乐产业基地、国家(杭州)短视频基地、浙江数字文化国际合作区等,探索搭建更多高能级的数字文化产业平台,建立更加完善的数字文化产业平台体系。要推动数字文化产业的不同业态之间、数字文化产业与传统文化产业以及与相关产业之间协同发展,培育"数字文化＋"产业生态圈,搭建融合创新平台,鼓励跨领域、跨行业的技术对接和资源整合等跨界协作,创造更多的应用场景和商业模式,提升产业的整体竞争力和创新能力。要完善数字文化版权保护,提高数字文化版权保护水平。加强数字文化版权服务,建设数字文化版权管理及分发服务平台,推动区块链、卫星授时等技术在数字版权保护领域的深度应用,推广数字版权保护的成功经验和优秀实践。

（三）持续打响区域文旅品牌，推进跨界融合高质量发展

跨界融合打破了传统文化产业的边界，拓展了文化产业的内涵外延，通过与其他产业之间的资源整合和融合创新，为文化产业发展注入了新的活力和动能，对于提升文化产业的整体竞争力具有重要意义。浙江省作为文化和旅游资源大省，近年来不断推动文化和旅游产业强省建设，优化文旅产业结构，提升文旅产品质量，打造现代文旅产业体系，文旅产业综合实力居于全国前列。2022 年 11 月，浙江省人民政府印发《关于推进文化和旅游产业深度融合高质量发展的实施意见》，提出"以文塑旅，以旅塑文，推动文化和旅游在更广范围、更深层次、更高水平上实现融合发展"。文化和旅游本质上具有高度的互补性，在浙江文旅产业现有发展的基础上，要进一步打响区域文旅品牌，更好地挖掘和展示浙江省的文化和旅游资源，形成独特的形象和吸引力，在竞争激烈的旅游市场中脱颖而出，从而提升浙江省文旅产业的认知度和影响力。

一是擦亮文旅融合"金名片"。要深入挖掘区域文化资源，在文化基因解码和文化标识建设的基础上，遴选并重点培育文旅融合"金名片"，将文化元素高质量、创新性地转化为文旅产品，强化品牌效应，打造具有高辨识度的文旅品牌。其重点包括：建设"文明之源"旅游目的地（世界万年稻作农业之源、中华五千年文明之源、世界丝绸之源、中国青瓷之源、中国海洋文化之源）；打造杭州西湖文化景观、京杭大运河（浙江段）、良渚古城遗址等文化遗产旅游品牌；推进宋韵文化、阳明文化、和合文化等文旅品牌建设；培育红色文旅品牌，整合红色根脉资源；发展生态文化旅游胜地（十大海岛公园、20 个名山公园以及旅游康养产品等）；建设乡村休闲旅游品牌，探索未来乡村旅游；提升横店影视产业实验区、湖州影视城、象山影视城等演艺旅游品牌形象；支持杭州市、宁波市、温州市等发展时尚文化产业、体育文化旅游产业，建设时尚文化旅游新高地、文化运动休闲目的地。要加强对文旅融合"金名片"的多层次、多渠道宣传推广，除传统媒体外，还可以利用新媒体平台、社交网络、短视频平台等进行广泛传播，与知名企业、文化机构、时尚品牌、影视剧组、网红明星等跨界合作、联合营销，比如与热门影视剧合作、拍摄文旅短剧等。要开发精品旅游线路，通过资源整合和协同，提升区域文旅的整体吸引力，包括：互补性强的、主题式的旅游线路，多区域合作的旅游线路，满足不同游客群体需求的差异化、定制化旅游线路，等等。要进一步加强文旅基础设施建设，良好的基础设施是保障游客体验的关键。要提升文旅展示空间设计，推动互动式、体验型、有沉浸感的旅游项目的开发，优化游客的文旅体验。

二是支持文旅特色化发展。要支持各个地市基于历史文化特色及基础优势条件，推动文旅产业差异化发展，打造特色文旅品牌，避免同质化竞争。深挖本地文化资源，形成区域特色鲜明的文旅格局，塑造独特的城市文旅品牌形象。支持杭州市高水平打造国际重要的旅游休闲中心、国家旅游枢纽城市；支持宁波打造现代化滨海旅游名城、国家旅游重点城市；支持温州市打造国际化诗画山水度假目的地；支持湖州市打造国际化生态型乡村度假目的地；支持嘉兴市打造中国红色旅游和水乡古镇休闲度假目的地；支持绍兴市打造中国研学旅行目的地；支持金华市打造国际商贸和影视文化旅游目的地；支持衢州市打造国家生态旅

游目的地;支持舟山市打造国际海岛休闲度假目的地;支持台州市打造中国山海文化旅游目的地;支持丽水市打造中国山地休闲度假目的地。要加强多方面的政策支持和产业链整合,推动县域、乡村等培育特色文旅产业,打造文旅特色县、文旅特色村,这既有助于推动乡村经济振兴,也有助于传承和保护地方文化。比如结合现代农业和农耕文化,发展休闲农业旅游品牌;结合地方特色节日,开发独具特色的文化节庆活动品牌;等等。

三是打响"诗画江南·活力浙江"品牌。"诗画江南·活力浙江"品牌是浙江省省域品牌主题词,是省域形象和文化内核的集中表征。要整合全省的文旅资源,以"诗画江南·活力浙江"为统领,构建和推广省域文旅品牌形象,展示浙江省作为历史底蕴深厚、自然风光优美以及文化基因和文化传统富有创造力的旅游目的地的形象。要进一步提升"诗画江南·活力浙江"品牌的国内知名度和国际影响力,打造一批高品质的旅游产品和线路,发展文旅新型业态,与时尚、体育、影视、动漫、游戏等产业跨界合作,加强精准营销、线上营销,开展具有影响力的推广交流活动,提升品牌的传播力。

除高质量推动文化和旅游融合发展外,还要推动文化产业与科技、时尚、体育、教育、健康、金融、电子商务、智能制造、商业地产等多行业跨界融合、互惠发展。通过跨界融合激发创新活力,不仅能拓展文化产业的市场空间,提升市场价值和社会影响力,而且能带动相关产业协同发展。比如,基于浙江省数字经济领跑全国的优势,推动文化产业与人工智能、大数据、5G、虚拟现实、区块链、云计算、物联网等产业融合发展,推动文化产业数字化转型升级,打造具有国际竞争力的数字文化产业集群;基于杭州举办亚运会的契机,深入推动文化和体育跨界融合,在大型体育赛事中融入地方文化元素,打造具有文化内涵、体验型的体育项目;基于浙江省电子商务发展水平居全国前列的优势,支持和推动文化电商发展,打造文化电商新业态,借助电商的渠道优势,将地方特色文化产品和服务推向全国乃至全球市场。

(四)着力夯实产业发展基础,巩固和提升产业发展优势

随着文化产业的经济和社会效益不断提升,全球范围内的文化产业竞争愈加激烈。各国和各地区纷纷出台一系列支持政策,加快文化产业布局,吸引文化企业和高端人才,提升产业竞争力和影响力。在中国,北京市、上海市等城市基于丰富的文化资源以及国际化平台的支撑,持续在影视、出版、艺术等文化产业细分领域居于领先地位;广东省、江苏省等经济发达省份凭借强大的经济基础和庞大的市场需求,文化及相关产业规模领跑全国;四川省、陕西省等省份发挥自身的地域文化特色,打造独具特色的文化产业集群。浙江省文化产业发展水平居全国前列,特别是杭州市、宁波市的文化产业发展优势突出。然而,面对日益激烈的国内外竞争,浙江省要从体制机制、内容生产、人才培养、平台建设、监管治理等多方面,进一步夯实产业发展基础,优化产业发展环境,充分释放创新创造动能,在全国乃至全球文化产业版图中进一步巩固和提升发展优势。

一是进一步深化文化产业体制机制创新。深化体制机制创新是推动文化产业高质量发展的重要路径。要构建更加灵活、高效、优质的管理机制,进一步优化文化产业领域的营商环境,增强文化企业的创新活力及竞争力。深化"放管服"改革,简化行政审批流程,深化数字化改革,提升文化产业的整体运营效率。完善文化产业的投融资机制,引导金融机构、资本市场为文化企业提供多元化的融资渠道,特别是中小型民营文化企业。要探索和推动文化领域的国有文化资产监管体制、国有文化企事业单位改革,健全更加科学、更有效率、更符合文化发展规律的国有文化资产监管机制,创新国有文化企事业单位内部运营机制,增强灵活性和市场适应能力,优化薪酬分配制度、管理模式等。

二是进一步加大对优秀作品的支持力度。优秀作品是文化产业的核心竞争力和生命力,是文化产业繁荣发展的关键。要丰富内容建设,进一步加大对优秀作品的支持力度。加强对文化内容创作的引导,更好地发挥专项资金、政府奖项等的导向作用,进一步健全把社会效益放在首位、社会效益和经济效益相统一的文化内容生产体制机制,推介倡导主流价值观、传播社会正能量的优秀作品。加强原创能力建设,鼓励和支持高质量原创作品,加大对中国网络作家村、之江编剧村等文创人才集聚平台的扶持力度,并为原创内容的孵化及商业化提供全方位支持。着力实施一批重点工程及项目,如文艺精品提升工程、新时代视听作品生产传播工程等,产出一批反映新时代、新浙江、新气象,具有传播度、辨识度、认可度的高质量成果,发挥示范引领作用。

三是进一步加强文化产业人才队伍建设。人才是文化产业发展的核心资源。要加强对高端文化产业人才的引进与培养,特别要引进和培养一批站在数字文化产业发展前沿、引领产业发展方向的领军人才,不断完善领军人才的引育支持措施,营造具有吸引力和竞争力的文化产业人才环境。要加强对创新型、复合型人才的培养,特别是创新型、复合型的优秀青年数字文化人才,搭建更多的人才学习交流平台,为人才之间相互学习、交流经验提供更多的机会,推动跨领域、跨文化的合作,帮助人才拓宽国际视野和创新思维。要推动教育链与产业链的深度融合,支持高校、研究机构、培训机构、文化企业等在人才培养方面的交流合作,建设更多高水平的人才培养基地及实训项目,构建更加完善的人才培养体系。

四是进一步实施重大文化项目和平台带动战略。重大项目和平台是引领文化产业发展的重要抓手,发挥着引领示范和集聚效应的关键作用。要进一步实施重大文化项目和平台引领带动战略,支持一批具备国际影响力的文化产业项目和平台建设,如之江文化产业带、横店影视文化产业集聚区等。要进一步加强对这些项目和平台的政策、资金、技术等全方位支持,推动平台内外企业的资源共享和合作共赢,集聚优势资源,优化产业生态,引领和带动上、下游企业协同发展,打造更具竞争力的文化产业集群。

五是进一步提升文化市场监管和治理水平。随着文化产业的快速发展,要同步提升文化市场监管和治理水平,促进文化产业健康、有序地发展。要进一步完善文化产业的信用体系建设,健全"信用＋监管"机制,形成"守信激励、失信惩戒"的市场环境,提升文化企业的守法意识和诚信经营水平。创新和健全文化产业新业态监管,如电竞酒店、剧本杀等。根据新业态的特点,制定灵活的监管政策,实施包容审慎监管;完善精准化、数字化、智能化监管,引入人工智能、大数据等技术手段以提升监管效能。深入开展文娱领域治理专项行动,健全内容审核和风险防控机制,特别是加强对网络直播、网络视频、网络游戏等数字文化内容的监管治理,打击各类违法违规行为,抵制不良内容传播。健全知识产权保护机制,特别是对数字版权的保护。加大对盗版、抄袭、侵权等侵犯知识产权行为的打击力度,同时积极推动国际合作,加强跨境知识产权保护,追踪和打击跨境侵权行为,维护文化企业、创作者在全球市场中的合法权益。

(五)加快开拓海外文化市场,增强文化产业国际竞争力

浙江省积极推进高水平对外开放,构建"双循环"新发展格局,多项重要开放指标居于全国前列。2022年,浙江省进出口总额达4.68万亿元,高出全国5.4个百分点,居全国第3,对全国进出口增长贡献居第1;服务进出口总额迈上5000亿元台阶,达到5091.19亿元;对外实际投资额达142.63亿元,居全国第2。2022年,举办首届全球数字贸易博览会,汇聚了境内外800余家数字贸易头部企业。这为对外文化贸易奠定了坚实基础和有利条件。近年来,浙江省文化贸易规模稳步扩大,贸易结构持续优化,国际竞争力不断提升,影视动漫、数字文化、创意设计等是其主要出口领域,但在资本投入、人才支撑、平台渠道、对外营销、政策支持等方面仍存在一些不足和发展障碍。文化和旅游部、浙江省人民政府联合印发的《关于高质量打造新时代文化高地推进共同富裕示范区建设行动方案(2021—2025年)》明确提出,"培育文化产业国际合作竞争新优势"。浙江省要加快开拓海外文化市场,推动文化产业高水平"走出去",进一步增强文化产业国际竞争力。

一是加快推进数字文化贸易。面对数字技术的迅猛发展,加快推进数字文化贸易是实现对外文化贸易提质升级的重要抓手。要依托数字经济优势,进一步推动文化贸易数字化转型,大力发展数字文化贸易,提高数字化对文化贸易高质量发展的驱动效应,深入拓展数字文化产业的全球市场布局。要引进和培育全球领先、行业顶尖的数字文化出口企业,鼓励和引导数字文化出口企业开拓海外市场、传播中国文化,强化全球数字文化领域的合作与交流,提升全球数字文化贸易中的话语权,推动与国际数字文化企业建立合作伙伴关系,联合开拓国际市场。要在政策引导、金融支持、渠道拓展等方面,加大对网络文学、数字出版、游戏电竞、网络动漫等传统优势领域对外文化贸易的支持力度,也要关注新兴领域,如元宇宙、数字人、数字藏品(NFT)等,支持数字文化贸易新业态加快发展。要加大对与数字文化贸易相关的技术研发的扶持,鼓励和推动新兴数字技术在文化贸易中的应用,如区块链技术在数字内容版权保护和安全交易等方面的应用;人工智能技术在海外市场用户画像及精准营销等方面的应用。要优化完善数字文化贸易领域的法规政策,降低数字文化出口企业的运营和出口成本,并在知识产权服务、隐私保护和数据安全、贸易纠纷解决等方面提供有力保障。

二是加强文化贸易品牌培育。加强文化贸易品牌培育是增强文化产业国际竞争力的重要战略。要支持文化企业提升品牌建设能力,打造国际性文化品牌,创新品牌的文化内容,创作和传播既能够体现中华文化核心价值观又能适应国际市场消费趋势的高品质文化产品,提高内容质量和竞争力。要通过政策扶持、国际合作、营销创新等综合措施,有效推动出版、影视、动漫、游戏等领域的优秀文化作品在国际市场上的传播,打造全球知名的文化爆款,形成品牌效应。要支持已具有国际知名度的浙产优秀文化产品进行IP全产业链开发,不局限单一的内容形态,开展衍生产品及跨领域联名合作,增强品牌的长期生命力及价值。要推动资源整合,为文化品牌国际推广提供多方面、立体化的支持,搭建文化贸易和展示平台,帮助文化企业与国际媒体、营销机构、发行平台、文化组织等建立紧密的合作关系,支持文化企业参加国际性文化展会、博览会、论坛等,提高品牌的曝光度和影响力。

三是提升文化贸易平台能级。提升文化贸易平台能级,有助于推动文化产品和服务更好地进入国际市场,增强全球竞争力。要加强国际文化企业交流平台建设,提高文化贸易相关展会的举办质量及影响力,如全球数字贸易博览会、中国国际动漫节等。加强与国际知名文化展会、文化组织等的联系及合作,引入更多国际知名的文化企业、文化内容、资源项目等,加大国际化推广力度,提高展会的传播力和知名度。丰富展会形式,线上线下联动,覆盖更广泛的国际受众,提升展会的互动性和吸引力。提高展会的服务质量,为参展企业提供针对性、全方位的优质服务,促成更多的合作及交易。要加强文化贸易集聚发展平台建设,更充分地发挥文化出口基地在产业集聚、引领示范、创新发展等方面的重要作用,如中国(浙江)国际影视产业合作区、浙江数字文化国际合作区等国家文化出口基地。要加大对文化出口基地的政策支持和资源倾斜,吸引更多优质文化企业、中介服务机构、文化项目和专业人才入驻,推动各类文化企业及中介服务机构之间互相协作,形成规模效应和协同效应。要优化完善基础设施和配套服务,整合国内外优质资源,提供一站式的文化出口支持服务,为文化企业"走出去"提供更加便利化的渠道和有力的保障。

参考文献

[1] 陈立旭,陈希颜.转变文化产业发展方式:浙江的探索与历程[J].中共宁波市委党校学报,2021,43(03):5-14.

[2] 韩昱,徐继宏.解码浙江文化基因 培育浙江文化标识[EB/OL].(2022-06-02)[2024-07-17].http://tradeinservices. mofcom. gov. cn/article/lingyu/whmaoyi/202206/134035. html.

[3] 杭州市发展会展业服务中心.一季度浙江省会展业运行情况分析[EB/OL].(2022-05-19)[2024-07-17].https://mp. weixin. qq. com/s/viXnZLe2jfbcAx1kYPuuTQ.

[4] 东阳市横店镇人民政府.金华市政府工作报告中,肯定了横店这些成绩[EB/OL].(2023-01-04)[2024-07-17].https://mp. weixin. qq. com/s? __biz＝MzA4MDYxNjY1OA＝＝&mid＝2649315784&idx＝3&sn＝6632eb1cbc55f50b0244d59c812a6d18&chksm＝87bc7475b0cbfd6381c6318db97bf11223fe1941ca0d171529d4fa4f2859a633708faddd31dd&scene＝27.

[5] 李剑平.浙江 2022 年文旅实际完成投资 3650. 7 亿元[EB/OL].(2023-04-14)[2024-07-17].https://mr. baidu. com/r/1mR5avzbpja? f＝cp&rs＝3150089383&ruk＝v1wzNrATmICOsR7JxzKqRw&u＝7697ef7a5a7d98d7.

[6] 厉玮.第十六届(2022)杭州文博会闭幕[EB/OL].(2023-01-03)[2024-07-17].https://

hzdaily. hangzhou. com. cn/hzrb/2023/01/03/article_detail_1_20230103A011. html.

［7］汪佳佳.2022 浙江电影报告［EB/OL］.（2023-01-28）［2024-07-17］. https：//mp. weixin. qq. com/s/rO-kZtH1UWkmc0k4rxtO3w.

［8］温婧."2022 中国省市文化产业发展指数"结果发布［EB/OL］.（2023-03-20）［2024-07-17］. https：//new. qq. com/rain/a/20230330A03JJM00.

［9］象山影视城.象山影视城 2022 年终盘点［EB/OL］.（2023-01-04）［2024-07-17］. http：// nb. ifeng. com/c/8MGxhepoYUO.

［10］佚名.第十八届中国国际动漫节闭幕［EB/OL］.（2022-11-27）［2024-07-17］. https：// m. gmw. cn/baijia/2022-11-27/1303207187. html.

［11］浙江省传播学会.浙江首次发布《浙江省广告产业发展蓝皮书（2022）》［EB/OL］.（2023-12-09）［2024-07-17］. https：//mp. weixin. qq. com/s/CJQPYM_s60cN4m7HXa3jwg.

［12］浙江省地方志编纂委员会办公室.浙江年鉴 2023［M］. 北京：方志出版社，2023.

［13］浙江省发展和改革委员会.浙江省文化改革发展"十四五"规划［EB/OL］.（2021-06-19）［2024-07-17］.https：//www. zj. gov. cn/art/2021/6/30/art_1229540815_4673572. html.

［14］浙江省广播电视局.2022 年全省广播电视和网络视听工作总结［EB/OL］.（2023-02-28）［2024-07-17］. http：//ct. zj. gov. cn/art/2023/2/28/art_1229678764_5283538. html.

［15］浙江省人民政府.浙江省人民政府关于推进文化和旅游产业深度融合高质量发展的实施意见［EB/OL］.（2022-11-19）［2024-07-17］. https：//www. zj. gov. cn/art/2022/11/ 30/art_1229019364_2449032. html.

［16］浙江省人民政府办公厅.2023 年政府工作报告［EB/OL］.（2023-01-17）［2024-07-17］. https：//www. zj. gov. cn/art/2023/1/17/art_1229019379_5056991. html.

［17］浙江省文化和旅游厅.浙江省文化和旅游厅 2023 年工作要点［EB/OL］.（2023-06-16）［2024-07-17］. http：//ct. zj. gov. cn/art/2023/6/16/art_1229678764_5126375. html.

［18］浙江省住房和城乡建设厅.在城乡建设中加强历史文化保护传承——保护文化遗产、守住文化根脉、彰显浙江气质，在"两个先行"中贡献住建力量［EB/OL］.（2022-12-29）［2024-07-17］. https：//www. zj. gov. cn/art/2022/12/29/art_1554468_60024601. html.

［19］浙江省统计局.2022 年浙江省国民经济和社会发展统计公报［EB/OL］.（2023-03-16）［2024-07-17］. http：//tjj. zj. gov. cn/art/2023/3/16/art_1229129205_5080307. html.

［20］浙江省统计局,国家统计局浙江调查总队.浙江统计年鉴 2023［M］. 北京：中国统计出版社，2023.

［21］浙江省文化和旅游厅."浙里文化圈"应用上线：打造一站式文化链接［EB/OL］.（2022-10-26）［2024-07-17］. http：//ct. zj. gov. cn/art/2022/10/26/art_1688014_59014141. html.

［22］浙江省文化和旅游厅.浙江文化和旅游厅 2022 年度法治政府建设情况［EB/OL］.

(2023-03-01)［2024-07-17］. http://ct. zj. gov. cn/art/2023/3/1/art_1229678794_59015803. html.

［23］浙江省文化和旅游厅. 2022 年浙江文化和旅游工作成绩单［EB/OL］. (2023-01-14)［2024-07-17］. https://mp. weixin. qq. com/s/99corJvl2Hl_v0Wd4uWCTA.

［24］浙江省文化和旅游厅. 2022 年浙江省文化产业示范基地名单公布［EB/OL］. (2022-12-28)［2024-07-17］. https://mp. weixin. qq. com/s/Ys1ECW8JJS0A44-HIzvxCg.

［25］浙江省文化和旅游厅. 浙江三个案例入选 2021 年度文化和旅游领域改革创新案例［EB/OL］. (2022-11-17)［2024-07-17］. https://mp. weixin. qq. com/s?__biz＝MzU0MTg1ODE5NA==＆mid＝2247598945＆idx＝1＆sn＝6237da026c9c72e68dc943d91fdccc41＆chksm＝fb20839ccc570a8aac0a1d5f291c65129f5fe5ef02deb86de4af809acfce582d9115d382ae4d＆scene＝27.

［26］中共浙江省委宣传部. "宋韵"一年间［EB/OL］. (2022-11-18)［2024-07-17］. https://zjnews. zjol. com. cn/zjxc/202212/t20221219_25204392. shtml.

［27］中国会展经济研究会. 2022 年中国展览数据统计报告［EB/OL］. (2023-10-09)［2024-07-17］. http://www. cces2006. org/index. php/home/Index/detail. html?id＝15721.

第 二 篇
2023 年浙江省文化产业发展区域报告

2023 年杭州市文化产业发展报告

余　钧　蔡佳晨

　　杭州市作为浙江省省会城市,文化产业发展水平位列全省第 1,居于全国领先水平。2022 年,杭州市持续完善文化产业政策体系,推动文化产业高质量发展,不断提升产业的整体活力与竞争力。2022 年 12 月,中共杭州市第十三届委员会第三次全体会议通过《关于全面学习把握落实党的二十大精神加快打造世界一流的社会主义现代化国际大都市 努力成为中国式现代化城市范例的决定》,提出"历史文化魅力精彩呈现,世界遗产群落联动效应充分彰显,宋韵文化传承展示中心全面建成,文化产业竞争力更加强劲,全域文化繁荣、全民精神富有全面显现"的目标任务。未来,杭州市要进一步做大、做强文化产业,巩固自身在全国文化产业中的领先地位,提高国际知名度和影响力,为打造世界一流的社会主义现代化国际大都市、中国式现代化城市范例贡献更多、更大的力量。

一、杭州市文化产业发展环境

(一)区位环境

　　杭州市是浙江省省会,是长江三角洲中心城市,位于中国东南沿海的浙江省北部,地处长江三角洲南翼、杭州湾西端,市域介于北纬 29°11′～30°34′和东经 118°20′～120°37′,是"丝绸之路经济带"和"21 世纪海上丝绸之路"的延伸交点以及"网上丝绸之路"战略枢纽城市。杭州市辖上城、拱墅、西湖、滨江(高新)、萧山、余杭、临平、钱塘、富阳、临安 10 个区,桐庐、淳安 2 个县,代管建德 1 个县级市,全市有 93 个街道、23 个乡、75 个镇。2022 年年末,杭州全市总面积达 16850 平方千米,其中,市区总面积达 8289 平方千米;全市常住人口达 1237.6 万人,比上年末增加 17.2 万人,其中,城镇人口达 1039.0 万人,占常住人口的 84.0%。2022 年,杭州市融入长三角区域一体化发展,加强与上海交流联动,唱好杭甬"双城记",深化交通共联、产业集群、人文魅力、绿色生态和智慧民生等"五大主题都市圈"建设。

(二)经济环境

　　杭州市综合经济实力雄厚,经济总量位居全国城市第 9。2022 年,实现地区生产总值 18753 亿元,比上年增长 1.5%。分产业看,第一、二、三产业增加值分别为 345.97 亿元、5619.86 亿元和 12787.24 亿元,比上年分别增长 1.8%、0.4%和 2.0%。三次产业增加值结构为 1.8∶30.0∶68.2。数字经济发展位于全国前列,居 2022 年数字经济城市发展百强榜第 4,居全省第 1。2022 年,数字核心产业营业收入达 16393 亿元,占全省的比重为 49.9%;

增加值达 5076 亿元,比上年增长 2.8%,占全省地区生产总值的 27.1%。杭州市民营经济持续增长,增加值占全省地区生产总值的 61.0%,入围"中国民营企业 500 强"的企业数量连续 20 年蝉联全国城市第 1。2022 年,杭州市加快推动产业转型升级,确定智能物联、生物医药、高端装备、新材料和绿色能源等"五大产业生态圈"发展方向;获批国家"服务业扩大开放综合试点城市"和"科创金融改革试验区"。杭州市持续优化营商环境,推进国家营商环境创新试点城市建设,入选国家知识产权强市建设示范城市,营商环境满意度得分连续 4 年蝉联全国城市第 1。

(三)社会环境

杭州市着力推动城市现代化建设,提高公共服务质量和社会治理水平,提升城市功能品质和市民满意度,连续 16 年获得"中国最具幸福感城市"桂冠,连续 12 年入选外籍人才眼中最具吸引力的中国城市,连续 3 年入选"全国健康城市建设样板市"。2022 年,杭州市深入实施"西湖明珠工程"等重点人才计划,举办首个"杭州人才日"系列活动,人才净流入量在全国保持领先水平。杭州市出台企业复工、用工服务保障等一系列稳就业、保就业政策,就业形势总体保持稳定。全市人均地区生产总值达到 152588 元(按年平均汇率折算为 2.27 万美元),按世界银行标准,达到高收入国家水平。2022 年,全市居民人均可支配收入达 67709 元,比上年增长 9.4%;城乡居民收入倍差缩小至 1.71;居民人均消费支出达 44609 元,比上年增长16.7%。以上 3 个指标均居于全国前列。2022 年,杭州市扎实推动共同富裕,以"一老一小"为重点健全公共服务体系,加快构建橄榄型社会结构,提高社会保障水平,推进城乡社区治理和服务创新。

(四)文化环境

杭州市是华夏文明发祥地、中国七大古都之一,以"东南名郡"著称于世。考古发现,远在数万年前,在建德市李家镇一带即有智人"建德人"活动。良渚文化距今 5300—4300 年,被称为"中华文明的曙光"。杭州市历史文化内涵博大精深,以西湖文化、运河文化、钱塘江文化为代表,拥有西湖、大运河(杭州段)、良渚古城遗址等三大世界文化遗产。2022 年,杭州市持续打造一流的历史文化名城,着力放大三大世界文化遗产的综合带动效应,扎实推进宋韵文化传世工程,建成开放南宋德寿宫遗址博物馆、杭州国家版本馆,以西湖龙井、径山茶宴为代表的"中国传统制茶技艺及其相关习俗"入选联合国教科文组织非遗名录。杭州市大力推动新时代精神文明建设,弘扬红船精神、浙江精神和杭州人文精神,制定印发《关于推进"浙江有礼·最美杭州"市域文明新实践的实施方案》,加快形成"15 分钟新时代文明实践圈"。致力提升公民道德建设水平,杭州"最美"群像选树和"礼让斑马线"等引领文明风尚。

(五)创新环境

杭州市科技创新实力总体较为突出。2022 年,全市研发经费支出达 723 亿元,投入强度达 3.86%,居全国副省级城市第 3。杭州市在国家创新型城市创新能力指数排名中位列第 3,在全球创新指数排名中位列第 14。杭州市积极培育创新主体,有国家高新技术企业 1.3

万家、专精特新"小巨人"企业 208 家,全年技术合同交易额突破 1000 亿元。杭州市持续优化创新生态,杭州高新技术产业开发区、杭州临江国家高新技术产业开发区在全国高新区综合评价中,排名分别上升至第 5、第 91;新获批省级高新区 4 个。杭州市历年累计建设国家级孵化器 57 个、国家级众创空间 85 个,数量均居全国省会城市第 1。2022 年,杭州市国家实验室实现"零"的突破,加快推进大科学装置 2 个,获批建设全国重点实验室 11 个,在 10 个省实验室中杭州市占 7 席。杭州市出台《2022 年杭州市国家新一代人工智能创新发展试验区和创新应用先导区建设工作要点》等政策,推进人工智能创新发展试验区建设。

二、杭州市文化产业发展现状

(一)产业总体发展现状

杭州市文化产业持续健康发展,发展水平不断提高。2022 年,文化产业实现增加值 2420 亿元,比上年增长 4%,占杭州市生产总值的 12.9%。从各区、县(市)的情况来看,西湖区文化产业增加值达 204.7 亿元,比上年下降 3.1%;拱墅区文化产业增加值达 103.6 亿元,比上年增长 1.7%;萧山区文化产业增加值达 71.6 亿元,比上年增长 13.3%;富阳区文化产业增加值达 60.2 亿元,比上年增长 1.7%;临安区文化产业增加值达 15.15 亿元,比上年下降 1.7%。从文化企业来看,全市有规模以上文化企业 1396 家,全年实现主营业务收入 8076 亿元。数字文化产业发展势头强劲,新闻信息服务类文化企业实现利润 1102 亿元,内容创作生产类文化企业实现利润 74 亿元,分别增长 16.4%、102.8%。

杭州市着力推动之江文化产业带、大运河(杭州段)文化产业带建设发展。2022 年,之江文化产业项目库新增入库 9 个重点项目,重点项目增加到 88 个,比规划数增长 176%;重点项目投资额达 1143 亿元。其中:投资规模在 10 亿元以上的文化项目有 36 个,约占项目库总数的 46%;投资规模在 50 亿元以上的文化项目有 9 个。大运河(杭州段)文化产业带有重点项目 27 个,投资总额达 241 亿元。中国·杭州电竞中心投入使用,大运河 1986 文创园开园,浙数文化科技创新基地、米络星集团总部等一批数字文化平台建设持续推进。

杭州市强化文化市场监管,推动文化产业规范、有序发展。2022 年,杭州市文化市场行政执法机构出动 11.98 万人次,检查场所 5.66 万次,行政处罚立案 346 件,罚款 191 万元,没收非法所得 6 万余元;删除涉冬奥会、亚运会版权侵权链接 6000 多条,下架侵权盗版出版物 500 多件,处置商家 440 多个;入选全国文化市场综合执法重大案件 1 个,获评 2022 年度全国文物行政处罚十佳案卷 1 个。针对营业性演出活动、娱乐场所禁止性内容、未成年人保护、出版广播电视电影市场、网络文化市场、旅游市场、文物、文化低俗化、印刷企业、旅游市场等开展专项整治,清除和遏制各类风险隐患。

(二)产业分类发展现状

1.新闻信息服务

2022 年,杭州市新闻信息服务类文化企业发展韧性强劲,不仅坚持以内容为王,打造精品内容,在主题宣传方面成效突出,围绕党的二十大、杭州两会、杭州亚运会筹办、共同富裕等主题开展大量具有广泛影响力的宣传,壮大主流思想舆论,而且深耕主营业务,拓展多元产业,推动融合创新,深化技术赋能,打造全媒体矩阵,创新和加强版权保护。

代表性企业如杭州日报报业集团加快推进媒体融合,打造新时代全国一流文化传媒集团。在省内同类媒体中保持领先水平:2件作品获评中国新闻奖三等奖,41件新闻作品获评浙江省新闻奖;旗下杭州日报社获中国红十字会颁发的"中国红十字奉献奖章";都市快报社入选首批"科普中国融媒发展省级试点"单位;杭州网获中国新媒体发展年会组委会颁发的"2021—2022年度全国十大区域性新媒体行业先锋"称号。下属的华媒控股(主营业务包括广告策划、报刊发行及印刷、教育以及文创园区、文创金融、文化产权、物流配送等),2022年实现营业收入180701.41万元,同比下降8.05%,归属上市公司股东的净利润为8476.88万元,同比下降27.74%。受经济波动的影响,印刷、户外广告、移动广告数据营销服务的市场需求同比有所下降。其中,报刊发行业实现营业收入24421.09万元,同比基本持平。在用工成本增长、郊县投递增多等导致发行成本上升的情况下,优化发行策略,实现稳中有升,旗下《都市快报》发行量基本稳定。

杭州文化广播电视集团坚持以改革促发展,稳步推进"1+5+2+N"发展战略("1"是指国家短视频基地项目,"5"是指全媒体项目、演艺项目、影业项目、艺术品项目、置业项目等五大战略性项目,"2"是指投融资、大后勤两大平台,"N"是指通过"媒体+"拓展产业新的增长点)。5个战略性项目和2个发展平台的营业收入合计在集团经营大盘中占66.4%,压仓稳盘、带动转型效应进一步凸显。国家(杭州)短视频基地项目稳步推进,成立以中央广播电视总台领导和市政府主要领导为组长的联合领导小组;与中央广播电视总台签订项目合作实施协议,获拨首笔项目款9.55亿元,全面启动土地平整施工;启动首个业态项目"中国短视频大会"。

2.内容创作生产

数字内容、广播影视节目制作等领域持续保持全国领先水平。2022年,杭州市数字文化企业实现营业收入6298.6亿元,动漫游戏产业实现营业收入408亿元,再创新高,产出了一大批动漫、游戏、影视等优秀作品(见表1)。2022年,杭州友诺动漫有限公司创作出品的《下姜村的绿水青山梦》获得国家文化艺术政府奖第4届动漫奖、浙江省第15届精神文明建设"五个一工程"优秀作品奖等重要奖项。阿优文化的《创新报国赤子心——中国科学家的故事(第一辑)》入选2022年度国家出版基金资助项目。中国美术学院毕业动画短片《大桥遗犬》获2022年法国昂西动画电影节学生创作单元评审团奖。《大禹治水》《下姜村的绿水青山梦》《旗旗号巡洋舰第一季》《舒克贝塔第三季》等4部动画片入围国家广电总局发布的2022年度20部优秀国产动画片,数量位居全国各城市第1。电视剧《外交风云》《问天》入选全国"五个一工程"奖;17部作品入选省"五个一工程"奖。电影《万里归途》在国庆期间上映,电视剧《运河边的人们》在中央广播电视总台频道黄金时段播出,电视剧《我们的十年》在多个主流卫视与网络平台播出。代表性企业如浙江华策影视股份有限公司坚持聚焦头部作品、创新客户价值、优化项目成本,强化系列 IP 开发和运营,大力拓展科技版权运营、海外新媒体等生态业务。2022 年,浙江华策影视股份有限公司实现营业总收入 24.75 亿元,比上年减少 34.99%;归属于上市公司股东的净利润为 4.03 亿元,比上年增长 0.58%。全年实现首播电视剧 10 部 331 集,开机 5 部 196 集,取证 11 部 356 集。中南卡通积极推动动漫产业的品牌化、数字化、国际化发展,持续推出优秀动画作品,推动 IP 打造与开发,拓展数字藏品业务,开拓海外动漫市场,连续 17 年蝉联国家文化出口重点企业,其运营的浙江数字文化国际合作区是全国唯一的数字文化贸易功能区。截至 2022 年 11 月,中南卡通累计原创 25 种题材、61 部、17 万分钟的精品动画。2022 年 1—9 月,中南卡通已累计制作生产动画片近6000 分钟。

表 1　2022 年度杭州市动漫游戏产业获专项资金支持的优质项目

动画电影《济公之临安除魔》	文创桌游产品《风声》
动画系列片《三国赵云传》	杭州国风纪项目《大话西游》
定格动画＋商业广告的技术创新和应用	动画系列片《阿优讲故事:漫说中华文化密码》
杭州市动漫游戏企业公共服务平台	《年画版冬奥会宣传片》
幼儿英语学习平台《啊呜学英语》	中华传统手工艺题材"百工灵"IP 动漫游戏研发项目
基于深度学习的多轮次竞技体验优化与研发	动画系列片《良渚寻梦夜》
手机游戏《奇趣博物馆》	戛纳电视节中国(杭州)国际电视内容高峰论坛 MIPChina
大型 3D 游戏:《黑神话:悟空》游戏动捕数据实时计算系统及游戏资产系统的研发	桌游《良渚文明》
国风定格动画系列片《侠鸣客栈》项目开发	动画系列片《土波兔》
《派乐萌奇》动画系列片开发及新媒体运营	动画系列片《少年沈括》
动画电影《长安三万里》	动画系列片《中国畅想曲》
次世代大型客户端游戏《生死狙击 2》	动画电影《萤火奇兵 2:小虫不好惹》
基于宋韵文化动漫 IP 品牌研发《妙万物》	国风系列剧情漫画的创作与发行
动画系列片《武庚纪》(第四季)下篇	动画系列片《怪想售》
动画系列片《新秦时明月之夜尽天明》	动画系列片《旗旗号巡洋舰》(第 2 季)
动漫游戏开发大学生产学研项目	手机游戏《狩猎时刻》
动画系列片《下姜村的数字未来梦》	动画系列片《混沌丹神》
杭州电魂网络数字文创人才发展中心	数字虚拟人开发及应用
动画系列片《向着星辰的长征》	临安国漫数字文化景区(河桥古镇)项目建设
动画系列片《苏东坡与杭州的故事》	动画系列片《诗游记》

数据来源:杭州市文化创意产业发展中心(杭州市动漫游戏产业发展中心).2022 年度杭州市动漫游戏产业专项资金支持项目公示[EB/OL].(2022-12-08)[2024-06-29]. https://hzxcw.hangzhou.com.cn/tzgg/content/content_9480958.html.

在出版、内容保存、创作表演服务等领域,2022 年,杭州市本版图书种数达 15587 种,租型图书种数达 385 种,总印数达 50198.00 万册,总印张达 4123295030 印张。全市出版物发行单位通过年度核验 2037 家,其中批发单位 344 家、零售单位 1693 家;有发行网点 6509 个;拥有图书馆 15 家、博物馆 87 家、文化馆 15 家、文化站 191 家。艺术表演场所演出场次达 1939 场次,演出收入达 6544.8 万元。剧团演出场次达 6127 场次,观众人数达 200.8 万人次,演出收入达 11029.7 万元。杭州市分地区主要文化部门机构数如表 2 所示。

表 2　杭州市分地区主要文化部门机构数

地区	剧场/个	剧团/个	文化馆/家	文化站/家	图书馆/家	博物馆/家	展览馆/家
市区	11	18	12	138	12	80	1
萧山区		1	1	23	1	9	
余杭区		1	1	12	1	4	
临平区	1		1	8	1	2	
富阳区		1	1	24	1	3	
临安区			1	18	1	3	
桐庐县		1	1	14	1	3	
淳安县			1	23	1	3	
建德市		1	1	16	1	3	

数据来源:《杭州统计年鉴 2023》。

在工艺美术品制造领域,2022 年,杭州市有规模以上工艺美术品制造企业 59 家,全行业拥有工艺美术大师 195 名,其中国家级工艺美术大师 6 名、省级工艺美术大师 64 名、市级工艺美术大师 124 名。通过参加省内外工艺美术博览会,杭产作品的影响力持续提升。在第 10 届中国(浙江)工艺美术精品博览会中,杭州市参赛作品荣获金奖 39 件、银奖 40 件、铜奖 30 件。在中国(杭州)工艺美术精品博览会中,杭州展区参评作品 294 件,获金奖 62 件、银奖 46 件、铜奖 30 件。在中国(深圳)国际文化产业博览交易会中,杭州市参展作品获金奖 6 件、银奖 9 件、铜奖 4 件。

3.创意设计服务

在广告领域,杭州市拥有国家级产业园区杭州运河广告产业园以及杭州阿里妈妈网络技术有限公司、杭州微甜科技有限公司、浙江彼扬文化传媒有限公司、杭州博采网络科技股份有限公司、杭州宇尘文化传播有限责任公司、杭州聚欣广告有限公司、无忧传媒集团有限公司等一批行业头部企业,总体实力强劲。在 2022 年度"全省广告业 100 强"榜单中,杭州市以 48 家企业的数量领跑全省,其中杭州阿里妈妈网络技术有限公司的广告业务收入达到 302.14 亿元,成为浙江省首个年收入突破百亿元的广告企业。在数字广告方面,杭州市共有 59 家企业入围"全省数字广告业 100 强",数字广告业收入总额达到 399.61 亿元,占数字广告业百强收入总额的 61.02%。在广告市场监督管理方面,2022 年杭州市各级市场监管部门查处违法广告案件 1352 件,罚没款总计 2184.84 万元,重点开展网络直播违法整治、借重大活动违法商业营销、医疗美容等各类专项治理。市场监管总局监测杭州互联网广告 1042.67 万条(次),发现涉嫌违法广告 1839 条(次),涉嫌违法率为 0.02%。

在设计领域,杭州市在文化创意设计、工业设计等领域取得新突破。在文化创意设计方面,杭州市文化广电旅游局主办"韵味杭州·游礼相伴"2022 杭州市伴手礼创意设计大赛,共有 206 件实物类作品、77 件创意设计作品入围专家评审,除金、银、铜奖外,还专门设置最受欢迎的"宋韵杭式伴手礼""Dream 亚运特色伴手礼"等特色奖项。此外,"文润萧山·创意未来"2022 萧山文化创意设计大赛、2022 杭州市富阳区非遗衍生品创意设计大赛等设计比赛层出不穷。杭州文化创意产业博览会、杭州国际工艺周等展会活动成功举办,进一步增强了杭州创意设计的氛围。在工业设计方面,杭州市良渚新城梦栖小镇作为全国首个工业设计小镇,全力打造创新设计产业新生态,杭州谷岛科技有限公司、杭州悦味家具有限公司等多家企业入选 2022 年度浙江省十佳工业设计企业。2022 年 12 月,浙江省经济和信息化厅新认定杭州西奥电梯有限公司工业设计中心、杭州两平米智能家居科技有限公司儿童智慧空间工业设计中心等多家省级企业工业设计中心以及杭州鼎典创造体设计有限公司、杭州若奇技术有限公司等 3 家工业设计企业。

4.文化传播渠道

在电影放映领域,2022 年,杭州市电影票房总计 62477.5 万元,电影放映场次达到 2113705 场次,累计观影人数为 15455268 人次,3 项数据均居全省各地级市首位。在 2022 年浙江影院票房前 10 榜单中,共有 6 家杭州影院成功上榜,分别为杭州萧山德纳国际影城、浙江杭州滨江区 CGV 影城龙湖店、浙江杭州市百美汇影城、杭州传奇奢华影城、浙江杭州万象影城萧山店及浙江杭州博纳国际影城大悦城店。其中,杭州萧山德纳国际影城以 1454.3 万元票房、23562 场次的放映场次与 310565 人次的观影人数位居榜首(见表 3)。

表 3　2022 年浙江影院票房排名前 10 情况

序号	影院名	票房/万元	放映场次/场次	观影人数/人次
1	杭州萧山德纳国际影城	1454.3	23562	310565
2	宁波博纳国际影城(北仑店)	1390.1	23898	308003
3	浙江杭州滨江区 CGV 影城龙湖店	1376.7	18439	218860
4	浙江杭州市百美汇影城	1364.6	12358	224639
5	杭州传奇奢华影城	1279.0	15474	250675
6	浙江余姚市万达影城四明路店	1207.8	17035	269879
7	丽水万地国际影城	1204.8	15447	306222
8	浙江宁波万达影城鄞州店	1155.7	16125	280887
9	浙江杭州万象影城萧山店	1097.6	12235	209259
10	浙江杭州博纳国际影城大悦城店	1086.7	20631	215444

数据来源:《浙江年鉴 2023》。

在艺术表演领域,杭州市拥有大量不同规模、不同领域的艺术表演场馆。2022 年,杭州演艺集团建立以杭州大剧院为旗舰、辐射杭州都市圈范围、拥有 23 个成员单位的"文化共富联盟",将国内外优秀剧目及各文艺院团精品演出输送到各成员剧场,年演出量超过 1000 场次,成为全国运营剧场最多的国有演艺集团。全年开展杭州国际音乐节线上和线下演出及活动 37 场次、杭州戏剧节演出及活动 30 场次,启动"悦动杭州,艺路共富"系列活动,开展公益性文化惠民演出活动 849 场。杭州市代表性艺术表演场馆如表 4 所示。

表 4 杭州市代表性艺术表演场馆

名称	介绍
杭州大剧院	位于杭州市上城区四季青街道,是浙江省杭州市钱江新城大型地标性建筑,总占地 10 万平方米,总建筑面积达 5.5 万平方米,由歌剧院、音乐厅、可变剧场、下沉式露天剧场及室外文化广场组成
杭州运河大剧院	坐落于杭州市拱墅区运河中央公园,占地约 95000 平方米,总建筑面积约为 70000 平方米,其中剧院主体建筑面积为 20000 平方米,内设通用歌剧院、多功能小剧场、排练厅、专业琴房以及餐饮、娱乐、文创、户外草坪等配套设施
杭州剧院	落成于 1978 年,坐落于西子湖畔,总建筑面积为 14449.2 平方米,占地面积为 8731 平方米。拥有 1621 席座位的大剧院与 515 席座位的小剧场
浙江胜利剧院	始建于 1934 年(民国 23 年),1950 年正式定名为"浙江胜利剧院",是目前浙江省唯一一座在原址保存最完整、历史最悠久、经营时间最长、接待演出团体最多的专业剧场
浙江音乐厅	坐落于西子湖畔,建筑面积为 3700 平方米,观众厅共有 558 个座位,是举行音乐会、戏剧演出、综合晚会等各类演出的多功能剧场
浙话艺术剧院	位于杭州市湖墅南路,占地面积为 1804 平方米,建筑面积为 5689 平方米,集戏剧演出、音乐会、会务活动举办、讲座开设等诸多功能于一体

5. 文化投资运营

在投资与资产管理领域,2022 年,杭州市文创产业投资引导基金新增投资项目 38 个,新增对外投资额达 8.89 亿元。至 2022 年年末,文创产业投资引导基金规模累计 72.9 亿元,完成项目投资 299 个,完成对外投资 49.9 亿元。同时,杭州市继续推动文化和旅游重大项目投资,全市纳入文化和旅游项目库的在建项目 413 个,总投资 1911.02 亿元,实际完成投资 523.88 亿元,完成年度投资计划的 141.57%。

在运营管理领域,文化产业园区(街区)稳步发展。2022 年,杭州市级文化产业园区规划建筑总面积为 1024.17 万平方米,集聚各类企业 6454 家。其中,文化企业有 4565 家,占企业总数的 70% 以上。文化创意街区规划建筑总面积为 114.43 万平方米,入驻各类文化企业 1007 家。在杭州市最新一轮文化产业园区、创意街区组织认定中,天目里等 50 个园区入选 2021—2022 年度杭州市文化产业园区,桥西历史文化街区等 20 个街区被列为 2021—2022 年度杭州市文化创意街区,杭州市文化产业平台进一步壮大。代表性文化产业园区,如天目里(天目清水商业中心)集总部办公、美术馆、艺术空间、实验剧场、买手百货、设计酒店、独特商业集合等多元业态于一体,2022年总产值达56.8亿元,入驻企业26家。泰豪德必易园涵盖影视、动漫、游戏、网络文学、互联网科技等多元业态,2022年,该园区总产值达2.02亿元,入驻文化企业114家,其中文化企业数量占88%。

6.文化娱乐休闲服务

由于受到新冠疫情的影响,杭州市文化娱乐休闲线下业态出现一定下滑。至2022年年末,共有A级旅游景区116个,其中5A级旅游景区3个、4A级旅游景区44个、3A级旅游景区59个、2A级旅游景区10个。杭州市共有旅行社1000家,比上年增加41家,其中星级旅行社130家;接待境内外游客8105.56万人次,比上年下降11.4%,其中接待国内游客8095.92万人次,比上年下降11.36%;实现旅游总收入1389.17亿元,比上年下降13.25%(见表5),其中国内旅游收入为1385.90亿元,旅游外汇收入为0.49亿美元;旅游休闲产业增加值达929亿元,比上年下降15.5%,占全市地区生产总值的4.95%。杭州西湖风景区游客量达1376.73万人次,实现门票收入14624.87万元。2022年,杭州市持续推动"百城千镇万村景区化"工程,至2022年年末,全市景区镇覆盖率为75.9%,景区村覆盖率为77.1%。实施旅游业"微改造、精提升"项目,认定2022年浙江省旅游业"微改造、精提升"示范点400个。至2022年年末,全市实施"微改造、精提升"项目1992个,完成投资75.02亿元。杭州市举办"2022文旅市集·宋韵杭州奇妙夜"活动、苏东坡文化旅游节、大学生旅游节以及杭州市民艺术集市等旅游节庆活动,开展杭州文旅"暖阳计划""千人(推广)计划""杭州文旅消费券"等旅游推广活动。

表5 2022杭州市游客量及旅游总收入情况

地区	游客量/万人次	比上年增长/%	总收入/亿元	比上年增长/%
杭州市	8105.56	-11.43	1389.17	-13.25
上城区	1150.38	-33.81	197.57	-30.07
拱墅区	564.06	-7.53	119.61	-6.97
西湖区	1294.03	-17.09	177.10	-22.56
滨江区	254.89	3.64	51.10	0.42
萧山区	806.58	-13.84	139.53	-18.73
余杭区	795.33	19.92	127.51	14.35
临平区	402.87	17.43	67.22	8.12
钱塘区	272.03	-17.48	57.54	-16.94
富阳区	422.00	3.00	80.52	-1.41
临安区	450.50	-12.49	83.89	-16.25
桐庐县	537.53	-1.22	96.81	-3.21
淳安县	816.89	-11.69	135.34	-13.22
建德市	338.47	2.20	55.43	-4.80

数据来源:《杭州年鉴2023》。

7.文化辅助生产和中介服务

在会议展览服务方面,杭州市加快国际会议目的地城市与会展之都建设,推进会展经济和办展主体协同发展,在全球 100 个国际会议目的地城市中排名第 32 位。2022 年,全市有 9 个会议集群、6 个大型专业会展中心、10 个会议设施完备的特色小镇以及 30 多个面积在 1000 平方米以上的专业展览场馆。杭州国际博览中心、杭州武林之星博览中心、浙江展览馆等专业展览场馆举办各类展览 90 个,展出总面积达 89.01 万平方米。其中,特色展会包括全球数字贸易博览会、杭州西湖国际博览会、中国(杭州)国际电子商务博览会、在线数字贸易展览会等。杭州市成功举办文化创意产业博览会、中国国际动漫节等与文化产业相关的重要展会,提升了城市文化品牌影响力和知名度。2022 年杭州市代表性节展活动情况如表 6 所示。

表 6   2022 年杭州市代表性节展活动情况

节展名称	活动情况
文化创意产业博览会	第 16 届(2022)杭州文化创意产业博览会于 2022 年 12 月 30 日—2023 年 1 月 2 日举行。以"文化的力量"为主题,采取"线上+线下""展览+论坛"相结合的方式举办。本届文博会坚持"国际化"路线,来自 40 余个国家和地区的 3800 余家企业(机构)和品牌参展,线上、线下参与人数超 1 亿人次,实现现场成交及项目签约额 21.15 亿元
中国国际动漫节	第 18 届中国国际动漫节于 2022 年 11 月 24—27 日举行。以"共富新时代 动漫创未来"为主题,推出会展、论坛、商务、赛事、活动等五大板块共计 105 个项目。备受行业关注的"金猴奖"恢复了动画电影奖评选,来自 57 个国家和地区的 292 家中外企业与机构的 1400 余名展商、客商、专业人士参加,开展一对一洽谈 4073 场。线上参与相关话题浏览和互动人数超 5.6 亿人次,现场意向签约金额达 5.54 亿元

数据来源:作者整理。

在复印印刷、文化辅助用品制造方面,2022 年,杭州市共有 1649 家印刷企业参加 2022 年度核验工作;共有 101 家规模以上印刷和记录媒介复制业工业企业,总产值达 898003 万元,新产品产值达 252901 万元,就业人员年平均人数为 11307 人,资产合计 1130111 万元,营业收入达 945491 万元,利润总额达 53750 万元,每百元固定资产原值实现利税 11.83 元,每百元营业收入实现利税 8.67 元,新产品产值率达 28.16%;共有 196 家规模以上造纸与纸制品业工业企业,总产值达 2477504 万元,新产品产值达 990872 万元,就业人员年平均人数为 21063 人,资产合计 3305237 万元,营业收入达 2648339 万元,利润总额达 255028 万元,每百元固定资产原值实现利税 21.89 元,每百元营业收入实现利税 9.63 元,新产品产值率达 39.99%。

8.文化装备生产、文化消费终端生产

2022 年,杭州市文教、工美、体育和娱乐用品制造业规模以上工业企业单位数为 107 家,其中亏损企业 56 家,工业总产值达 2477504 万元,新产品产值达 990872 万元,相较 2021 年有明显增长。企业资产合计 996223 万元,其中流动资产合计 702725 万元,固定资产净额为

169892万元,负债合计471798万元,营业收入为1506533万元,利润总额为58959万元。每百元固定资产原值实现利税22.25元,每百元营业收入实现利税5.88元,新产品产值率达37.88%。

三、杭州市文化产业发展政策

(一)《杭州市文艺精品工程扶持奖励实施细则》

2022年2月,中共杭州市委宣传部出台《杭州市文艺精品工程扶持奖励实施细则》,其中包括优秀文艺作品创作、品牌文艺活动培育、文艺人才引进培养等内容。突出集中财力办大事和奖补结合的扶持奖励导向,完善扶持奖励政策体系,创新文艺创作组织方式,提升文艺创作组织化程度,重点扶持奖励优秀文艺作品、具有全国性或国际性影响力的文艺活动和优秀文艺人才,提高财政资金使用效率与杭州文艺影响力。

(二)《关于促进服务业领域困难行业(旅游业)恢复发展的政策意见实施细则》

2022年4月,杭州市文化广电旅游局出台《关于促进服务业领域困难行业(旅游业)恢复发展的政策意见实施细则》,进一步落实旅游业纾困扶持专项政策,包括支持旅行社按规定提供相关委托服务、鼓励银行业金融机构合理增加旅游业有效信贷供给、鼓励宾馆或酒店的华数数字电视技术服务费减收等,并提出可操作实施的具体细则。

(三)《杭州市会展业发展扶持政策实施意见》

2022年4月,杭州市商务局、杭州市财政局联合印发《杭州市会展业发展扶持政策实施意见》,对扶持资金的使用范围、使用标准、资金申请和拨付流程、监督管理和绩效评价等进行了规定。该意见有助于促进杭州市会展业高质量发展,持续打造会展之都、赛事之城,更好地发挥财政资金的导向和激励作用。

(四)《杭州市文化创意产业投资引导基金管理办法》

2022年4月,杭州市文化创意产业指导委员会印发的《杭州市文化创意产业投资引导基金管理办法》,对引导基金的资金来源、决策、管理机构及其职责、运作、退出、监督管理,以及子基金的投资运作和返投规定等进行了规定。

(五)《关于推进新时代杭州动漫游戏和电竞产业高质量发展的若干意见》

2022年11月,中共杭州市委办公厅、杭州市人民政府办公厅发布《关于推进新时代杭州动漫游戏和电竞产业高质量发展的若干意见》,提出"着力弘扬主流价值,鼓励精品动漫打造""着力进行规范管理,完善游戏生态建设""着力构建赛事体系,争取电竞弯道超越""着力开发IP资源,推动产业融合发展""着力坚持国际视野,提升文化出海能力""着力促进校企合作,加强专业人才引育"等6个方面的主要目标任务。

(六)《杭州市文旅融合发展专项资金管理办法(试行)》

2022年12月,杭州市财政局、杭州市文化广电旅游局出台《杭州市文旅融合发展专项资金管理办法(试行)》,明确了文旅专项资金的职责与分工、使用范围、补助标准、补助方式与程序、监督管理和绩效评价,进一步详细地说明了资金使用要求,用于保障高质量公共服务、非遗保护、提升文旅市场促进消费、培育城市演绎新空间等领域。

(七)《杭州市历史文化名城保护条例》

2022 年 12 月,杭州市第十四届人大常委会第七次会议表决通过《杭州市历史文化名城保护条例》,其内容包括总则、保护对象、保护规划和风貌管控、保护措施、合理利用、法律责任等。

四、杭州市文化产业发展经验

(一)持续完善政策体系,强化产业引导扶持

杭州市持续完善文化政策服务体系,充分发挥政策的导向和扶持作用。不仅明确目标定位和主要发展方向,而且通过奖励、资助、减免等具体措施为文化产业发展提供切实有效的支持,推动文化产业不断繁荣、健康发展。首先,根据文化产业发展的新情况、新需求、新问题、新趋势,出台和更新相关政策。2022 年 4 月,面对新冠疫情对文旅产业的重大冲击,杭州市文化广电旅游局印发《关于促进服务业领域困难行业(旅游业)恢复发展的政策意见实施细则》,通过为旅行社、宾馆、饭店等主体减免服务费、提供相关委托服务、鼓励银行业金融机构为旅游业增加有效信贷供给等,切实帮助旅游企业纾困解难,促进旅游行业恢复发展。2022 年 11 月,中共杭州市委办公厅与杭州市人民政府办公厅联合印发《关于推进新时代杭州动漫游戏和电竞产业高质量发展的若干意见》(以下简称《意见》),提出以"动漫精品打造、游戏生态建设、电竞弯道超越、产业融合发展、出海平台构建、专业人才引育"六大工程为抓手,锚定打造国际动漫之都、电竞名城的目标,全力推进新时代杭州动漫游戏和电竞产业高质量发展。此外,为推动《意见》各项政策、举措落地落实,每年划拨 1 亿元专项资金以支持动漫游戏和电竞产业与相关产业深度融合、互促发展。这是对前 5 轮动漫、游戏产业政策的更新和升级,能够助力动漫、游戏产业的竞争力和影响力不断提升,而且首次纳入电竞产业,有利于抓住电竞产业的发展先机。其次,健全完善相关管理办法,更好地发挥财政资金的杠杆效应和引导作用。2022 年,出台《杭州市文化创意产业投资引导基金管理办法》《杭州市文旅融合发展专项资金管理办法(试行)》等,对相关资金的来源、使用及监管等进行了明确的规定,也助力拓展相关文化企业的资金渠道。最后,还联合清华大学、欧洲科学艺术和人文学院、中国传媒大学等高校和机构,加强国际文化创意中心建设,推进制定新一轮文化产业政策。

在区级层面,杭州市各区、县(市)结合自身产业基础与未来产业发展方向,纷纷推出各具特色的文化产业政策,形成由市到区、自上而下的产业引导扶持体系。2022 年,拱墅区发布《关于推动电竞产业发展的若干政策意见》,从游戏设计、开发运营、赛事主办、IP 衍生等各环节予以针对性支持,率先打造电竞之都;西湖区出台《关于加快西湖区文化产业高质量发展的扶持意见》,明确支持数字文化业、设计服务业、会展演艺业、影视业与文化精品创作

等领域的发展,进一步吸引优质文化企业落户,推动本地文化产业园区发展;余杭区印发《支持文化创意产业发展财政政策实施细则》,对本区内与动漫、影视、音乐、创意设计、文化制造等相关的重点文化企业给予按销售额折算的高额现金补助、银行贷款贴息等财政扶持。

(二)发挥数字赋能效应,做强产业发展引擎

杭州市在数字经济领域具备突出的优势,在软件与信息服务、通信服务、云计算与大数据等细分领域,具有良好的产业基础与技术实力。根据中国电子信息产业发展研究院发布的《2022 中国数字经济发展研究报告》,在数字经济城市发展排名中,杭州市仅次于北京市、上海市、深圳市,首次超越广州市,居全国第 4,稳居数字经济一线城市。这为文化和科技融合创造了有利的条件,为数字赋能文化产业高质量发展提供了重要支持,推动杭州数字文化产业不断取得新的突破。杭州市数字文化产业居于全国领先水平,不仅在全市文化产业中占据重要地位,而且是文化产业发展的关键引擎。

一是充分发挥产业平台的支撑作用。杭州市数字文化产业的发展得益于强有力的产业平台支撑,包括产业园区、孵化器、创新平台等。这些平台为数字文化企业提供了人才、技术、资源、政策等全方位的支持,推动资源整合和共享,解决行业共性问题,提升企业运营能力,降低创新成本,为企业发展壮大提供关键性支撑。2022 年,白马湖生态创意城申报的"杭州国家级文化和科技融合示范基地"在国家文化和科技融合示范基地绩效评价获评优秀。该基地规划面积约为 8 平方千米,突出"文化＋科技"导向,加快以迭代数字传媒、数字文化、VR 产业、数字创意、数字设计及新业态为主导的"5＋N"文化和科技融合产业。截至2022 年 4 月,该基地签约企业 1200 余家,其中国家高新技术企业 29 家,规模(限额)以上企业 25 家,瞪羚企业 12 家。杭州市有 3 个数字文化平台入选《国家文化出口基地第二批创新实践案例》,包括中国(浙江)影视产业国际合作区的国际影视人才培养平台、浙江数字文化国际合作区的"版钉"数字文化版权保护平台和"之江一号"AI 表演动画平台,入选总数居全国各大城市第 1。

二是推动相关产业之间的融合创新。多领域的融合创新为数字文化产业发展提供了广阔的空间和强劲的动力。一方面,依托数字经济领域的优势,杭州市数字文化企业积极将人工智能、区块链、虚拟现实、大数据等新一代数字技术融入文化内容的创作和传播,和电子商务、软件与信息服务、云计算与大数据、人工智能、机器人、物联网等数字经济产业融合发展。以文化产业与电子商务的融合创新为例,其涉及文化电商、直播电商、内容电商、沉浸式电商体验等,拓展了盈利模式,有效地提升了文化产业的传播力度、消费效率以及商业价值。另一方面,数字文化产业的细分类别之间以及与旅游、教育、时尚、消费品、体育等相关产业之间的融合创新,激发跨行业协同创新的潜力,构建了相互赋能的产业生态。比如,中国网络作家村的"网络文学 IP 直通车"项目搭建作家、平台、资本、网络文学上下游企业对接平台,打通网络文学与动漫游戏、影视剧、有声行业等上下游产业链,获评 2022 全市宣传思想文化工作"创新奖"。

三是引领文化科技融合的发展前沿。杭州市不断探索新兴技术在文化产业中的应用,发展数字文化新业态,积极引领文化和科技融合的前沿发展,保持和巩固数字文化产业发展的领先地位。2022 年,第 18 届中国国际动漫节推出数字人、裸眼 3D 视觉柔屏、3D 云、数字孪生"全息舱"等数字化新应用,以及"云上国漫城"在线互动平台,打造"国漫元宇宙",开设"数字文化论坛""元宇宙论坛"探讨数字文化产业前沿趋势。杭州文化创意博览会首次运用元宇宙概念打造"云尚宋韵"平台,推出"创意精抖云""宋韵江南·瑞兔迎新"等沉浸式文化消费体验场景。

(三)大力培育市场主体,激发产业发展活力

杭州市高度重视培育文化产业头部企业,在出版、传媒、动漫、游戏、影视等多个领域已集聚了一批行业领先的头部企业,形成了强劲的产业带动效应和可持续的增长动能。《杭州市文化产业发展"十四五"规划》提出实施"文化名企创优工程",坚持以大企业带动大产业,引进国内外知名文化企业来杭设立区域总部或行业总部。推动龙头文化企业跨地区、跨行业、跨所有制兼并重组,构建以数据驱动、模式创新为引领的新型产业生态,打造一批主业突出、核心竞争力强、市场占有率高的文化领军企业。2022 年,浙江出版联合集团有限公司、浙报传媒控股集团有限公司、华数数字电视传媒集团有限公司、浙江华策影视股份有限公司入选全国文化企业 30 强,入选企业数居全国同类城市第 1。其中浙江出版联合集团有限公司的总体经济规模位列地方出版集团第一梯队;浙报传媒(浙报集团)是唯一入选的报业集团,入选"亚洲报业 10 大品牌";华数传媒是全国领先的智慧广电运营商、数字服务提供商和融媒应用平台商;华策传媒是国内规模最大的以影视内容创作为核心的华语影视上市公司。

杭州市积极扶持优质文化企业对接资本市场,加强对文化企业上市、上规的支持,鼓励文化产业领域的创新、创业,发现和培育单项冠军、隐形冠军,鼓励和支持企业认定省、市重点文化企业和数字文化示范企业等。"文创新势力"活动由杭州市文化创意产业发展中心主办,杭州市文化创意协会、杭州文投承办,自 2015 年开始举办,不断发掘具有强大商业爆发力和投资价值的创新型文创企业。2022 年,在杭州市第 8 届"文创新势力"评选活动中,杭州老爸评测科技股份有限公司、杭州光粒科技有限公司、唯艺(杭州)数字技术有限责任公司等 10 家企业获评 2022 年度"十大文创新势力"。杭州无忧传媒有限公司、杭州面朝信息科技有限公司等 37 家企业入选 2022 年杭州"文创青云榜",杭州翻翻文化传媒有限公司、杭州微拍堂文化创意有限公司、杭州老爸评测科技股份有限公司等 3 家企业首次上榜。入围"文创新势力"20 强参评项目和"文创青云榜"上榜企业共获得融资或达成意向融资金额 8.1 亿元。在区级层面,拱墅区自 2019 年起,创新打造"十大文创新势力"评选活动。2022 年,评选出杭州白心科技有限公司、杭州上塘河文旅有限公司、杭州首屏讯智信息技术有限公司等 10 家文创新势力企业,其分别获得 10 万元拱墅区文创资金扶持。

(四)优化产业发展生态,促进产业提质增效

杭州市统筹推进文化产业高质量发展,持续优化产业发展整体格局。基于各区域文化产业发展特色与资源要素条件,《杭州市文化产业"十四五"规划》明确提出"两带引领、五廊支撑、八组团联动"的文化产业发展布局。其中,"两带"是指之江文化产业带和大运河(杭州段)文化产业带;"五廊"是指之江影视演艺产业走廊、之江动漫游戏产业走廊、运河沿岸创意设计产业走廊、城西文化科技创新产业走廊、"两江一湖"文旅产业走廊;"八组团"是指白马湖湘湖数字内容产业组团、三江汇文化艺术产业组团、西溪影视内容产业组团、九乔数字时尚产业组团、钱塘文化科技融合产业组团、世纪城数字音乐产业组团、临平创意设计产业组团、良渚文化内容创新产业组团,致力提升文化产业综合能级和产业承载力。2022年,"两带""五廊""八组团"集聚式发展成效显著,之江文化产业带和大运河(杭州段)文化产业带发展势头强劲,产业协同发展生态进一步成型。着眼于区域协调发展,杭州市加快"文创西进"步伐,推动主城区人才、项目、技术、信息等资源要素向西部区域(富阳、临安等)导入,推动文化创意赋能区域块状经济。2022年,杭州市之江文化产业带实现文化产业增加值963亿元,其主营业务收入达2738亿元,培育发展数字文化、影视娱乐、文化旅游、非遗文创等特色文化产业。

杭州市高度重视文化产业人才的引进和培育。高素质的人才是推动文化产业高质量发展、提升区域文化软实力的重要保障。一方面,杭州市凭借优越的人才环境,为文化产业人才的集聚提供了坚实基础。杭州市连续多年获评"中国最具幸福感城市",宜居的环境、多元化的发展机会、良好的生活和工作条件以及完善的人才服务体系吸引了大量的优秀人才。另一方面,杭州市不断健全完善文化产业人才引育体系,落实《杭州市文化人才发展规划(2019—2022年)》《关于支持文化人才队伍建设的政策意见(试行)》等专项政策,创新人才培养机制与激励措施。2022年,杭州市发挥市文创协会、市文创人才协会、杭州喜牛文化有限公司等文创人才服务培训机构的作用,联动各区、县(市),创新打造运河文创会客厅、西湖文化沙龙、影视名家分享、创意蓝海计划等各类人才交流培养服务平台。实施"文创人才梯队培育工程",举办文创企业新锐人才培养班、文创企业领军人才班、文创产业投融资精品班、创意引擎研学营、创意力量大讲堂等培训分享类活动,培训文创人才约4万人次。启动"启航计划"助力杭州大学生文创人才创业、就业,开展杭州大学生文创人才产教合作对洽会、杭州大学生文创人才职业规划导训营、杭州大学生文创人才暑期实践营等活动。

(五)搭建产业出海平台,提升国际竞争优势

杭州市致力于打造竞争力强、特色鲜明、发展领先的国际文化创意中心。以此目标为指引,不断提升文化产业的国际竞争力和影响力,特别重视搭建文化产业出海平台。搭建文化产业出海平台,不仅可以为文化企业更好地提升国际化运营能力、拓展全球市场空间提供有力支持,促进其与国外文化企业、文化机构等之间的交流与合作,进而在全球竞争中占据主动地位,而且还有助于提升城市文化品牌形象及文化软实力,提高其在全球范围的辨识度、知名度和美誉度,提升整个文化产业的国际化程度和综合竞争力,形成集群效应和协同效应,从而达成国际文化创意中心的建设目标。

杭州市推动文化产业出海平台建设,首先通过丰富且高能级的国际性文化会展和交流活动,打造对外展示与合作平台。这些活动包括博览会、主题节展以及行业交流论坛等,汇聚了全球各地的文化企业和文化人才,提升了杭州文化产业的国际知名度,为打造国际文化创意中心奠定了坚实基础。2022 年,杭州市举办了中国国际动漫节、杭州文化创意产业博览会、杭州国际工艺周、杭州国际音乐节、全球数字贸易博览会等相关文化会展和交流活动。如中国国际动漫节吸引了 57 个国家和地区的 292 家中外企业机构以及 1400 余名展商、客商和专业人士;杭州文化创意产业博览会吸引了 40 个国家和地区的 3800 多家文化企业和文化品牌;杭州国际工艺周有来自英国、法国、美国、韩国、日本等国家的 1000 多件展品参展。此外,借助召开杭州亚运会、亚残运会的契机,杭州市在 2022 年积极推进各项筹办工作,打造宣传矩阵。通过 Facebook、Twitter、Instagram、YouTube、TikTok 等海外社交媒体平台,以及中国国际进口博览会、全球数字贸易博览会、乌镇世界互联网大会、中国国际文化产业博览交易会等国际性展会,广泛宣传和展示亚运文化以及杭州市的国际城市形象。

杭州市还通过文化出口基地建设,支持文化企业走出去。这些基地为文化企业走出去提供了政策支持、资源整合、渠道拓展、人才培养、版权服务等多方面的支持,助力提升文化企业的国际竞争力,发挥着引领带动作用。2022 年,中国(浙江)影视产业国际合作区、浙江数字文化国际合作区入选《国家文化出口基地第二批创新实践案例》。中国(浙江)影视产业国际合作区将 10 万多小时的华语影视作品发行授权至全球 180 多个国家和地区。其多层次、多维度的影视人才培养平台,累计开展了超过 3000 人次的影视人才培训,为影视产业走出去提供了高质量的人才支撑。浙江数字文化国际合作区,作为全国唯一的国家级数字文化贸易功能区,已入驻 36 家数字文化企业,拥有 50 多万分钟的多语言片库和近 5 万分钟的数字内容生产能力,出口覆盖 100 多个国家和地区。其"版钉"数字文化版权保护平台提供一站式全流程"区块链+版权"保护解决方案,为数字影视、数字音乐、动漫游戏等出海保驾护航;"之江一号"AI 虚拟数字摄影棚带动数字内容生产能力集聚,为多语言数字内容制作提供平台和技术支撑。

五、杭州市文化产业发展展望

杭州市文化产业综合实力位居全国城市的第一方阵,但在文化和科技融合、高层次人才引育、现象级作品创作、高能级平台建设、国际化品牌打造等方面都有待进一步提高,同时也面临来自其他城市的竞争压力。为巩固和提升产业优势,推动文化产业向高质量和国际化方向发展,打造世界级文化产业集群,杭州市应着力于以下几个方面。

(一)坚持数智赋能,推动数字文化产业发展

数智赋能为文化产业发展提供了广阔的空间和无限的可能。随着人工智能、虚拟现实/增强现实、区块链、大数据、5G 等新兴数字技术的兴起及其在文化产业的应用,数字文化产业迅速崛起,是文化产业发展的未来方向和关键动能。特别是人工智能技术,不仅为内容创作者提供了强大的工具,推动了数字内容生产的智能化和个性化,提高了内容生产的效率及质量,还通过精准推荐和内容定制,优化用户体验,提高了文化传播的广度及效果。杭州市要坚持数智赋能,在已有数字经济和数字文化产业发展优势的基础上,进一步推动数字文化

产业高质量发展。

一是大力培育重点行业新兴业态,包括数字文化展示、数字文化旅游、文化智能制造、线上知识服务、元宇宙文化产业、电子竞技、数字藏品、虚拟偶像和虚拟主播、短剧等。从政策支持、技术创新、主体培育、人才培养等多方面给予更多支持,培育壮大一批细分赛道的头部企业。比如在数字文化旅游领域,要依托已有的数字文化产业和旅游产业的优势,加强数字文化企业与旅游企业的对接合作,打造沉浸式文旅业态、云文旅等数字文旅新业态,推出一批高质量的重点数字文旅项目及成果。二是落实文化产业数字化战略。进一步壮大动漫游戏、数字出版、网络文学、数字音乐、短视频等优势领域,提升杭州市数字文化产业在国内外的话语权和影响力。支持和鼓励文化市场主体,特别是传统文化产业的市场主体,在文化内容创作、传播的全过程中推进数智化转型升级,以数智化激发产业发展活力,推动产业快速发展。三是优化数字文化产业融合发展生态。融合创新是杭州数字文化产业的发展经验,亦是其基础优势。要进一步优化数字文化产业融合发展生态,推动数字文化产业不同细分类别与传统文化产业、其他产业之间的融合创新、协同发展,特别是文化企业与数字科技企业的深度融合和协同创新。

(二)重视人才支撑,强化优质文化人才引育

人才是文化产业高质量发展的关键支撑。当前,在文化领域,杭州市的高层次人才、海归人才、专业人才流入率居于全国前列,但顶尖人才、复合型人才等仍存在缺口,专业人才储备有待进一步增加。杭州市要进一步强化高层次、复合型、创新型的优质文化产业人才的引进和培育,吸引全球顶尖的文化产业人才,打造一支具备国际视野的高水平文化产业人才队伍。

一是切实落实文化人才引育工程。其具体包括有效实施杭州市"五个一批"人才计划、"青年文艺家发现计划"等人才招引项目,推动中国网络作家村、之江编剧村、象山艺术公社等原创人才集聚平台建设,打造文化产业高端智库和文化科技创新团队等。二是健全完善系统化、阶梯式、跨领域的文化产业人才培养体系。支持内容创作人才、科技创新人才、产业管理人才、营销推广人才等不同类型人才的引育,采取具有针对性的引育措施。加强领军人才、新锐人才、青年文创人才等不同层次人才的培养,加快提升文化产业人才队伍层次。促进文化产业人才与技术、营销、管理、金融等相关领域人才间的深度交流合作,通过跨领域合作提升文化产业人才的创新能力和综合素养,为文化产业注入更多的创新活力和发展机会。三是探索创新产教深度融合培养模式,解决人才供需矛盾,促进文化产业的可持续发展。推动文化企业与高校、行业智库、科研机构、培训机构等之间的紧密合作和深度交流,推动建设产教融合的实践教学基地及人才交流平台,推进"企业课堂"建设,发展一批成效突出的产教融合人才培养项目。

(三)立足特色资源,支持原创内容创作传播

原创内容是文化产业的根本和核心竞争力,是吸引消费者、塑造品牌、推动产业价值链提升的关键,是文化产业可持续发展的源泉。支持原创内容的创作与传播,可以为文化产业创造更多的市场机会,提升其社会影响力,推动文化产业高质量发展。杭州市在原创内容生产方面具备优势,拥有中国网络作家村、之江编剧村、象山艺术公社等原创人才集聚平台,汇聚了一大批优秀的网络作家、编剧、艺术家等,还拥有一批领先的动漫、游戏、影视等企业,如玄机科技、中南卡通、网易雷火、电魂网络、华策影视等。这些企业持续产出高质量的文化作品,打造原创IP。杭州市要进一步支持原创内容的创作和传播,立足本地特色资源,打造更多现象级作品,提升杭州文化产业的影响力和知名度。

一是加强对三大世界文化遗产以及宋韵文化、钱塘江文化等的挖掘阐释,解码和激活文化基因,打造现象级文化标识,产出更多反映杭州历史文化特色且具有现代吸引力的高质量原创文化作品,讲好杭州的文脉故事、宋韵故事、历史文化名人故事、亚运故事等,提高作品的传播度、辨识度和认可度。二是推动原创内容的IP化开发、运营和推广。推动完善原创内容IP生态链,支持更多具有市场潜力的高质量原创内容的生产与孵化,推动网络文学、动漫、游戏、影视、音乐等多领域的IP转化及协同发展。三是促进内容创作与数字技术的深度融合。推动人工智能生成内容(AIGC)、虚拟现实(VR)、增强现实(AR)、5G+4K/8K超高清、区块链等在内容生产和传播领域的深度应用,提升原创内容的创作质量、表现力及传播效果。

(四)集聚高端要素,推进产业平台提能升级

集聚式发展是推动文化产业提质增效的重要路径。通过集聚式发展,可以促进文化产业内部及其与相关产业之间的协同合作、资源共享和创新驱动,提升产业的整体效益与竞争力。杭州市要基于其在文化产业平台建设方面的基础优势,推动产业平台提质升级,打造一批特色鲜明、集聚度高、带动性强的产业平台,集聚文化创意、科技创新、商业服务等高端要素,为文化产业高质量发展提供重要支撑。

一是加强文化产业园区、文化创意街区建设。进一步推动文化产业园区、文化创意街区建设,加强统筹规划,优化优惠政策和激励措施,完善基础设施和配套服务,集聚不同类型的文化企业,更有效地发挥链主企业的带动作用,促进上下游产业链的深度联动。二是推动高能级平台建设。推动之江文化产业带、大运河(杭州段)文化产业带重点项目建设。支持浙江国家音乐产业基地萧山园区、国家(杭州)短视频基地、国家数字出版产业基地和中国(之江)视听创新创业基地等"国字号"平台建设,鼓励符合条件的文化产业园区申报国家级平台项目,如国家文化产业创新实验区、国家文化产业示范园区、国家动漫产业综合示范园等。借助高能级平台,吸引更多具有较大引领力和影响力的国内外文化企业落户杭州。三是支持国际性文化会展和交流活动开展。要支持开展国际性文化会展和交流活动,包括中国国际动漫节、杭州文化创意产业博览会、杭州国际工艺周、杭州国际音乐节、中国数字阅读大会、中国国际网络文学周、中国数字音乐产业发展峰会、中国视听创新创业大会等,扩大活动规模,提升活动质量,吸引全球范围更多的文化企业和创意人才参与,提高杭州文化产业在国际市场上的影响力和知名度。

(五)拓宽国际视野,促进国际文化品牌传播

打造并促进国际文化品牌传播,不仅可以提升杭州市文化产业在全球范围内的影响力与认知度,还能够为产业发展带来新的机遇和空间,推动产业升级和可持续发展。杭州市要拓宽国际视野,对标全球顶尖的创意城市和文化产业集群,塑造国际知名的文化品牌,促进品牌传播,提升自身在国际文化市场中的话语权和竞争力,加快建成具有全球影响力的国际文化创意中心。

一是充分利用国际性文化展会和交流平台。以"新杭线"为依托,积极参与国家"中国展区"计划,参加国内外重要的国际性文化展会和交流活动。加强与全球知名的文化企业、文化机构的合作,通过中国国际动漫节、杭州文化创意产业博览会等城市文化品牌活动以及杭州英国文化创意产业交流中心、杭州意大利文化创意产业交流中心等重要窗口,推广杭州文化品牌,提升其认知度和美誉度。二是支持文化企业国际化发展。优化资金、人才、渠道、版权、贸易便利化、信息服务等多方面的政策扶持,鼓励文化企业开拓国际市场,提升国际化运营能力和水平,推动其将文化产品和服务输出到海外市场,支持其通过新设、合作、收购等方式走出去,推动文化品牌的国际推广、跨文化传播及产业链延伸。加大对文化出口重点企业和项目的培育及扶持力度。三是推动对外文化贸易基地建设。加大对中国(浙江)影视产业国际合作区、浙江数字文化国际合作区的政策支持,更充分地发挥其在文化产业出海中的示范引领作用。培育更多高能级的对外文化贸易基地,通过集聚式发展,为本地文化企业及其产品、服务进入国际市场提供重要支撑。

参考文献

[1] 杭州市滨江区人民政府办公室.高质量发展|全国仅四家,浙江唯一!滨江这个基地优秀[EB/OL].(2022-04-24)[2024-06-29].http://www.hhtz.gov.cn/art/2022/4/24/art_1229439024_59042505.html.

[2] 杭州市人民政府新闻办公室.晒单!杭州文化产业发展韧性强劲[EB/OL].(2023-03-17)[2024-06-29].https://mp.weixin.qq.com/s/qggjEgZ-cukaXc3ID2qe2A.

[3] 杭州市人民政府研究室(杭州市人民政府参事室).2023年杭州市政府工作报告[EB/OL].(2022-03-01)[2024-06-29].https://www.hangzhou.gov.cn/art/2023/3/1/art_1229063401_4144223.html.

[4] 杭州市统计局,国家统计局杭州调查队.2022年杭州市国民经济和社会发展统计公报[EB/OL].(2023-03-20)[2024-06-29].https://tjj.hangzhou.gov.cn/art/2023/3/20/art_1229279682_4149703.html.

[5] 杭州市统计局,国家统计局杭州调查队,杭州市社会经济调查队.2023杭州统计年鉴[M].北京:中国统计出版社,2023.

[6] 杭州市投资促进局.口碑与票房双赢,动漫之都蓬勃向上[EB/OL].(2023-07-19)[2024-06-29].http://tzcj.hangzhou.gov.cn/art/2023/7/19/art_1621408_58892731.html.

[7] 杭州市文化产业促进会. 打造"国漫元宇宙"、动漫彩车巡游、国风快闪活动……今天杭州这一盛会启幕，亮点纷呈！[EB/OL].（2022-11-24）[2024-06-29]. https：//mp. weixin. qq. com/s/oFgBa256DGGDoD2tXQLxZw.

[8] 杭州市文化创意协会. 杭州市文化产业迎"春风"！锚定"城市之窗"，奋力打造国际文化创意中心[EB/OL].（2022-03-21）[2024-06-29]. https：//mp. weixin. qq. com/s/pWr0lsHdC5RfFc0I-lPsQg.

[9] 杭州市文化广电旅游局. 杭州市文化广电旅游局 2022 年工作总结和 2023 年工作思路[EB/OL].（2023-07-27）[2024-06-29]. https：//wgly. hangzhou. gov. cn/art/2023/7/27/art_1229278314_4187097. html.

[10] 黎远波，汪梦妤，等. 推进杭州市城市文化软实力建设的对策意见[EB/OL].（2024-04-22）[2024-06-29]. https：//mp. weixin. qq. com/s/_565hU4JXi7M8Hf6oAF6fw.

[11] 厉玮. 第十六届（2022）杭州文博会闭幕[EB/OL].（2023-01-03）[2024-07-17]. https：//hzdaily. hangzhou. com. cn/hzrb/2023/01/03/article_detail_1_20230103A011. html.

[12] 马焱. 2022 年拱墅区十大文创新势力企业出炉[EB/OL].（2022-12-23）[2024-06-29]. https：//baijiahao. baidu. com/s? id＝1752987464081754557＆wfr＝spider＆for＝pc.

[13] 佚名. 杭州发布 2022 年度虚假违法广告公告[EB/OL].（2023-03-16）[2024-06-29]. https：//mr. baidu. com/r/1ndjcCU35QI? f＝cp＆rs＝1605439710＆ruk＝v1wzNrATmICOsR7JxzKqRw＆u＝e58f1a2363d4f2f9.

[14] 浙江省人民政府新闻办公室. 全国首次！浙江发布广告业百强名单[EB/OL].（2023-08-17）[2024-06-29]. https：//mp. weixin. qq. com/s/xrp2V6ogrL4kLtmW95ClxA.

[15] 浙江华策影视股份有限公司. 华策影视：2022 年年度报告（更新后）[EB/OL].（2023-06-21）[2024-06-29]. https：//vip. stock. finance. sina. com. cn/corp/view/vCB_AllBulletinDetail. php? stockid＝300133＆id＝9307612.

[16] 浙江华媒控股股份有限公司. 华媒控股：2022 年年度报告（更新后）[EB/OL].（2023-07-14）[2024-06-29]. https：//vip. stock. finance. sina. com. cn/corp/view/vCB_AllBulletinDetail. php? stockid＝000607＆id＝9347965.

[17] 浙江省地方志编纂委员会办公室. 浙江年鉴 2023[M]. 北京：方志出版社，2023.

[18] 中共杭州市委党史研究室（杭州市人民政府地方志办公室）. 杭州年鉴 2023[M]. 北京：方志出版社，2023.

[19] 浙江经略视界.《杭州市文化产业发展"十四五"规划》的公示[EB/OL].（2021-08-23）[2024-06-29]. https：//mp. weixin. qq. com/s/jQBQSWDgMRy1zRHqQAc16w.

[20] 浙江中南卡通股份有限公司. 中南卡通携精品动画项目《半神之境》《九域之天眼崛起》亮相 2022IABC[EB/OL].（2022-11-28）[2024-06-29]. https：//weibo. com/ttarticle/p/show? id＝2309404840803758637070.

2023年宁波市文化产业发展报告

吴怡频　杜欣烨

　　2022年，宁波市文化产业发展取得重要成果。2022年，宁波市规模以上文化及相关产业企业营业收入合计2185.1亿元，其中：文化核心领域营业收入达522.6亿元，占比23.9%；文化相关领域营业收入达1662.5亿元，占比76.1%。文创产业增加值（市口径）达1514.9亿元，占地区生产总值的比重为9.6%。规模以上文化企业数量达到1153家，比上年同期增加108家。文化产业规模显著扩大，产业结构持续优化，从细分业态看，新兴文化业态发展强劲，已成为文化产业发展的新动能和新增长点。宁波市持续加快数字文化产业发展的步伐，以科技创新为引领，促进传统文化产业转型升级，推动新兴文化产业发展。2022年，宁波市数字经济增加值预计超过8000亿元，占地区生产总值的比重超过50%，其中仅数字文化产业规模以上企业营业收入就达到289亿元。浙江大丰实业股份有限公司、宁波音王电声股份有限公司成为杭州亚运会官方供应商。

　　宁波市文化产业呈现出良好的发展态势，已成为宁波市国民经济发展的重要支柱性产业之一。一是文化产业规模持续扩大。据统计，2022年宁波市文创产业实现增加值1514.9亿元，与2004年相比增加了20.51倍，占地区生产总值的比重也由2004年的3.5%提升至2022年的9.6%。二是市场主体培育成效明显。宁波市文化产业共有法人单位2万余家；与上年同期相比，2022年前3季度企业营业收入均有较大幅度的增长。三是文化产业集聚水平稳步提升。宁波市文化产业园区从2015年的31个增加到2022年的79个，其中市级以上重点产业园区从2015年的5个增加到2022年的69个。此外，宁波市发布了2022年度系列重大文化项目，其中包括十大文化设施项目、十大文化精品项目、十大文化研究项目和十大文化产业项目等。

一、宁波市文化产业发展环境

（一）区位环境

　　宁波市是浙江省地级市、副省级市、计划单列市，也是国务院批复确定的中国东南沿海重要的港口城市、长江三角洲南翼经济中心。宁波市地处中国华东地区、大陆海岸线中段、东南沿海杭州湾南岸，东有舟山群岛为天然屏障，北濒杭州湾，西接绍兴市的嵊州市、新昌县、上虞区，南临三门湾，并与台州市的三门县、天台县相连。宁波港拥有众多国内航运支线和发达的铁路、高速公路网，货物能够快速直达沿海各港口、长江沿岸城市以及江西省、安徽省、湖南省、湖北省等内陆省份的广大区域；杭州湾跨海大桥重塑了长三角南北两翼交通大平台，上海市、南京市、杭州市、宁波市共同构成长三角的菱形城市空间格局，宁波市与上海国际大都市形成 2 小时交通圈的同城效应;以宁波市为中心,2 小时交通圈内有宁波栎社国际机场、杭州萧山国际机场、上海浦东国际机场和上海虹桥国际机场四大国际机场,已建成多条高速公路,在建多条高速铁路。在这里进行国际、国内贸易,物流非常顺畅。

(二)产业环境

宁波市是我国民营经济大市,民营企业发展起步早、基础好、活力足、潜力大,已成为宁波市经济发展的"金名片"。在宁波市 130 万户的市场主体中,民营经济占了 97％,为全市贡献了约 66％的生产总值、78.7％的出口、85％的就业岗位、95％以上的上市公司和高新技术企业。2022 年,宁波市工业增加值超过 6000 亿元,居全国城市第 7,数字经济核心产业增加值突破千亿元。2022 年,宁波市民营经济增加值突破万亿元;拥有 63 家国家级制造业"单项冠军",连续 4 年居全国第 1;国家级专精特新"小巨人"企业数量达 182 家,数量居全国第 3,仅次于京、沪两地。根据全国工商联发布的 2023 年民营企业 500 强榜单,宁波市有 20 家企业入榜且数量居全国主要城市第 6,连续多年稳居全国第一方阵。

(三)文化环境

宁波,其名取自"海定则波宁",简称"甬"。早在 7000 年前,宁波就创造了灿烂的河姆渡文化。在唐代,宁波成为对外贸易的重要港口,也是海上丝绸之路的起点之一。宋代时期,宁波成为中国最繁荣的城市之一,也是中国最早的金融中心之一。清朝时期,宁波成为著名的纺织品生产基地和海外移民的起点之一。四明学派、姚江学派和浙东学派是宁波文化的重要组成部分。宁波菜以海鲜名闻内外,向来以蒸、烤、炖海鲜见长,别具特色。地处浙东的宁波市在越文化的长期影响下,在优越的自然环境中,形成了别具一格的风俗,如八月十六过中秋、舞狮、赛龙舟、冬至吃番薯汤果等。此外,在深厚的文化积淀中孕育了宁波传统工艺,如骨木嵌镶、金银彩绣、泥金彩漆、朱金木雕、甬式家具等,其选材讲究,手艺精绝,风格独特。在宁波这片土地上,涌现出了一批又一批名家大师,如:明代哲学家王守仁;清代学者黄宗羲、全祖望,文学家姚燮,书法家梅调鼎;民国文人陈布雷、林汉达;现代作家殷夫、唐弢;当代书法家沙孟海,国画大师潘天寿,文化学者余秋雨,中国科学院前院长路甬祥;近现代教育家蒋梦麟,地质学家翁文灏,生物学家童第周,遗传学家谈家桢;断手再植之父——骨科学家陈中伟,诺贝尔生理学或医学奖获得者屠呦呦;等等。宁波市共有国家级非遗代表性项目 28 项,省、市级非遗代表性项目 478 项。2022 年,宁波市新增省级文物保护单位 16 处、市级文物保护单位 52 处。宁波奉化陈王遗址和余姚杜义弄汉六朝遗址入选 2023 年度浙江考古重要发现。

(四)创新环境

自 2018 年以来,宁波市全面实施创新驱动发展战略,高起点推进国家自创区建设,迭代升级甬江科创大走廊,全面启动甬江科创区建设,全面布局建设"互联网＋"、生命健康、新材料三大科创高地,国家创新型城市创新能力提升至全国第 16 位,宁波高新区在全国高新区排名中前进至第 14 位。宁波市牵头成立长三角国家科技成果转移、转化示范区联盟,举办长三角双创示范基地联盟大会,与舟山市、蚌埠市、丽水市等地共同开展技术需求"揭榜挂帅"攻关等活动,有效推动长三角创新协同发展。同时,宁波市积极合作共建高能级创新载体,与长三角区域科研院所、企业合作共建研究院累计18家。创新资源要素自由流动激发出了更大的协同声量。秉持"服务浙江省、融入长三角"的宗旨,宁波市高标准建设浙江创新中心、甬舟人才一体化发展飞地等,打造长三角一体化发展飞地、沪杭两地创新飞地园,累计认定高层次人才约7500人,支持高层次人才和团队项目约2100个。

在文化产业领域,宁波市筑巢引凤多维培养人才,通过强化文旅产业人才发展顶层设计,实施文旅产业人才培育行动,吸引大批海内外人才来甬创新、创业,还秉持内容共创、价值共享的理念,不断推动数字化文化产业平台创新涌现。宁波市积极打造高端文化制造业基地、全国一流影视产业基地、全国文化金融合作示范区和长三角文旅融合中心等,使文化产业体系更为完善,综合实力显著增强,集聚效应充分显现,支撑体系更加完善,体制机制更富活力,努力推动实现文化产业"千亿产业"的目标。

二、宁波市文化产业发展现状

(一)产业总体发展现状

"十三五"期间,宁波市文化产业较快增长,规模以上文化企业数量达到1153家,营业收入近2200亿元,均高于全国、全省平均水平,规模以上文化制造业企业总量全国最多,其中入选国家文化出口重点企业名单7家、国家级制造业单项冠军示范企业10家、省级隐形冠军企业(含培育)3家。

2022年,宁波市市级(培育)文化产业园区总量达到69家,集聚文化企业超过1.2万家,吸纳文创类就业人口11.5万余人。宁波市文化服务业发展迅速,产业集聚效应逐步显现,已经形成了以象山影视城、博地影视基地为代表的数字化影视拍摄基地,涌现出浙江博郎影业有限公司、宁波影视艺术有限责任公司、宁波卡酷动画制作有限公司、宁波戏帮影视传媒有限公司等一大批数字化影视内容制作公司。宁波市国家大学科技园、宁波国家广告产业园区、宁波和丰创意广场、宁波集盒文创产业园等一批数字文化新业态企业集聚区也先后落地。

市场主体培育效果同样显著。据不完全统计,截至2022年年末,宁波市文化和旅游企业数量超过3.5万家,其中文化企业数量约为3万家,旅游企业数量约为5000家。2022年,宁波市规模以上文化及相关产业企业实现营业收入2185.1亿元,同比增长1.5%。宁波联合动力投资控股有限公司和宁波美博进出口有限公司入选2022年浙江省文化产业示范基地。更值得一提的是,宁波市与文化产业相关的得力集团有限公司、宁波民和投资开发有限公司和宁波美博进出口有限公司等3家企业入选新一批国家文化产业示范基地。

(二)产业分类发展现状

1.新闻信息服务

在2022年度浙江省广播电视新闻融合传播协作榜单上,宁波广播电视集团获得多项先进荣誉,其中电视外宣连续4年获得浙江省广播电视新闻融合传播协作一等奖。宁波广播电视集团荣获浙江省广播新闻协作二等奖、新媒体协作二等奖和"美丽浙江"融合传播协作二等奖,以及"中央电视台十强单位""中央人民广播电台十强单位"等称号,何媛、张越、洪灵巧等同志获得"先进个人"荣誉称号。

多媒体新闻中心作为宁波广播电视集团电视外宣主力军,2022 年紧紧围绕宁波市委、市政府的中心工作,发挥主观能动性、积极打好主动仗,依靠地方选题特色和自采力量,努力提升上送稿件的质量和时效,全年在央视发稿 300 多条次,连续 3 年实现"央视天天见、《联播》常常有"的工作目标;在浙江卫视各档新闻节目发稿 775 条,其中《浙江新闻联播》431 条,实现头条 16 条,在总条数与上年基本持平的情况下,分值提升近 20%,为扩大宁波市城市影响力、提升城市美誉度做出积极贡献。2020—2022 年,宁波广播连续 3 年被中央广播电视总台中国之声通报表彰,发稿总分在全国城市台中名列前茅,先后荣获"上送中央电视台十强单位"称号和突出贡献奖。

2.内容创作生产

2022 年,宁波市更新基本公共文化服务标准,建成"15 分钟品质文化生活圈"860 个、城市书房 20 家、文化驿站 10 家和乡村博物馆 46 家,超额完成浙江省民生实事任务。承办浙江省全民艺术普及推进会,培育"一人一艺新空间"24 家、"天一书房"16 家,建成亚洲最大昆虫博物馆——周尧昆虫博物馆,鄞州区入选浙江省首批公共文化服务现代化先行县创建单位,推动文化馆全新打造"未来艺术家"及"趣"文化馆两大品牌活动。推进全民信用阅读服务改革,拓展"天一约书"的服务网络,擦亮阅读品牌。顺利实施并完成 700 米数字电视频率迁建、应急广播播控平台升级改造项目,市、县两级电视实现全高清播出,广电低保工程惠及 4 万多户低保家庭。

此外,2022 年宁波市文艺创作成果涌现。组织舞剧《东方大港》、甬剧《柔石桥》、姚剧现代戏《乡村新事》、交响套曲《港通天下》、交响合唱《夺金时刻》、越剧《走马御史》等作品创作展演,其中《东方大港》和《柔石桥》被列入"宁波十大文化精品项目"。广播剧《中国蛟龙》获中国广播电视节目奖广播剧类大奖,《天下开港——宁波的港与城》获评浙江省陈列展览精品奖。宁波市文艺作品获得省级广播电视政府一等奖 13 件。由甬剧研究传习中心打造的甬剧情景剧《四明人家》广受好评,还有 6 部文艺作品入选 2022 年浙江省"群星奖"获奖名单(见表 1),涵盖了音乐、舞蹈、戏剧、曲艺等四大艺术类别。宁波市"群星奖"的获奖数量及覆盖门类均居全省第 1。

表 1　2022 年宁波市"群星奖"获奖名单

参演单位	作品名称	类别
宁波市文化馆	组唱《帮帮团》	音乐类
海曙区文化馆	群舞《弄潮儿》	舞蹈类
北仑区文化馆	小品《共享奶奶》	戏剧类
北仑区文化馆和北仑区新碶街道文化站	小品《听见美丽》	戏剧类
慈溪市文化馆	小品《"嘘！小声点儿"》	戏剧类
象山县文化馆	唱新闻《这片红》	曲艺类

数据来源:宁波市文化馆.喜讯|宁波六件作品省级摘"星",位列全省第一[EB/OL].(2022-05-22)[2024-07-17]. https://mp.weixin.qq.com/s? __biz=MzA4NjA2NzIxNg==&mid=2650400596&idx=1&sn=e8cd3c195700039aa12edaa98946d53b&chksm=87c3162bb0b49f3dd7a2a47ef100b39c3f21d80871c9b25e14ab66eabbfe5e08fa6092e80c3e&scene=27.

在文物及非遗保护方面,2022 年宁波市新增省级文物保护单位 16 处、市级文物保护单位 52 处。实施文化基因解码转化利用"1-3-10"计划,梳理全市 10 个区(县、市)具有代表性的特色文化 34 项,完成"宁波文化基因解码丛书"。张人亚党章学堂等 2 个项目获批浙江省示范项目。持续深化文物保护利用,推进河姆渡国家考古遗址公园获批创建,开展井头山遗址二期考古发掘,组织"世遗运河助力共同富裕"2022 年浙东运河杭甬对话,推荐申报第八批省级文物保护单位 30 处,评选不可移动文物保护利用优秀案例 14 个。井头山遗址、上林湖后司岙唐五代秘色瓷窑址被列入全国新时代百项考古新发现。

3. 文化娱乐休闲服务

目前,宁波市内共有国家 A 级旅游景区 85 家,其中,国家 5A 级和 4A 级旅游景区数量分别为 2 家、35 家,2022 年新增国家 4A 级景区——象山阿拉的海景区。滕头生态旅游区、天一阁月湖景区、象山影视城、中国渔村、松兰山海滨度假区、前童古镇、宁海森林温泉景区、老外滩、梁祝文化公园、宁波海洋世界等景点展示了宁波市悠久的历史和文化,吸引了大量的游客。2022 年 6 月,宁波市因文旅产业发展良好、企业服务体系建设完善、消费质量水平较高获得国务院督查激励,宁波市文化广电旅游局获宁波市政府通报嘉奖。根据浙江省旅游统计系统的数据,2022 年宁波市累计接待游客 5083.6 万人次,实现旅游总收入 776.3 亿元,同比分别下降 1.4%、5.3%,分别恢复至 2019 年的 95.2% 和 85.7%;住宿业营业收入同比增长 6.5%,在全国住宿业景气度新低的情况下实现了逆势增长。

4. 文化辅助生产和中介服务

经过多年的努力,宁波市会展业已形成相当规模。目前,宁波已建成"1+3+1"的专业会展场馆,室内展览可用面积达 16 万平方米,已打造较为完善的市区与县区、展览与会议相结合的会展基础设施体系。宁波市成功举办中国—中东欧国家博览会、海丝之路·中国(宁波)国际海洋博览会等一批重大展览项目,中国—中东欧国家经贸促进部长级会议、甬港经济合作论坛等重大会议活动,以及中国徐霞客开游节、中国象山开渔节等一系列特色节庆活动。宁波市成功引进首届"中国航空制造装备展"等重大会展项目,以及糖果展、图书展等特色展览项目;引进全球云计算大会等高端会议论坛。宁波市取得全球展览业协会(UFI)认证展会项目 9 个,数量名列省内各城市前茅。

5. 文化消费终端生产

自改革开放以来,文具产业就是宁波市的一块金字招牌,"中国文具之都""文具新国货第一城""中国笔都"都代表着宁波文具的硬核力量。目前,宁波市文体用品行业规模以上工业企业有 747 家,其中年主营收入在 10 亿元以上企业有 8 家。2022 年实现规模以上工业总产值 991.8 亿元,文教办公用品实现工业总产值 383.3 亿元。其中,得力集团排在"综合企业百强"第 15 位、"制造业企业百强"第 9 位;广博集团排在"综合企业百强"第 36 位、"制造业企业百强"第 23 位。宁海县形成了文教办公用品产业集聚区,北仑区形成了涵盖笔制品、玩具、婴童、文化装备等多个细分领域的产业集聚区。

三、宁波市文化产业发展政策

(一)《宁波市创建国家文化与金融合作示范区实施方案》

自示范区创建伊始,宁波市就全面总结了多年来文化与金融合作的成功经验,经过 3 年实践,于 2022 年 3 月正式公布了《宁波市创建国家文化与金融合作示范区实施方案》(以下简称《实施方案》),该方案成为"十四五"期间宁波市文化、金融发展的行动指南。

《实施方案》基于宁波市文化、金融实践经验,意在推动组织创新、机制创新、产品创新、服务创新,为文化和旅游产业高质量发展奠定坚实的金融基础,主要工作内容如图 1 所示。《实施方案》在组织领导、要素保障、发展环境、宣传力度等多个层面对保障示范区创建提出了具体要求,建立了相应的实施机制。根据《实施方案》要求,宁波市相关部门将加强合作,健全文旅金融服务机制,发挥国家普惠金融改革试验区、国家保险创新综试区和国家区域性股权市场创新试点等三大金改项目的示范引领作用,不断完善文旅金融支撑体系,拓宽文旅融资渠道。同时,全力推进文旅金融政策服务平台、版权登记交易平台和文旅金融服务中心等三大载体建设,构建"投、融、担、贷"多维度文旅金融服务体系和信息沟通、政策咨询、项目落地"一站式"服务集成。

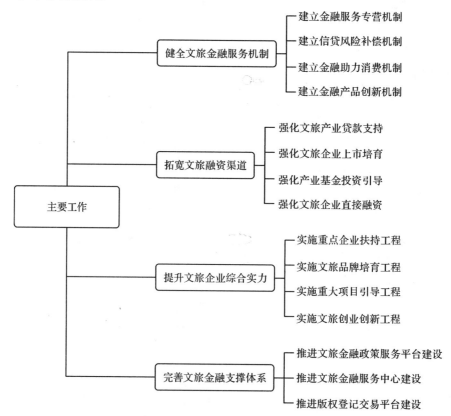

图 1　宁波市创建国家文化与金融合作示范区的主要工作

数据来源:《2022 年宁波市文化金融发展报告》。

(二)《宁波市加快数字文化产业发展的实施意见(暂行)》

2022年,宁波市率先在全省地级市中首推数字文化产业新政,出台五大项19条新政,聚焦产业发展的关键环节,瞄准痛点解决问题。新政在大力招引培育数字文化企业、大力支持数字文化内容创作生产、大力培育数字文化新业态新模式新场景、大力推动金融支持数字文化产业发展、大力营造数字文化产业发展良好生态等五个方面给出了具体的指引。《宁波市加快数字文化产业发展的实施意见(暂行)》提出:以打造全国数字文化产业新兴集聚区为目标,实施文化产业"新势力"成长计划,做强做优传媒、影视、音乐、演艺等业态;以内容产业创新突破为重点,抓住新技术、新业态、新消费带来的重大机遇,加快向高层次、全链条、数字化迈进,系统性重塑和提升宁波市文化产业。

文化产业,内容为王。新政对数字文化内容创作生产也给予重点支持。《宁波市加快数字文化产业发展的实施意见(暂行)》提出:要实施优质数字文化内容(企业)发现计划,对新上线的原创数字内容产品,每年按照作品传播热度、美誉度和触达率等指标进行综合评价,择优扶持。支持短视频内容创作运营机构通过创意策划、短视频制作、内容运营等相关服务,积极传播正能量,扩大城市影响力。挖掘一批具有鲜明宁波文化特色的原创内容,塑造一批宁波文化IP并加强市场转化。

在从"文化＋数字"向"数字＋文化"的定位转变中,宁波市率先迈出了坚定的步伐。以数字制造为基、数字贸易为脉、数字文化为核,三者共同发力,加快促进宁波文化产业数字转型,推动文化产业高质量发展,提升文化产业美誉度、标识度、品牌度、融合度、外向度,为宁波市引领数字经济时代潮流打好"组合拳",展现出数字文化驱动共同富裕的美好社会愿景。

(三)《宁波市文化和旅游发展"十四五"规划》

文化是城市的灵魂,旅游是城市的综合名片。《宁波市文化和旅游发展"十四五"规划》明确提出,"十四五"期间宁波市将重点构筑"一带三区"空间布局("一带"即大运河—海丝之路文化旅游带,"三区"即都市文化传承区、山地生态度假区和湾区滨海休闲区),以余姚江—甬江为基线,整合运河沿线文化遗产资源,赓续宁波城市文脉,擦亮"海洋文明起源地"和"海丝之路启航地"两大文化"金名片"。宁波市将以深化供给侧结构性改革为主线,以数字化、融合化、特色化、国际化为发展方向,不断推动文化和旅游高质量发展,促进共同富裕,力争到2025年初步建成独具魅力的文化强市,且文化强市建设主要指标位列全国同类城市前列。公共文化服务现代化先行,实现"15分钟品质文化生活圈"全覆盖;文化和旅游经济不断增强,全市文化产业和旅游产业增加值年均增长8%以上;市域文化和旅游治理水平先进,力争2025年全市文化和旅游市场良好率达到95%,游客和居民对文化和旅游满意度超过90%。

根据《宁波市文化和旅游发展"十四五"规划》,未来5年宁波市将聚焦高质量发展主题,重点建设大运河(宁波段)国家文化公园、宁波史前遗址保护利用示范区、浙东山水诗路文化旅游带、象山港湾滨海旅游休闲区、宁波前湾现代文旅产业集聚区、宁波南湾海洋旅游示范区等六大重点板块,不断提升文化事业、文化产业和旅游业整体竞争力,努力建成辐射宁波都市圈、服务长三角、面向全国的新时代文化高地和现代化滨海旅游名城。

四、宁波市文化产业发展经验

(一)强化稳进提质,助力产业经济回温回暖

宁波市着力推进企业纾困解难。建立文旅产业"赛马"机制,开展季度文旅经济运行分析,出台《宁波市文化和旅游产业发展专项资金管理办法》,优化助企惠企服务和文旅产业纾困政策,累计暂退旅行社质保金1908.3万元,全市文化和旅游产业涉企补助资金8684.9万元,减免华数数字电视基础服务费用1000余万元。推动市政府印发《实施方案》,联合金融部门出台金融支持文旅纾困政策,推出"甬文贷""惠旅贷"等20余款金融产品。

(二)强化联动协同,增强行业治理能力

一是持续完善治理体系。宁波市强化"三大理念",深化"五大机关"建设,全面完成文旅领域"大综合一体化"改革。出台《宁波市旅游新业态项目安全监督管理办法(试行)》,联合相关部门研究并提出娱乐经营新业态安全监管工作机制,在全省率先破解电竞酒店等新业态监管难题。二是坚决守牢安全底线。聚焦"平安护航二十大",扎实开展旅游领域安全生产"除险保安"大排查、大整治。持续开展文物安全三年专项整治行动,率先完成1899家文保单位(点)安全管理责任挂牌公示。三是加快优化市场环境。推广"天一分"信用场景应用;奉化区通过文化和旅游部信用经济发展试点验收;出台《旅游投诉纠纷仲裁规则(试行)》,调解全省首起旅游纠纷仲裁确认案件;精心组织KTV等综合监督专项整治工作。2022年,宁波市共有效处置举报300件、妥善处理投诉466件,为群众挽回经济损失13万余元。

(三)强化金融优势,推进文化与金融合作发展

2022年,宁波市围绕文旅中小企业融资困境这一共性问题,集聚优势金融和产业资源,举全市之力做好国家文化与金融合作示范区建设,引导金融切实支持文化产业发展。目前,宁波市逐步摸索出了一套金融纾困政策组合拳,形成了三大文旅金融创新工具箱,打造了3类文化金融数字化应用示范平台,初步构建了一条多部门协同、多创新并举、多平台互补、多层次保障的文化金融生态供应链。截至2022年年末,宁波市文旅产业贷款总额超过1465亿元,文化和旅游企业平均贷款利率维持在较低水平,现有文旅金融特色产品数十个。2022年3月,《实施方案》正式公布,该方案作为"十四五"期间宁波市文化、金融发展的行动指南,从发展目标、主要工作和保障措施3个方面对宁波市文化、金融发展做出了具体安排。

(四)强化统筹规划,创新文旅产业融合发展

以文塑旅,以旅彰文。2022年,宁波市以"建设共同富裕先行市,文化先行;打造现代化滨海大都市,旅游开道"为抓手,着力组织第20届徐霞客开游节、2022宁波旅游节、2022宁波国际旅游展等200余项文化旅游节事活动,联动推动"宁波人游宁波"。启动以"自由行·

微旅游·慢生活"为主题的"十千万"计划,重点培育 10 家本地旅游电商平台,引领千家企业、万款微度假产品开展线上展销。全市发放文旅电子消费券 7900 万元。余姚市阳明古镇·府前路历史文化街区、象山县石浦渔港古城景区入选省级夜间文化和旅游消费集聚区,认定鼓楼沿历史文化街区等 12 家市级夜间文旅消费集聚区。《"象山北纬 30 度最美海岸线"点亮滨海消费新场景》入选浙江省文化和旅游厅促进文化和旅游消费创新案例。宁波市通过多点发力和品牌升级,切实推进了文旅提质增效和新发展格局的构建。

(五)强化科技创新,科技文化融合成果丰富

2022 年 6 月,宁波市在全省各地市中率先出台数字文化产业政策,由宁波市文改办、宁波市财政局制定的《宁波市加快数字文化产业发展的实施意见(暂行)》,明确了打造全国数字文化产业新兴集聚区的主要目标。同月,数字文化产业招商座谈会召开。近年来,宁波国家高新区以"科技的文化化"和"文化的科技化"为主线,积极培育文化科技新业态,取得显著成效。宁波市"天一阁虚拟现实文旅体验平台"项目,充分利用现代信息技术打造了新一代数字孪生博物馆典型样本。"天一阁虚拟现实文旅体验平台"项目成功入选 2023 年度虚拟现实先锋应用案例名单,该项目也是浙江省文化旅游领域唯一上榜项目。在 2023 年举办的第 4 届长三角国际文化产业博览会上,象山影视城的"影视虚拟拍摄＋数字化场景构建"项目、浙江大丰实业股份有限公司的"360 度全景视频沉浸数字体验"项目、博地(宁波)现代影视基地的"数字拍摄实验室"等一批宁波数字文化产业发展新成果亮相。宁波市"文物甬安"应用入选浙江省数字文化系统第四批优秀应用;宁波市"浙里甬文明"应用入选浙江省 2022 年数字化改革"最佳应用"。

五、宁波市文化产业发展展望

当前,宁波市文化产业发展仍存在一些问题,包括:文化产业园区历史形成时间短,招商引资、产业链、配套服务等各方面的汇聚和连接有待加强;文化和旅游人才总量较小,结构不够均衡合理,发展环境尚待优化;文化和旅游供给侧结构水平有待优化,文旅产业核心地位不够突出;等等。展望未来,宁波市文化产业将推动以下几方面的发展。

(一)提升文化产业园区

宁波市文化产业园区已经进入快速发展的时期,除了少数头部园区达到要求,大部分园区还未能满足时代和社会的诉求。在这个阶段,宁波市文化产业园区要想呈现出最好的效果,还需从内外部两方面入手。首先,管理上需由粗放式向精细化转变。将中小微企业纳入关注范畴,深入分析文化产业的各个细分领域,实现数字化管理。其次,经济上需由补贴式向市场化转变。文化产业园区的健康持续发展不能仅靠政府补贴,而要实现自身持续盈利。文化产业园区运营者要有服务意识,提高管理专业水平,改善经营模式,要从推动宁波市总体发展的战略高度思考问题,推动文化产业健康发展。文化产业园区和企业要发挥自身能动性,寻找市场,寻找机遇,寻找新的增长点。

(二)加强文化金融创新融合

加快文旅金融服务平台的数字化迭代升级。应在现有平台的基础上,着力打造"宁波市数智文化金融"平台,并初步实现"甬文贷"等子场景的迭代升级;加快全国首创的"宁波文旅保险创新中心"建设,强化文旅保险的政保合作理念,加强其与银行、政策性担保等金融机构的合作,协调组织保险机构、保险中介和保险科技企业针对文化和旅游企业风险防控需求进行产品或服务创新研发,切实增强中小文旅企业的抗风险能力;深化金融应急纾困机制,完善文旅企业应急融资体系,深化金融专营服务与产品和机制创新;创新文化贸易金融服务支持,针对文化外贸出口、电商物流等不同应用场景,利用区块链等金融科技探索贸易金融服务的新模式。

(三)打造文化人才汇聚地

任何时期、任何行业的发展都离不开人才,但不同城市、不同行业对人才的需求是不同的。比如,根据人口流向可以发现,杭州市吸引的是与数字经济相关的高科技产业人才,而2022 年宁波市常住人口增幅最大的两个区——江北区和北仑区,则分别侧重制造业人才和教育人才。缺乏文化产业人才一直是困扰宁波文化产业发展的突出问题,不仅高端文化人才外流,而且部分宁波文化企业存在外迁研发中心的倾向。因此,要加快集聚文化产业人才,打造文化人才汇聚地。着力开展"文化产业领军人才引培计划",大力引进国内外文化产业领域科技领军人才、青年人才和创新团队,将文化产业领域人才需求列入市年度紧缺急需人才引进指导目录,完善高层次人才引进优惠政策。着力实施"产业工匠"培育计划,发挥甬上高校和职业院校优势,加强高校、职业院校文化产业人才培养和相关学科建设。优化人才发展环境,制定宣传文化队伍建设中长期规划,完善文化人才的评定标准及办法,创新文化产业人才引进政策。

(四)加强科技智造优势

宁波市位于具有不断优化的创新环境的浙江省,这为其发展文化产业提供一定的地域优势。浙江省凭借高新技术的研发和转化以及浓厚的创新氛围,在文化产业领域的创新方面走在了全国前列。良好的创新环境是文化产业健康快速发展的土壤,发达的制造业创造了大量就业机会,也是人口增长的关键,这都是宁波发展文化产业的独特优势。目前,宁波市在科创人才、科创活力和科创绩效方面提升显著,未来的发展方向就是打造全球文化智造中心,做大做强重点制造行业,并逐步向高端化、智能化和品牌化发展。文化产业的发展不仅在功能上全面契合城市发展的需要,还能有效地吸引人才、留住人才。

参考文献

[1] 厉晓杭,张昊,徐展新.一图尽览!宁波 2022 年度系列重大文化项目发布[EB/OL].(2022-08-26)[2024-07-13].https://wglyj.ningbo.gov.cn/art/2022/8/29/art_1229057568_58923961.html.

［2］宁波市统计局，国家统计局宁波调查队.2022 年宁波市国民经济和社会发展统计公报［EB/OL］.（2023-02-28）［2024-07-13］. http://tjj. ningbo. gov. cn/art/2023/2/28/art_1229042825_58918051. html.

［3］吴珂珺.2023 浙江省百强企业榜单出炉［EB/OL］.（2023-09-27）［2024-07-13］. https://zjnews. zjol. com. cn/zjnews/202309/t20230927_26273166. shtml.

［4］应霞艳.政策有"数"，发展有"术"，从三个维度看数字文化产业发展新政［EB/OL］.（2022-06-06）［2024-07-13］. https://new. qq. com/rain/a/20220606A0C4IC00.

［5］诸瑷瑷.2022 宁波文旅乘势而上 高质量发展成效卓著［EB/OL］.（2022-12-14）［2024-07-13］. https://nb. ifeng. com/c/8LjauUvdhXD.

2023 年温州市文化产业发展报告

曾照智

2022 年,温州市坚持以习近平新时代中国特色社会主义思想为指导,深入学习宣传贯彻党的二十大精神。面对新冠疫情防控特殊时期的复杂形势,温州市迎难而上,砥砺前行,精准施策稳住经济大盘,全面推进都市振兴、乡村振兴、产业振兴、文化振兴,着力做强做大"全省第三极"。作为浙江省的一个经济强市,温州市历史文化底蕴深厚,文化产业成为推动地方经济发展的重要动力。随着国家对文化产业的重视和政策支持力度的不断加大,温州市文化产业迎来了发展的黄金时期。

一、温州市文化产业发展环境

(一)区位环境

作为浙江省东南沿海的重要经济城市之一,温州市具有显著的区位优势:地处长江三角洲南部,东濒东海,南毗福建省,西及西北部与丽水市相连,北和东北部与台州市接壤。截至 2022 年,全市辖 4 个市辖区、5 个县,代管 3 个县级市,陆地面积为 12110 平方千米,海域面积为 8649 平方千米,常住人口为 967.9 万人。

正是依托于优越的地理区位,温州市才形成了十分丰富的自然风景旅游资源。温州市三面环山,一面临海,境内有雁荡山、楠溪江、百丈漈·飞云湖等 3 处国家级风景名胜区,瑶溪、仙岩、泽雅、洞头、寨寮溪、南麂列岛、氡泉—九峰、滨海—玉苍山等 8 处省级风景名胜区,初步建立了自然保护区、风景名胜区、地质公园、森林公园、海洋公园、海洋特别保护区、海洋自然保护区、湿地公园等 8 种类型的 52 处省级以上自然保护地,其中包括 12 处国家级(自然)保护地、40 处省级(自然)保护地。

(二)产业环境

2002 年,温州市加快打造高质量发展建设共同富裕示范区市域样板,奋力做大做强"全省第三极"。经过初步核算,2022 年全市实现地区生产总值 8029.8 亿元,比上年增长 3.7%,分别高出全国和全省 0.7、0.6 个百分点;人均地区生产总值为 83107 元,比上年增长 3.2%;从产业结构上看,第一、二、三产业增加值分别为 177.5 亿元、3380.8 亿元和 4471.5 亿元,比上年分别增长 4.6%、3.5%和 3.8%,三大产业增加值结构为 2.2︰42.1︰55.7。

毋庸置疑,温州市的经济发展在浙江省乃至全国都具有重要地位。温州市的民营经济发展模式和改革开放前沿地带的历史,为其文化产业发展提供了强有力的支撑。2022 年,温州市依旧保持了长三角南大门区域中心城市的战略定位,并积极引进新兴文化产业,持续推动温州市文化经济的繁荣。此外,温州市政府在基础设施建设、公共服务供给等方面的投入不断增加,亦为文化产业创造了良好的发展环境。

(三)文化环境

温州市历史悠久,文化璀璨,其极具地方特色的瓯越文化、山水文化、民族文化等闻名遐迩,传统戏剧、传统美术、民间文学、曲艺、传统技艺、传统舞蹈、民俗等有着深厚的底蕴和独特的价值。温州市的非遗资源亦十分丰富,现已建立了完整的5级名录体系,即人类非遗、国家级非遗、省级非遗、市级非遗、县(市、区)级非遗名录都非常规范,实现了非遗的分级保护。2022年,温州市文化广电旅游局以争创国家文化和旅游消费示范城市为目标,加快推动文化和旅游产业稳进提质,计划至2025年,力争旅游业增加值突破千亿大关。

温州市总人口近千万,并呈现出持续增长的趋势。随着收入的增加和生活水平的提高,居民文化消费水平不断提升,文化消费需求呈现多样化、个性化趋势,这也为文化产业的发展提供了广阔的市场空间。2022年,温州市广泛开展群众性文化活动,完成送戏下乡5225场、送书下乡136万册、送展览讲座3842场、文化走亲157场,举办各类阅读推广活动2695场,参与人数达197.7万人次。

此外,温州市积极打造区域型人才高地,拥有较高的教育水平和较丰富的人才储备,这为文化创意、文化科技等新兴文化产业的发展奠定了坚实基础。2022年,温州市通过打响"来温州·创未来"品牌,开展"瓯越英才计划""510＋""温青回归"等行动,推进人才发展体制机制综合改革试点,引育全职院士和省"顶尖人才"5名,入选省级以上重大人才工程40名,遴选支持领军型人才创业项目20个、高水平创新团队10个以上,新增大学生12万人以上;推进温州技师学院扩容,实施技工教育提质增量行动,培育技能人才8万人以上,打造"瓯越工匠"名片。

二、温州市文化产业发展现状

(一)产业总体发展现状

近年来,中国经济从高速增长阶段逐步转向高质量发展阶段,经济结构优化升级,第三产业比重逐渐增加。文化产业作为现代服务业的重要组成部分,正在成为拉动经济增长的新引擎。在这种背景下,温州市依托自身丰富的文化资源和强大的经济基础,积极推动文化产业的发展,实现了文化与经济的深度融合。

2022年,温州市文化产业的规模呈现出持续扩大的势头,初步形成了较为完整的产业链,涵盖了创意设计、出版发行、影视制作、演艺娱乐、文化旅游等多个领域;其文化产业结构呈现出多元化发展的特点,传统文化产业如出版发行、印刷复制等依然占据重要地位,新兴文化产业如数字文化、创意设计、网络文化等增长迅速。此外,温州市的文化产业还体现出较强的区域特色,如瓯绣、木雕等传统工艺美术在国内外市场具有较高的知名度。

(二)产业分类发展现状

1.新闻信息服务

(1)报纸信息服务

2022 年,温州市报纸期发 32 万份,比上年减少 5 万份;订销报纸累计份数为 8696 万份,比上年减少 27 万份;杂志期发 41 万份,比上年减少 8 万份;订销杂志累计份数为 411 万份,比上年增加 80 万份;报刊流转额相较于 2018 年的 12431 万元有所增加,但与上年相比有所回落,减少到 12316 万元,如表 1 所示。

2022 年,温州日报报业集团积极克服新冠疫情带来的影响,坚决打好经营保卫战,构建健康可持续产业生态,实现总收入 3.23 亿元、版外经济收入 9561 万元,综合实力和经营规模名列全国地市报业集团前列。在媒体融合方面,温州日报报业集团积极参与制定《温州市推进市级媒体深度融合改革总体方案》,牵头制定《温州市新闻传媒中心(传媒集团)筹建期改革工作实施方案》,有序开展平台关停并转工作。至 2022 年年末,《温州商报》休刊,温州市委、市政府唯一新闻客户端——"温度新闻"正式上线。"温度新闻"一经上线,半个月就突破 120 万人次的下载量,业已成为温州市最大的新型对外传播平台和面向世界温州人的综合服务平台。

表 1 2018—2022 年温州市报纸、杂志出版情况

年份	报纸期发份数/万份	订销报纸累计份数/万份	杂志期发份数/万份	订销杂志累计份数/万份	报刊流转额/万元
2018	37	9367	27	360	12431
2019	36	9595	17	319	12916
2020	35	9265	18	265	12561
2021	37	8723	49	331	14008
2022	32	8696	41	411	12316

数据来源:《温州统计年鉴 2023》。

(2)广播电视服务

2022 年,温州市广播人口综合覆盖率为 98.9%,电视人口综合覆盖率为 99.3%,均比上年增加 0.11 个百分点,如表 2 所示。温州广播电视传媒集团深化建设新型主流媒体,纵深推动媒体深度融合,全力推进数字文化产业发展。全年精心谋划主题主线宣传,深化节目精品创优工程。温州人融媒资源平台被国家广播电视总局评为全国广电媒体融合成长项目。扎实推进数字文化产业发展,温州广电 MCN 机构位列抖音媒体 MCN 领跑计划全国榜单第 1 名,"5G 应用＋实验室"等 19 个项目获软件著作权,1 个项目获评国家新型信息消费示范项目。

表2 2018—2022年温州市广播电视发展情况

年份	广播人口综合覆盖率/%	电视人口综合覆盖率/%
2018	98.80	99.10
2019	98.70	99.10
2020	98.70	99.10
2021	98.75	99.16
2022	98.86	99.27

数据来源：《温州统计年鉴2023》。

（3）网络媒体信息服务

2022年,温州市规模以上互联网和相关服务企业(以下简称"互联网企业")有5家,资产总额达6.68亿元,完成互联网业务收入25.89亿元,利润总额达0.92亿元,如表3所示。温州市网络媒体围绕全市中心工作,组织网上新闻宣传报道,全年策划推出50多个专题专栏5万余次重大主题报道,刊播融媒报道近4000篇次,全网点击量达500多万人次。《人民日报》《新华社》《浙江日报》等中央、省级媒体转载报道2000多篇,"学习强国"推送温州信息1.1万余条,点击量"十万＋""百万＋"的分别有410条、30条,单条点击量最高破1750多万次。倾力打造的温州市委、市政府唯一新闻客户端——"温度新闻",于2022年12月31日正式上线。

表3 2022年温州市规模以上互联网和相关服务企业情况

单位数/家	资产总计/万元	营业收入/万元	利润总额/万元
5	66821	258898	9207

数据来源：《温州统计年鉴2023》。

2.内容创作生产

（1）内容保存服务

温州市持续推动文化设施建设升级,业已全面形成布局均衡、种类齐全、设施成网、互联互通的公共文化设施网络。2022年,温州市共有文化站184家、文化馆13家、图书馆12家、博物馆57家(见表4)、城市书房135家、百姓书屋78家和文化驿站262家。温州市公共文化品牌"城市书房"入选浙江省首批共同富裕示范区最佳实践项目名单;洞头区"渔文化"艺术普及等3个项目入选浙江省公共文化高质量发展案例;永嘉县楠溪书院等17个项目入选浙江省第一批公共文化国际交流基地和项目,入选数量为全省最多。公共文化服务标准化建设"温州经验"走向全国,城市书房、文化驿站国家标准相继获批立项。

在公共图书馆领域,2022年,温州市图书馆藏书量增加到1610.98万册,服务读者345万余人次,外借图书440.54万册次;线上数字资源访问量为3353万余次,电子书刊下载456.97万篇;新增读者证6.88万张,累计63.61万张;微信公众号推送信息2523条,阅读量达 388.95 万人次,新增关注人数 6.86 万人,累计关注人数 38.32 万人;举办各类阅读推广活动 2828 场,参与人数达 206.5 万人次。

在博物馆领域,温州市不断增强博物馆的文化教育功能,完善旅游服务配套设施。拓展博物馆公共服务的功能空间,提高博物馆馆藏资源的利用率,推动馆藏资源为社会机构和普通民众的研究、学习服务。2022 年,温州博物馆举办临时展览 8 场,线下接待游客 53 万人次,线上展览浏览人数达 48 万人次;开展各类教育和文化休闲活动 134 场,活动参与人数达 15226 人次,其中未成年人 6927 人次;新媒体微信端阅读量达 273488 人次,新浪端阅读量达 319.1 万人次,短视频端阅读量近 10 万人次。此外,温州市提出要"打造中国民办博物馆之城",出台《关于建设中国民办博物馆之城的实施意见》《温州市促进民办博物馆发展扶持办法》等政策性文件,并成立工作专班,建立国有博物馆与民办博物馆结对帮扶机制,建成 60 家乡村博物馆,其中 48 家获省级乡村博物馆称号。

在文物保护利用方面,2022 年,温州市有各级文物保护单位 944 家,其中全国重点文物保护单位 33 家、省级文物保护单位 111 家、县(市、区)级文物保护单位 800 家;全市有博物馆 57 家;馆藏文物 5 万余件,其中一级文物 378 件、二级文物 901 件、三级文物 1995 件。温州博物馆为国家一级博物馆,瑞安博物馆、文成博物馆为国家二级博物馆,乐清博物馆、龙湾博物馆、瓯海博物馆为国家三级博物馆。温州市委编办出台《关于明确文物管理市级部门职责分工的通知》,进一步明确了市级各个部门对于文物管理的职责分工,逐步形成部门齐抓共管机制。

在非遗保护传承方面,温州市有丰富的文化遗存,入选人类非遗名录 4 项(永嘉昆曲、乐清细纹刻纸、瑞安东源木活字印刷术、泰顺编梁木拱桥营造技艺)、国家级非遗名录 35 项、省级非遗名录 159 项(比 2021 年增加 14 项)以及市级非遗名录 779 项。温州市现有国家级代表性传承人 37 位、省级代表性传承人 230 位、市级代表性传承人 933 位、代表性传承团体 14 个以及代表性传承群体 20 个。

表 4 2018—2022 年温州市主要文化事业发展指标

指标	2018 年	2019 年	2020 年	2021 年	2022 年
文化馆/家	12	12	13	13	13
文化站/家	185	185	184	184	184
图书馆/家	13	13	12	12	12
图书馆藏书/万册	1244.4	1377.4	1428.1	1500.8	1611.0
博物馆/家	47	53	54	57	57
博物馆藏量/件	98063	119943	119953	122793	125058
文物保护管理机构/个	12	12	12	9	9
文物馆藏量/件	2299	2329	2383	2383	2383

数据来源:《温州统计年鉴 2023》。

（2）广播影视节目制作

2022年，温州广播电视传媒集团增设新闻栏目《温州晚间报道》。《温州新闻联播》收视率位居全国城市台时政栏目第1；电视剧《温州三家人》在央视频道7轮播出，并获省"五个一工程"奖、浙江电视艺术领域的最高殊荣——牡丹奖；广播单本剧《腾飞吧，龙港市！》围绕"千年商港、幸福温州"的城市定位，全力探索视觉传播赋能城市定位宣传新路径，获省"五个一工程"奖；高质高效完成中央广播电视总台2023年春节戏曲晚会的承办及接待保障工作，该晚会于大年初一晚上在央视一套和戏曲频道同步播出，全网累计曝光量超30亿人次。

（3）数字内容服务

在2022年召开的世界互联网大会乌镇峰会上首发的《中国50强城市数字化发展能力指数（2022）》报告中，温州市排名全国第24、浙江省第3，在全国范围内位居第二梯队。应用新一代数字科技，以价值释放为核心，以数据赋能为主线，温州市对传统产业进行了全方位、全角度、全链条的改造。以文博产业为例，2022年，温州市全面开展文博数字化改革工作。温州市数字博物馆应用上线，包括文保单位、博物馆数字地图，可移动文物精品资源库和数字化全景展厅3个子应用，指导"民办博物馆之城"数字化建设项目申报实施以及泰顺古廊桥、平阳古屋、永嘉古村落、乐清古牌楼等全市"古系列"保护应用场景建设，实现跨气象、水利、自然资源和规划、文物保护等多部门系统数据精准实时监测预警。瓯海区文物安全体检场景、瑞安市古民居火灾安全监管模块、泰顺县文物法人违法应用场景、泰顺县恶劣天气灾害预警监测处置模块等4个浙江省文物安全应用场景建设试点"揭榜挂帅"项目按照预定的目标完成建设。在文旅方面，省级文化和旅游数字化改革试点项目"瓯越记忆"历史人文知识服务应用上架浙江省一体化数字资源系统、浙里办，开发历史人文知识数字服务应用场景，通过关联数据、资源建模、历史地理信息系统（HGIS）可视化等新技术，打造"一站式"文化旅游知识服务窗口。

3.创意设计服务

版权产业是创意产业的立足之本，温州市持续聚焦版权产业的产业发展与产业融合。2022年，温州市版权产业的行业增加值达到489.84亿元，比2021年增加43.37亿元，增长9.72%，占全市生产总值的比重为6.10%，位列全国同类城市前列，实现平稳健康发展，呈现产业规模进一步扩大、就业人数小幅增长、商品出口增长较快等趋势与特点。温州市本地特色产业深度融合创意设计服务，助力鞋服、印刷、礼品等传统产业转型升级与稳步发展，积极助推玩具和游戏用品、计算机及其设备等高附加值产业快速发展。

4.文化传播渠道

（1）艺术表演

受新冠疫情冲击及外部环境影响，温州市艺术表演团体由2021年的134个减少至2022年118个，演出场次由2021年的13729场次减少至2022年的13300场次，演出观看人数由2021年的1282万人次减少至2022年的720万人次，如表5所示。

表 5　2019—2022 年温州市艺术表演团体发展情况

指标	2019 年	2020 年	2021 年	2022 年
艺术表演团体/个	163	116	134	118
演出场次/场	30430	11220	13729	13300
演出观看人数/万人次	2880	622	1282	720

数据来源:《温州统计年鉴 2023》。

（2）文化交流平台

2022 年是"东亚文化之都·中国温州活动年"，温州市携手中、日、韩各文化之都兄弟城市，坚持以文铸城、以文惠民的宗旨，开展文化交流、文学艺术、体育赛事、旅游观光、美食传播、创意设计、经贸合作等系列国际交流活动 100 多项，进一步提升温州国际交流水平和城市文化品位，向世界全方位展示诗意、活力、开放、幸福的温州。温州市文化广电旅游局通过日本海外推广中心，在日本推出以温州旅游资源和季节为主题的《观光情报》杂志共 5 期；向文化和旅游部、浙江省文化和旅游厅等推送《让世界看见温州非遗》系列双语视频，并转介国外相关平台；组织各县（市、区）文旅主管部门及企业参加 2022 中国国际旅游交易会、第十届澳门国际旅游（产业）博览会、2022 中国—东盟博览会旅游展。温州肯恩大学入选浙江省国际人文交流基地，成为继温州市海外传播中心、温州医科大学、温州市世界温州人服务中心之后第 3 批入选的组织机构。澳门·温州文旅交流中心在澳门温州人商会挂牌成立，成为继巴黎·温州文旅交流中心、罗马·温州文旅交流中心、普拉托·温州文旅交流中心之后在外设立的第 4 个温州文旅交流中心。

5. 文化投资运营

（1）文化资金投入

2022 年，受新冠疫情巨大冲击，温州市文化、体育和娱乐业固定资产投资锐减至 59.4 亿元，同比增长-24.9%，如表 6 所示。

表 6　2017—2022 年温州市文化、体育和娱乐业固定资产投资情况

年份	固定资产投资/亿元	比上年增长/%
2018	114.8	93.1
2019	122.3	6.5
2020	116.1	-5.1
2021	162.3	39.8
2022	121.8	-24.9

数据来源:《温州统计年鉴 2023》。

（2）文化市场运营

2022 年，温州市持续推进强化整合联动，强化政企联动、市县联动、县乡联动，促进文化

和旅游产业更好地发展。温州市文化市场行政执法工作紧扣"千年商港·幸福温州"城市新定位,以全力打赢新冠疫情防控攻坚战、全力守护文化和旅游市场规范有序为重点,擦亮"文旅铁军"品牌,圆满完成服务中心、保障大局、坚守底线等各项工作。温州市深入实施"三年文化百项工程",谋划出台文化产业发展实施意见和扶持政策,获得省级文化产业发展专项扶持资金1.2亿元,金额为全省最大,这也为温州市文化企业的技术创新、产品升级、人才培养和市场拓展提供了强大支持。

(3)文化产业园

近年来,温州市持续着力打造数量更多、规模更大、主题更多元化的文化产业园。为推进温州国家文化和旅游消费试点城市建设,2022年,鹿城区印象城MEGA等11家单位被评为"第二批温州市文化和旅游消费集聚区",鹿城区瓯器文创礼品等45家单位被评为"第二批温州市特色文旅消费示范点"。其中,温州智慧谷文化创意园系省、市级重点文化产业园区,是一个集创意设计、文化艺术交流展示和时尚旅游休闲于一体的综合型功能园区。该园区由7栋单体建筑和1条创意街组成,总建筑面积达42000平方米,其中3000平方米为休闲空间。该园区包含特色卖场、传芳臻藏唐卡艺术馆、书谷、城市书房、休闲广场、咖啡厅、"巢"酒馆、桔子酒店、十足超市、大型停车场等,现已成为温州市重要的"文化+"产业集聚区和对外展示形象的窗口。

6.文化娱乐休闲服务

2022年,温州市接待海内外游客4696.9万人次,同比下降5.3%;实现旅游总收入625.4亿元,同比下降3.2%(以上2项指标均比全省的平均降幅低了约10个百分点),分别恢复至新冠疫情前的91.8%和93.7%,恢复程度居全省前列。入境旅游市场受境外新冠疫情的影响较大,入境游客和入境旅游收入进一步下降。其中,接待入境游客0.6万人次,同比下降48.6%;实现入境旅游收入373.63万美元,同比下降21%。

2022年,温州市文化广电旅游局深化推进国家文化和旅游消费试点城市建设:打造"十大文创市集""十大商圈"等10个"十"系列项目,力争建成国家夜间文化旅游消费示范集聚区1个、省级夜间文化旅游消费示范集聚区2个;构筑"月光经济+互联网+消费"新模式,高水平推进"放心消费在温州"行动,推广数字人民币在文旅消费场景的应用,推动实现文化和旅游消费的全面数字化;促进夜间文化和旅游消费,努力将"全域夜游"打造成全省示范、全国典型。评选、推介一批温州线上文旅消费新场景、新活动,形成线上文旅消费新热潮;深度挖掘文化内涵,大力推介游览产品、餐饮和购物产品以及演艺产品,打造一批文旅新空间和网红旅游目的地,顺应和把握消费行为趋势、消费需求,扩大文旅消费。推进工业旅游创新发展,为温州文旅消费注入新活力。

7.文化辅助生产和中介服务

(1)文化辅助用品制造

2022年,温州市文化生产的辅助用品制造市场规模保持着较稳定的增长。以机制纸及纸板产量为例,2022年,全市拥有规模以上机制纸企业16家,实现机制纸及纸板产量55.63

万吨,同比增长 42.6%,增速居全省首位,占全省总产量的比例为 3.49%;各项指标均实现 3 年持续增长。具体如表 7 所示。

表 7　2020—2022 年温州市机制纸及纸板产量情况

年份	企业数量/家	机制纸及纸板产量/万吨	省产量占比/%
2020	11	34.58	2.38
2021	13	38.12	2.58
2022	16	55.63	3.49

数据来源:《浙江省造纸工业 2020 年运行报告及 2021 年展望》《浙江省造纸工业 2021 年运行报告及 2022 年展望》《浙江省造纸工业 2022 年运行报告及 2023 年展望》。

(2)版权服务

温州市知识产权创造质量持续稳步提升,知识产权运用能力不断增强。截至 2022 年,温州市撬动财政资金支持开展专利托管服务,为全市 2000 家以上具有自主知识产权的中小微企业提供专利托管服务。2022 年,由温州市委宣传部(新闻出版局)推进的"温州版权"频道正式上线,其作为温州市版权工作的重要展示窗口,推动版权工作的高质量发展,助力温州市创建全国版权示范城市。"温州版权"频道在温州新闻客户端上线后开设七大栏目,分别为《版权示范》《版权动态》《版权活动》《版权运用》《版权执法》《版权服务》《版权协会》。七大版块汇聚整合全网优质资源,持续关注全市在版权创新创造、版权转化运用、版权管理服务和版权保护等方面取得的最新成效与典型案例,承担展览展示、宣传教育、保护维权、信息交流等综合功能,进一步加强版权知识在全社会的宣传普及,有效提升了公众保护版权和运用版权的意识。

(3)会议展览服务

2022 年,温州市举办"2022 温州国际时尚文化产业博览会暨'穿·越千年'2022 温州时装周",以"千年瓯风 文创未来"为主题,汇聚"文化＋创意"创新产品及服务,努力打造具有全球视角、温州特色的文化展示和交易重要平台。该展会将创意设计和时尚设计相结合,在温州国际时尚文化产业博览会中融入时尚服装元素,同步举办"穿·越千年"2022 温州时装周系列活动,做大做强服装产业链,打响"时尚之都""穿在温州"品牌。温州市图书馆深化"温州学""永嘉学派"研究,建成《温州大典》数字典藏中心,启动域外文献书目征集回归,举办"书传万里 虹贯西东——东亚文化交流温州文献展"。围绕"千年商港·幸福温州"的主题,温州博物馆策划"温州朔门古港遗址考古成果展""曹湾山新石器时代遗址考古成果展",通过考古出土器物展示发掘温州历史文化实证;引进"西鹣东鲽——欧洲文化之都艺术精品展";为迎接党的二十大召开,原创策划"胜似春光——时空映照下的繁花之美"展览和"盛世华章——温州博物馆藏织绣精品展"。在非遗展览方面,温州市举办了第 2 届"东瓯杯"瓯窑青瓷创作大赛(瓯窑主题),经过评奖后配套开展专题展览;举办"王化——2022 国遗·彩石镶嵌空间美学展";组织 2022 年浙江非遗薪传奖传统工艺大展(髹漆工艺类),全市推荐鹿城区、龙湾区、洞头区、龙港市、平阳县 5 地 10 项技艺类项目及 13 位髹漆工艺类传承人参展。

三、温州市文化产业发展政策

(一)《温州市促进民办博物馆发展扶持办法》

2022 年,为推进"中国民办博物馆之城"建设,温州市制定《关于建设中国民办博物馆之城的实施意见》及系列配套文件,出台《温州市促进民办博物馆发展扶持办法》,高标准建成 48 家省级、60 家市级乡村博物馆;构建覆盖市、县、镇街、村(社区)4 级,融合国有、民办、城区、乡村 4 类的博物馆网络体系。

(二)《温州市 2022 年大型来温旅游团队营销补助申请实施细则》

2022 年,温州市文化广电旅游局出台《温州市 2022 年大型来温旅游团队营销补助申请实施细则》等政策,并出台多项文旅企业纾困政策,额外向市政府争取 700 万元的文旅消费扶持资金,用以吸引旅行商组织客源来温州,扶持全市景区开展惠民门票活动,促进文旅消费;联合市政府金融办、人民银行温州市中心支行,出台《关于推动文化旅游领域数字人民币试点工作的通知》,打造具有温州文旅特色的数字人民币消费场景。

(三)《温州市文化艺术类校外培训机构监督管理实施方案》

2022 年,为加强文化艺术类校外培训机构管理,促进全市文化艺术类校外培训机构规范有序发展,温州市文化广电旅游局、温州市教育局、温州市市场监督管理局、温州市民政局联合制定发布了《温州市文化艺术类校外培训机构监督管理实施方案》。该方案规范了文化艺术类校外培训机构的准入标准,形成了文广旅前置审批,市场监管、民政分类登记的共享协办机制。同时,该方案明确了文化艺术类机构的主体责任和管理职责,要求"亮照办学""一点一证",明牌公示收费项目、收费标准等内容,不得收取跨度超过 3 个月的费用;要求依法诚信签订培训服务合同,不面向中小学开展广告宣传,不得有误导培训对象的模糊宣传、虚假宣传,为深入推进校外培训机构治理工作提供有力的制度保障。

(四)《温州市推进工业旅游创新发展行动方案》

为扩大文化和旅游消费,扎实推进工业旅游发展,提高工业企业在全省、全国的影响力,展示工业企业文化,将工业旅游打造成文旅新 IP,进一步推动国际化休闲度假旅游城市建设,温州市文化广电旅游局发布了《温州市推进工业旅游创新发展行动方案》。该方案锚定共同富裕目标,进一步推进温州市国家文化和旅游消费试点城市建设,促进传统工业转型升级和提质增效,加快模式创新、业态创新、机制创新,以"观光工厂"建设等为载体,到 2024 年,推出一批工业旅游示范点,设计一批工业旅游产品,努力打造 20 条以上工业旅游精品线路,培育 16 个以上省级工业旅游示范基地,力争创建 2 个以上国家工业旅游示范点,将温州市打造成国内知名的工业旅游示范城市。

四、温州市文化产业发展经验

(一)注重优秀传统文化传承与创新,弘扬城市文化特色

温州市坚持深耕于优秀传统文化的传承与创新,注重城市文化品牌的打造与维护,将温州文化的"金名片"推向国内外。温州市积极打造"中国民办博物馆之城",持续巩固文物安全大排查、大整治、大提升成果;大力推动非遗保护地方立法,放大"非遗在社区"国家试点效应,推动非遗向"在景区、在街区、在园区、在校区、在侨区"的全面传承传播,并开展"世界看见·温州非遗"国际传播活动;狠抓艺术精品力作,瓯剧《杀狗记》《装疯》入选"浙江省第二批经典保留剧目";举办"东亚文化之都"书法艺术家作品邀请展暨温州书画院建院 30 周年系列活动,持续提升"书画名城"的文化影响力;实施宋韵瓯风文化传世工程,完成 267 个重点文化元素基因解码报告,系统梳理"瓯窑、瓯菜、瓯塑、瓯绣、瓯剧"等"瓯系列"文化资源,加强瓯窑产业发展。

(二)树立公共文化服务典范,推进新型公共文化空间建设

温州市持续完善健全公共文化服务标准体系,不断提升基层公共文化设施的品质,合理布局新型公共文化空间,促进公共文化服务均衡化发展。同时,温州市注重巩固国家公共文化服务体系示范区的创建成果,迭代升级城市书房、文化驿站、乡村文艺繁星计划等创新品牌,使其向基层和家门口延伸、向农村覆盖、向薄弱环节和重点群体倾斜,持续打造优质共享、普惠均衡的公共文化服务体系。另外,温州市还大力鼓励社会力量参与公共文化服务,发挥全员协作的巨大力量,共同拓展公共文化服务新阵地。

(三)提升文化旅游品质,赋能文化旅游产业升级

在新冠疫情防控的特殊时期,温州市全力抓投资、抓消费、抓纾困、优服务、保安全,文化事业和文旅产业稳进提质指数稳居全省前列。温州市不断深化国家文化和旅游消费试点城市建设,聚焦培育文旅消费品牌,同时以数字文旅建设为抓手,赋能文化旅游产业转型升级。温州市策划推出五大旅游精品线,持续打响"侨家乐""塘河夜画""青灯市集""楠溪江音乐节""山根音乐艺术小村""9·20 就爱你温州自驾旅游"等一批特色文旅 IP;注重对头部企业的招引,与携程集团签订全面战略合作协议,并积极开展数字营销推介,布局全国营销宣传一盘棋,突出挖掘重要客源市场,开拓潜在客源市场,加强营销梯度推进,进一步提升温州旅游的知名度和美誉度;加快建成文旅系统 1.0,迭代升级"E 游温州"服务平台;积极开发文旅特色应用场景,坚持数字赋能文旅数字化监管和公共服务;积极开发温州数字旅游地图,优化温州全域自助导览系统。

(四)"文化十"战略提升城市文化软实力,推动温州文化走出去

通过"文化十"战略的实施推广,温州市不断提升城市文化软实力,多层次开展国内、国际文旅宣传、交流活动,推动温州文化走出去。温州市深入推进瓯江山水诗路文化带建设,打造富有文化底蕴的世界千万级核心景区;扎实推进"三年百项文化工程",着力打造新时代

文化高地;积极引进头部企业参与重点景区开发运营和重大旅游项目建设;推动"红色资源""生态资源""研学资源"整合开发,打响"浙南红都"红色旅游品牌;发挥侨乡文化优势,全面推广"侨家乐"品牌民宿;精心植入"两线三片"文旅业态,推进温州美术馆、非遗馆建设,打造一批文化新地标;大力培育发展广播影视、视觉艺术、动漫、传媒等文化创意产业。

五、温州市文化产业发展展望

第一,温州市将继续推动文化产业结构的多元化发展,提升新兴文化产业的比重。通过政策引导和市场激励,促进数字文化、创意设计、文化科技等新兴产业的发展,逐步形成传统文化产业与新兴文化产业相互促进、协调发展的格局。着力强化文化产业链的高端环节,特别是在创意设计、品牌推广、市场营销等领域加大投入。通过积极参与国际展会,建立更多的国际合作伙伴关系,进一步加强对温州市文化产业的海外推广。大力实施"旅游＋""＋旅游"行动,积极拓展旅游产业与文化、农业、工业、科技、教育、体育、健康等产业的交叉耦合。借助杭州亚运会契机,大力发展体育旅游,延伸产业链条,释放产业活力。

第二,温州市将通过政策扶持、资金支持和技术引导,鼓励文化企业加大在数字化、智能化和绿色化技术领域的投入。不断推动文化产品和服务的创新,加强技术创新,提升文化产品的附加值,进而提升市场竞争力,建立起更多具有国际竞争力的文化品牌。

第三,温州市将进一步加强高端文化人才的引进和培养。通过设立文化人才专项基金,优化人才引进政策,提供良好的工作环境,吸引更多国内外优秀的文化创意人才和文化科技人才来温州发展。同时,通过校企合作、行业培训等方式,增加本地文化产业的人才储备。

第四,温州市将优化文化产业的资源配置,特别是在资金、土地和技术等关键资源方面的配置。政府将通过金融创新,解决文化企业的融资难题,鼓励金融机构加大对文化产业的信贷支持。此外,政府还将通过政策调控,合理配置土地资源,为文化产业园区和文化创意项目的发展提供支持。在技术资源方面,政府将加强与高校和科研机构的合作,推动文化企业的技术创新和成果转化。

第五,温州市政府将继续加强对文化产业政策的执行力,确保政策落实到位。通过建立健全政策执行机制,简化申请流程,提升政策透明度,确保文化企业能够及时享受到政策红利。此外,还将加强政策的连续性和稳定性,为文化产业的长期发展提供保障。

第六,温州市将进一步优化文化市场环境,特别是在知识产权保护和市场监管方面。通过加强知识产权保护力度,打击盗版和仿冒行为,维护文化企业的正当权益。此外,还将加强市场需求分析,推动文化产品供需匹配,提升文化产业的市场适应性。

参考文献

[1] 温州市人民政府.2023年温州市政府工作报告[EB/OL].(2023-02-13)[2024-07-06].
https://www.wenzhou.gov.cn/art/2023/2/13/art_1217830_59196504.html.

[2] 温州市统计局.2022年温州市国民经济和社会发展统计公报[EB/OL].(2023-03-23)

〔2024-07-06〕. https：//wztjj. wenzhou. gov. cn/art/2023/3/23/art_1243860_58727725. html.

〔3〕温州市统计局. 2023 年温州统计年鉴〔EB/OL〕. (2023-11-29)〔2024-07-08〕. https：// wztjj. wenzhou. gov. cn/col/col1467318/index. html.

〔4〕温州市文化广电旅游局. 温州市文化广电旅游局 2022 年工作总结和 2023 年工作思路〔EB/OL〕. (2023-02-06)〔2024-07-08〕. https：//wl. wenzhou. gov. cn/art/2023/2/6/art_1229252348_ 4149486. html.

2023 年绍兴市文化产业发展报告

吴怡频　张凯璇

2022 年,面对错综复杂的国际环境和艰巨繁重的改革任务,绍兴市上下坚持以习近平新时代中国特色社会主义思想为指导,全面落实"疫情要防住、经济要稳住、发展要安全"的重要指示,坚持稳中求进工作总基调。在"十四五"规划的引领下,绍兴市文化产业项目库不断完善,重点文化产业项目投资持续增加,推动了文化产业规模的扩大和质量的提升。一方面,绍兴市通过深入挖掘和传承越文化、书法文化、黄酒文化等特色文化资源,打造了一批具有地方特色的文化品牌和产品,提升了绍兴文化的知名度和影响力。另一方面,绍兴市积极推动文化与科技、旅游等产业的融合发展,形成了"文化+科技""文化+旅游""文化+创意"等多元化的发展模式,促进了文化产业的转型升级和提质增效。此外,绍兴市还注重加强公共文化服务体系建设,提升市民的文化获得感和幸福感。通过建设和完善图书馆、文化馆、博物馆等公共文化设施,以及举办各类文化活动和展览,丰富了市民的文化生活,营造了浓厚的文化氛围。

一、绍兴市文化产业发展环境

(一)区位环境

绍兴市位于浙江省中北部、杭州湾南岸,这一地理位置为其文化产业的发展提供了得天独厚的优势。绍兴市地处长三角经济区,这一区域是中国经济发展速度最快的地区之一,经济发达,人口密集,市场需求旺盛。同时,绍兴市与周边城市如杭州市、宁波市等经济强市相邻,便于资源共享和市场拓展,这为文化产业的发展提供了广阔的空间和更多的机遇。

绍兴市全境处于浙西山地丘陵、浙东丘陵山地和浙北平原三大地貌单元的交界处。境域内河道密布,湖泊众多。自 2022 年 2 月开始,绍兴市文化广电旅游局按照《浙江省文化和旅游资源分类、调查与评价(试行)》的要求,对区域内的文旅资源进行了普查。数据显示,在绍兴市约 8279 平方千米的土地上,纵横交错着总长为 10887 千米的 6759 条河流,这些河流加上大大小小的山塘、水库、湖泊,使绍兴的水域面积达到了 503 平方千米,占市域面积的 6.08%。如此庞大的水域面积让绍兴市素有"水乡泽国"之称。这种独特的自然环境不仅为绍兴市增添了独特的文化韵味,也为其文化产业的发展提供了丰富的自然资源和景观资源。

(二)产业环境

2022 年,绍兴市实现生产总值 7351 亿元,按可比价格计算,比上年增长 4.4%,增速居全省第 3 位;财政总收入达 822 亿元,比上年下降 13.9%(剔除留抵退税因素后下降 3.2%)。

分产业看,第一产业增加值达 244 亿元,比上年增长 3.4%;第二产业增加值达 3598 亿元,比上年增长 5.8%;第三产业增加值达 3509 亿元,比上年增长 3.2%。人均地区生产总值为 137522 元,比上年增长 3.8%;一般公共预算收入达 540 亿元,比上年下降 10.6%(剔除留抵退税因素下降 2.1%);一般公共预算支出达 805 亿元,比上年增长 12.6%,其中民生支出达 570 亿元,比上年增长 8.0%,占一般公共预算支出的 70.8%。2022 年,绍兴市新增股份公司 159 家,新增上市公司 2 家,累计实现上市公司 94 家,其中 A 股上市公司 79 家;共实现股权融资 105.09 亿元,比上年下降 21.3%;证券交易额达 56751 亿元,比上年下降 15.0%。

(三)文化环境

绍兴市拥有 2500 多年的建城史,被誉为"没有围墙的博物馆"。作为国务院首批公布的 24 个历史文化名城之一,绍兴市以其"水乡""桥乡""酒乡""书法之乡""名士之乡"的美誉闻名遐迩。春秋时期的越国,是绍兴市历史的起点。在这片土地上,越王勾践卧薪尝胆、励精图治的故事激励了一代又一代的绍兴人。隋唐时期,越州作为重要的行政区域,经济繁荣,文化昌盛,为后来的文化发展奠定了良好的基础。到了南宋时期,绍兴府更是成了全国的文化中心之一,文人墨客纷至沓来,留下了众多珍贵的文化遗产。绍兴市历代名人辈出,涌现出王羲之、陆游、王冕、鲁迅、蔡元培等名家大师。

2022 年,绍兴市共培育 8 个有绍兴辨识度的"浙江文化标识建设"项目,阳明文化、黄酒文化成功入选全省首批文化标识建设创新项目。绍兴市文化之丰富主要体现在宋韵文化、书法艺术、地方戏曲、黄酒文化、阳明文化上。绍兴古城内保存了大量宋代建筑风格的遗迹,如八字桥、越子城等。这些建筑遗迹不仅是历史的见证,也是宋韵文化的载体。王羲之的《兰亭集序》不仅是中国书法史上的巅峰之作,更是绍兴乃至中国文化的瑰宝。越剧、绍剧等地方戏曲形式在绍兴市蓬勃发展,形成了独特的艺术风格和表演体系。绍兴黄酒以其独特的酿造工艺和卓越的品质闻名遐迩,黄酒文化不仅体现在其制作工艺和品鉴方式上,更融入于绍兴人民的日常生活中,成了这座城市不可或缺的文化符号。绍兴市更是王阳明的故乡,阳明文化在绍兴有着深厚的根基和广泛的影响。

(四)创新环境

2022 年,绍兴市的创新环境在数字化改革与创新和人才引进方面均取得了显著成效。数字化改革的深入推进为文化产业的创新发展提供了有力支撑,而人才引进工作的积极开展则为文化产业的持续发展注入了新的活力。

在数字化改革与创新方面,绍兴市积极推进数字化平台建设,通过"招生安""食管家""资管家"等数字化平台,实现了对教育、食品安全、校园"三资"等领域的数据共享、流程再造和制度重塑。这些平台不仅提高了管理效率,还增强了监督预警和实时处置的能力,为绍兴市的教育和公共服务领域带来了创新性的变革。数字化平台建设经验实际上为绍兴市的文化产业提供了新的发展机遇。通过数字化平台建设、智慧旅游系统建设等措施,绍兴市的文化产业实现了数字化管理和精准营销,进一步激发了创新活力。

在人才引进方面,绍兴市出台了一系列具有吸引力的引进政策,包括为高层次人才提供项目资助、房票补贴、租房补贴等优惠政策。绍兴市还设立了高层次人才服务窗口和"绿卡"制度,为人才提供便捷的服务和全方位的保障。这些政策的实施,有效吸引了国内外优秀人才来绍兴市创新创业。此外,绍兴市还设立了市级文化艺术类人才编制池,为文化艺术类高层次人才引进提供有力保障。绍兴市是全国首个将考古领队作为特殊人才向全国公选的城市。通过实施"名士之乡"系列重大人才工程,2022年绍兴市引进4名考古专家并向国家文物局申报考古发掘团体领队资质,为文化产业的创新发展注入了新的活力。

二、绍兴市文化产业发展现状

(一)产业总体发展现状

2022年,绍兴市高水平推进新时代文化绍兴建设,彰显文化铸魂塑形赋能的强大力量,构建文化发展新格局,增强城市软实力,促进文化产业提速发展。绍兴宋六陵考古遗址公园入选国家考古遗址公园立项名单,《绍兴大典》启动编纂,公祭大禹陵典礼、兰亭书法节、绍兴黄酒节、中国越剧艺术节、阳明心学大会成功举办;绍兴鉴湖旅游度假区晋升为国家级旅游度假区,率先实现省级全域旅游示范县(市、区)全覆盖。与此同时,绍兴大湖头遗址、嵊州下方山及周边墓群入选"2022年度浙江考古重要发现",宋六陵考古遗址公园入选"新时代浙江考古十大发现"。2022年,绍兴市旅游业总收入达410亿元,比上年增长8%;接待游客约290万人次,比上年增长5%。

(二)产业分类发展现状

1.新闻信息服务

绍兴市在广播电视基础设施建设方面取得了积极进展,这些进展不仅提升了广播电视的传输质量,扩大了其覆盖范围,还推动了新闻信息服务的发展。

2022年,绍兴市拥有广播电台6座、广播发射台及转播台4座、调频广播发射台8座(见表1)。绍兴市新闻传媒中心在2022年的预算中,投入了大量资金用于高清电视播出系统的改造。这一举措旨在提升电视节目的播出质量,使观众能够享受到更加清晰、逼真的视听体验。通过改造,绍兴市广播电视的播出系统更加先进,能够更好地满足观众对高质量电视节目的需求。

表1 2022年绍兴市广播机构情况

广播电台/座	广播发射台及转播台/座	调频广播发射台/座	乡(镇)广播站/座
6	4	8	79

数据来源:《绍兴统计年鉴2023》。

绍兴市还投入资金用于有线广播"村村响"市级运维。这一举措旨在保障农村地区的广播覆盖和播出质量,使广大农民群众能够收听到清晰、准确的广播节目。通过运维补助,绍兴市进一步巩固了农村广播网络的建设成果,提升了农村地区的公共文化服务水平。目前绍兴市通广播电视的有乡(镇)56个、街道47个、村庄1659个。具体如表2所示。

表2　2022年绍兴市有线广播基本情况

通广播电视的乡(镇)/个	通广播电视的街道/个	通广播电视的村/个	有线数字电视用户数/万户
56	47	1659	136.66

数据来源:《绍兴统计年鉴2023》。

2022年,绍兴市广播电台播出时间达52802小时,制作量达35545小时;电视台播出时间达48007小时,其中自办节目播出时间达18109小时(见表3)。为生产高品质内容以丰富市民的精神文化生活,提升绍兴市广播电视的品牌影响力,绍兴市高度重视广播电视技术人才的培养和储备。在2022年浙江省广播电视职业技能竞赛中,绍兴市共获得1个团体第一名、5个二等奖和8个三等奖,总成绩全省领先。绍兴市文化广电旅游局荣获"2022年全省广播电视技术能手竞赛团体奖"。

表3　2022年绍兴市广播、电视机构播出情况

广播电台播出时间/小时	广播节目制作量/小时	电视台播出时间/小时	自办节目播出时间/小时	电视节目制作量/小时	广播节目播出套数/套	电视节目播出套数/套
52802	35545	48007	18109	5861	8	8

数据来源:《绍兴统计年鉴2023》。

2.内容创作生产

2022年,绍兴市以提升"文旅幸福指数"为抓手,打通公共文化服务"最后一公里",积极探寻乡村公共文化服务高质量发展新路径。绍兴市打造"15分钟品质文化生活圈"700个,建成公共图书馆7家、城市书房16家、文化驿站9家,提升乡村图书馆30家,提升(新建)乡村博物馆60家。绍兴市以"建博物馆之城,践越文化高地"的思路,坚持"藏物固基、习文化人"的工作准则,联手保护、活化文物,打造、重塑绍兴文化高地,并依托"没有围墙的博物馆"这一称号,启动创建国家一级博物馆,助力打造"博物馆之城"。至2022年年末,绍兴市共有博物馆65家。

绍兴市在2022年组织了大量的群众文化活动,如送戏下乡、送书下乡、送展览下乡以及文化走亲等。据统计,2022年,绍兴市完成送戏下乡1815场、送书下乡690000册、送展览下乡1090场、文化走亲124场,举办各类主题性群众文化活动3000场,远超过2022年年初设定的目标。具体如表4所示。

表4　2022年绍兴市公共文化服务活动情况

送戏下乡/场	送书下乡/册	送展览下乡/场	文化走亲/场	各类主题性群众文化活动/场
1815	690000	1090	124	3000

数据来源:《绍兴市文化广电旅游局2022重点工作清单任务完成情况表》。

2022年,绍兴市开展文物安全大整治行动。全市文物保护单位、国有博物馆、文物考古研究机构、临时文物库房、临时文物陈列展览场所、文物保护工程工地及文物考古发掘工地文物安全责任人公告公示制度落实率达到100%;全市省级以上文物建筑安全智慧消防覆盖率达到100%。目前,绍兴市拥有文物保护单位453个、国家级文物保护单位32个、文物藏品135543件,具体如表5所示。

表5 2022年绍兴市文物事业情况

文物保护单位/个	国家级文物保护单位/个	文物藏品/件	一级文物/件	二级文物/件	三级文物/件
453	32	135543	188	824	3016

数据来源:《绍兴统计年鉴2023》。

绍兴市坚持开展非遗文化保护及创作。2022年,绍兴市成功举办第5届中国越剧艺术节活动,汇集全国15台越剧精品展演。绍剧《闹天宫》入选2022年全国地方戏精粹展演参演作品,《喀喇昆仑》入选文化和旅游部"艺术数字资源库";越剧《核桃树之恋》、歌曲《故乡》均获浙江省第15届精神文明建设"五个一工程"奖,新创排完成越剧作品4部。除此之外,绍兴市文化广电旅游局发布绍兴非遗LOGO和形象IP,创新设立首批10家非遗形象门店,省级以上非遗代表性项目达112项,数量居全省前列。浙江省文化和旅游厅公布,2022年绍兴非遗传承保护指数位居全省第2,该指数连续5年列全省前3。

3.文化传播渠道

在宣传方面,绍兴市文化广电旅游局2022年打造"国内新媒体宣传+海外推广+地推"全矩阵宣推平台,全力提升绍兴文旅的影响力和知名度。"东亚文化之都·绍兴""越音缭绕绍兴城""一元地铁游绍兴"等系列主题宣传多次入选全国市级文旅新媒体综合传播力指数TOP10榜单,中宣部海外媒体平台"发现美丽中国"等连续29次向全球推荐绍兴文旅资源、品牌。

在电影放映方面,2022年虽然受到新冠疫情等因素的影响,但绍兴市的电影放映事业仍展现出一定的韧性。具体票房数据可能因统计口径和时间节点不同而有所差异,但整体而言,绍兴市电影市场仍保持着一定的活跃度,电影观看人数达到379.80万人次,具体如表6所示。

表6 2022年绍兴市电影事业情况

电影院/个	电影放映场次/万场次	电影观看人数/万人次
66	69.69	379.80

数据来源:《绍兴统计年鉴2023》。

在艺术表演方面,绍兴市作为一座历史文化名城,其丰富的文化资源和独特的艺术表演形式为城市增添了浓厚的文化底蕴。艺术表演场所和剧场有利于艺术表演活动的成功举办,进一步提升了绍兴的城市形象和知名度。2022年,绍兴市拥有艺术表演场所即剧场6

个,如表 7 所示。

表 7　2022 年绍兴市艺术事业及活动情况

艺术表演团体/个	戏曲剧团/个	演出场数/场	观众人数/万人次	艺术表演场所/个	剧场/个
7	7	571	45.82	6	6

数据来源:《绍兴统计年鉴 2023》。

4.文化投资运营(文化园区、文化企业)

绍兴市通过实施重点文化企业培育工程,建立并动态更新市重点文化企业名录库,推动文化企业兼并重组和转型发展。绍兴市还积极兑现文化产业扶持政策资金,2022 年兑现政策资金 6580 万元,惠及市场主体 850 余家。这些资金有效激发了企业的生产创作热情,推动了文化产业的发展。在投资结构上,绍兴市注重优化投资结构,推动文化投资向高质量、高效益方向发展。一方面,加大对传统文化产业的投入,提升文化产业的核心竞争力;另一方面,积极培育新兴文化业态,推动文化产业与旅游、科技、金融等产业的融合发展。

同时,构建以绍兴古城为核心,以文旅度假区、特色小镇、文创园区为主体的产业发展平台,e 游小镇、珍珠小镇、人民文创园等功能区日益完善。e 游小镇自创建以来,累计总投资 62.3 亿元,引进各类数字经济企业 809 家,聚集创客 11000 余名;人民文创园通过提供优质的办公空间、创业孵化服务和文化交流平台,吸引了众多文化创意企业和个人入驻。这些园区不仅推动了文化产业的创新发展,还促进了文化产业与其他产业的融合发展,为绍兴文化产业注入了新的活力。

5.文化娱乐休闲服务

2022 年,绍兴市共接待游客 2543.5 万人次,比上年下降 7.8%;实现旅游总收入 357.6 亿元,比上年下降 6.0%。其中,接待国内游客 2543.1 万人次,国内旅游收入 357.5 亿元,分别比上年下降 7.8%、6.1%。1—11 月,全市优选并推进 233 个重点文化和旅游项目,计划总投资 1810.12 亿元,当年计划投资 366.35 亿元,实际完成投资 402.51 亿元,完成工作任务目标的 201.26%。

鉴湖旅游度假区成为国家级旅游度假区,绍兴市景区城创建率达 83%。2022 年年末,绍兴市有 A 级景区 83 个,其中 5A 级景区 1 个、4A 级景区 18 个、3A 级景区 38 个,3A 级及以上景区镇覆盖率超 80%。宋六陵考古遗址公园入选国家考古遗址公园立项名单,历史文化名城绍兴市拥有了首个国家级遗址公园,浙江宋韵文化传世工程取得了标志性成果。

三、绍兴市文化产业发展政策

绍兴市深入贯彻落实中央、省关于文化产业发展的决策部署,推动文化产业高质量发展,打造文化守正创新、文商旅融合发展的标杆城市。2022 年,绍兴市文化产业在新冠疫情下展现出了较强的韧性和适应能力,政府和企业共同采取了多项措施来应对新冠疫情带来的挑战,推动文化产业稳定发展。根据《关于应对疫情加快企业复工复产的若干政策意见》

要求,绍兴市制定了《应对疫情绍兴市文化产业定向补助政策》及实施细则,对受新冠疫情影响的文化企业(经营主体)进行定向扶持。而《绍兴市 A 级旅游景区恢复开放疫情防控措施指南》则指导绍兴市 A 级旅游景区在恢复开放过程中科学、精准、有效地做好疫情防控工作。2022 年绍兴市文化产业政策发布情况如表 8 所示。

表 8　2022 年绍兴市文化产业政策发布情况

发布机构	发布时间	政策名称
绍兴市委宣传部	2022 年 1 月	《应对疫情绍兴市文化产业定向补助政策》
绍兴市文化广电旅游局	2022 年 3 月	《绍兴市 A 级旅游景区恢复开放疫情防控措施指南》
绍兴市文化广电旅游局、绍兴市教育局	2022 年 4 月	《绍兴市文化艺术类校外培训机构准入指引(试行)》

数据来源:由政府公开政策整理而成。

四、绍兴市文化产业发展经验

(一)重大项目引领,打造文化地标

2022 年,绍兴市共培育 8 个有绍兴辨识度的"浙江文化标识建设"项目,"阳明文化""黄酒文化"成功入选浙江省首批文化标识建设创新项目(全省仅 10 个),曹娥庙历史文化街区修复改造建设工程、西施故里"一江两岸"文化旅游项目、天姥山景区 3 个项目入选浙江省首批文化基因解码成果转化利用示范项目(全省 20 个)。

1.寻迹阳明文化

绍兴市作为阳明文化的核心传播区,一直致力于将阳明心学作为增强文化自信的切入点,不断解码阳明文化基因,带领阳明文化渐渐走进千家万户。在王阳明诞辰 550 周年之际,历经多年保护开发的绍兴阳明故里建设完成,展露新颜,于 2022 年 10 月 31 日正式对外开放。该项目占地 1.8 万平方米,总投资 80 亿元,规划面积 40 万平方米。作为阳明故里综合保护项目一期工程,其最大限度地还原了王阳明先生生活、讲学等历史场景,并借助光影等多媒体技术,通过虚实结合的方式,展示了知行合一、致良知、心即理等阳明心学核心理念。作为绍兴市文化产业重点建设项目,绍兴阳明故里为中国乃至全世界阳明文化爱好者瞻仰遗迹、交流学术提供了一个崭新的平台,将成为国内阳明文化的新地标。

2022 年 11 月 23 日,由浙江省政府、国际儒学联合会主办的世界阳明学大会——2022 阳明心学大会在绍兴市召开,并举行了"阳明心学大会"永久会址揭牌仪式。"阳明心学大会"永久会址落户绍兴市,以及阳明文化主题书画创作展、王阳明教育思想及当代价值主题活动、全国大学生阳明朗诵赛等阳明文化活动的顺利举行,为阳明文化的传承与发展注入了新的活力,也加快了绍兴市打造阳明文化地标的进度。

2.解码黄酒文化

2022 年,绍兴黄酒文化与阳明文化一同入选浙江省首批文化标识建设创新项目,这一

重要里程碑不仅彰显了黄酒文化在浙江省文化版图中的独特地位,也标志着其在全国范围内的文化影响力得到了显著提升。

2022 年,中国国际黄酒产业博览会永久落户绍兴市越城区东浦黄酒小镇,更是为黄酒文化的传播与交流搭建了一个国际化的高端平台。该博览会的成功举办,不仅汇聚了国内外众多知名酒企,展示了黄酒行业的最新成果和创新技术,还吸引了大量游客前来参观体验,感受黄酒文化的独特魅力。这一盛事不仅促进了黄酒产业的交流与合作,也极大地提升了黄酒文化的知名度和美誉度。

东浦黄酒小镇作为绍兴黄酒文化的集中展示区,其独特的地理位置、丰富的历史遗存和完善的旅游设施,为黄酒文化的传播提供了得天独厚的条件。通过举办博览会等一系列活动,东浦黄酒小镇不仅成了黄酒文化的重要地标,也带动了当地经济的发展和文化的繁荣。

在加速建设绍兴黄酒文化地标的过程中,绍兴市还注重将黄酒文化与旅游、商贸等产业深度融合,打造了一批具有鲜明特色的黄酒文化旅游线路和产品。这些举措不仅丰富了旅游市场的供给,也满足了游客多元化、个性化的消费需求,进一步推动了黄酒文化的传承与发展。

3. 探源宋韵文脉

与阳明文化、黄酒文化相辉映,宋韵文化星火熠熠。绍兴市深度挖掘宋韵文化,积极推动宋韵文化的创造性转化和创新性发展,推动打造宋韵文化地标。

一方面,推进南宋遗址保护项目。宋六陵考古遗址公园入选国家考古遗址公园立项名单,2022 年度已完成考古发掘 2000 平方米。宋六陵是第 7 批全国重点文物保护单位,也是浙江宋韵文化的重要标识。同时,宋六陵是高规格宫殿式建筑群,代表着当时建筑的最高水平,蕴含着山水形胜之美、建筑器物之美和巨大的社会价值。2022 年 11 月 30 日,"守望——两宋皇陵考古成果展"在绍兴博物馆开展,这也是绍兴南宋皇陵(宋六陵)与巩义北宋皇陵考古出土文物首次联展。该展览共展出两宋皇陵考古出土文物 371 件(套),其中,首次对外公开展出宋六陵三号和四号陵园最新考古发掘文物 13 件(套),再现了大宋皇陵的布局、形制和埋葬制度,揭示了两宋皇陵的陵寝制度。

另一方面,不遗余力地打造宋韵文化品牌。绍兴市组织优秀文创企业参加在杭州市举办的"2022 文旅集市·宋韵杭州奇妙夜"活动,创作"宋韵绍兴"主题剧本杀并在国内重点城市剧本杀玩家主题店派送展示。绍兴博物馆开通绍兴博物馆官方抖音号、视频号,其中"宋代文物说唱"短视频在抖音上线,两日浏览量即超过 3 万人次。"三大特展"分别获全国数十家媒体集中报道,全网累计阅读量超过 1200 万人次,其中新华网关于"最是宋韵在绍兴"文物展、"两宋皇陵考古成果展"的报道的阅读量达 420 万人次。

(二)数字化转型与创新

绍兴市在数字文化产业方面取得了显著进展,由绍兴市"越生文化"建设的"中国近代教育文献全文检索知识服务数据库"入选中宣部国家文化产业发展项目库。同时,中国近代文献保护工程数据库、百强名社数字出版物交易阅读平台等一批数字文化项目相继实施,受到了各级各界的广泛关注。

在加速迈向"中国研学旅游目的地城市"的征途中,绍兴市携手中国旅游研究院及浙江省文化和旅游厅信息中心等权威机构,以前瞻性的视角和创新的魄力,深度挖掘数字化技术的潜力,匠心打造了"绍兴研学游一件事"这一革命性数字化应用场景。"绍兴研学游一件事"通过高度集成的数字化平台,实现了从行程规划、信息获取、资源预订到互动体验的全链条智能化管理。它利用大数据、云计算等先进技术,精准分析用户需求,为游客量身定制个性化研学方案,极大地提升了研学活动的便捷性与精准度。2022年,"绍兴研学游一件事"应用场景已上线"浙里办"和"浙里好玩",并参加了省委宣传部组织的网上路演,进一步彰显了绍兴市在文化产业数字化转型升级方面的坚定决心。

(三)文化与旅游、研学深度融合

绍兴市作为历史文化名城,拥有丰富的文化遗产和独特的旅游资源,具有得天独厚的优势。2022年,绍兴市积极响应国家文旅融合发展战略,通过多措并举,推动了文化与旅游、研学的深度融合,取得了显著成效。

绍兴市积极探索文旅融合新模式,通过节庆活动、特色演艺活动等形式,将人文体验与旅游相结合。2022年,绍兴市承办了第5届中国越剧艺术节,全市4台大戏入选精品展演,联动开展了一系列与越剧相关的活动,推动了越剧文化的传播和普及。同时,绍兴市还推出了"稽山鉴水——非遗主题之旅""走唐诗之路——探寻越音芳华之旅"等非遗主题旅游线路,让游客在旅游中体验绍兴独特的文化遗产。

2022年,绍兴市深挖本地文化内涵,发布了"走进课堂"鲁迅研学之旅、"文脉千年"唐诗之路研学之旅、"翰墨飘香"书法研学之旅等10条研学旅行线路,涵盖全市各县(市、区)著名景点,并申报39家省级研学基地(营地),评定13家市级研学基地(营地)等。2022年8月,由绍兴市文化广电旅游局报送的《绍兴研学旅行标准化发展及地方实践》获评"全国文化和旅游系统优秀调研成果"(绍兴市是全省唯一获奖市局),这是继2022年3月入选"浙江省文化和旅游系统2021年度十佳调研报告"后绍兴市的又一殊荣。

(四)文化产业集聚发展

绍兴市以文创大走廊建设为主要载体,明确了"一廊三带"发展规划布局,推动文化产业集聚发展。2022年,绍兴市共实施文创大走廊重点建设项目101个,计划投资174亿元。2022年1—6月,完成投资102.8亿元,完成年度计划的59.1%,实现时间过半任务完成过半。

绍兴市积极打造各类产业合作平台。2022年,浙江省政府正式批复同意设立杭绍临空经济一体化发展示范区绍兴片区,为产业协作提供了有力支撑。自2022年以来,绍兴市加速推进融杭联甬接沪产业布局,以文旅为纽带,做杭甬"双城记"的"金扁担"。2022"名城绍兴,越来越好"绍兴文旅推介会分别在杭州市和宁波市举行。推介会围绕绍兴生态山水、民俗文化、研学旅游资源等元素,通过城市宣传片播放、特色文旅资源推介、研学主题推介、越剧、绍剧等形式,勾勒出了绍兴市"泼墨成画,枕河而居,舟楫而往,听雨阑珊"的惬意生活,不断输出绍兴文化,扩大城市形象宣传推介的力度与广度,推动各方文化产业集聚发展。

五、绍兴市文化产业发展展望

(一)加强文化产业区域协同发展

绍兴市将构建以"绍兴古城"和"镜湖新区"两大文化核心为引擎的"一廊三带"空间布局。通过有机融合古城厚重的历史文化底蕴和新区优质的文化服务资源,形成文化版的"双城计"。同时,绍兴市构建以"城、区、镇、园"为主的四大特色产业平台,形成各具特色、协调发展的文化产业新格局。

此外,绍兴市将积极加强与周边地区的合作,推动文化产业区域协同发展。通过市场共拓、品牌共建等方式,将其丰富的历史文化资源,如鲁迅故里、兰亭、黄酒文化等,与周边地区共享,共同挖掘和保护文化遗产,促进文化资源的活态传承和利用。可建立文化产业信息共享平台,整合各地区的文化资源、市场需求、人才资源等信息,为文化企业提供便捷的信息查询和合作对接服务,实现文化产业在更大范围内的优化配置和协同发展。

(二)文化产业消费场景构建

绍兴市将结合产业集群谋划一批文化消费的新场景,注重培育新型文化业态和文化消费模式。通过引入潮流音乐节、国潮动漫展、创意集市等年轻态产品,满足群众个性化、多样化、主题化的消费需求。同时,加强公共文化供给,提升文化消费体验,形成需求牵引供给、供给创造需求的更高水平的动态平衡。

绍兴市将依托古城北综合体等夜间文旅消费集聚区,打造夜间经济新地标。如举办夜间文旅活动,丰富夜间消费业态,提升夜间消费活力,使古城北成为集夜间消费集结地、网红旅游打卡地、古城文化特色地于一体的绍兴文旅消费新地标。

(三)数字赋能文化产业

绍兴市将实施文化产业数字化战略,形成产业链上下游和跨行业融合的数字化生产、流通、消费生态体系。通过运用人工智能、大数据等新技术,改造提升传统文化业态,推动传统文化产业与数字创意产业的融合发展,打造具有地方特色的数字文化产品和服务,让传统文化产品以更加生动、直观的方式呈现给消费者,推动文化产业全面转型升级。通过建设数字内容创作基地和孵化平台,吸引和培养数字内容创作人才,鼓励和支持数字内容创作,包括数字音乐、数字影视、数字动漫等。同时,利用互联网和新媒体平台,拓宽数字内容的传播渠道,提高文化产品的传播力和影响力,满足人民日益增长的美好生活需要。

(四)文化品牌塑造

绍兴市将深入推进文商旅深度融合发展,擦亮"鲁迅故里""黄酒小镇"等城市文化"金名片"。通过加强保护传承、提升特色品牌、加大公共文化供给等措施,持续放大文化名片的效应,提升绍兴文化的知名度和美誉度。

绍兴市将积极推动文化"走出去"。培育"绍兴海外文化周"等对外交流品牌,联动全球海外中国文化中心,依托海外文旅媒体宣推矩阵,推动越剧、绍剧、书法、黄酒等优秀传统文化元素走出国门、走向世界。通过加强国际文化交流与合作,提升绍兴文化的国际影响力和竞争力。

参考文献

[1] 马宝英.绍兴"特色产业城市、文化休闲城市、生态宜居城市"的绿色城市设计与低碳城市规划之[A].2017年全国建筑科学学术交流会[C],2017(11).中国建筑科学,2014(7).

[2] 林佳萍.我市全力打造文化产业高地[EB/OL].(2022-08-03)[2024-08-17].https://www.sx.gov.cn/art/2022/8/3/art_1462938_59378635.html.

[3] 绍兴市文化广电旅游局.绍兴市文化广电旅游局2022重点工作清单任务完成情况表[EB/OL].(2023-02-21)[2024-07-30].https://sxwg.sx.gov.cn/art/2023/2/21/art_1229454477_4009481.html.

[4] 绍兴市文化广电旅游局.绍兴引进4名考古专家将向国家文物局申报考古发掘团体领队资质[EB/OL].(2022-07-28)[2024-08-17].https://sxwg.sx.gov.cn/art/2022/7/28/art_1229138318_58943421.html.

[5] 绍兴市文化广电旅游局.喜报!绍兴市在2022年全省广播电视职业技能竞赛中斩获佳绩[EB/OL].(2022-09-19)[2024-08-17].https://www.sx.gov.cn/art/2022/9/19/art_1229354839_59382458.html.

2023 年台州市文化产业发展报告

张云鹤　蔡佳晨

2022 年,台州市继续实施文化产业数字化战略,深化文化体制机制改革,进一步健全现代文化产业体系,扩大优质文化产品供给,大力扶持新兴文化业态,聚焦于相关产业人才培养,打造区域文化产业带。台州市将文化产业作为经济高质量发展的重要增长点,加快重点文化产业项目建设,促进旅游演艺共同发展,全力构建与现代市场体系相适配的文化产业发展体系,促进文化产业繁荣发展,着力打造好台州的文化"金名片"。

一、台州市文化产业发展环境

(一)区位环境

台州地处中国海岸带中段,浙江省南北中心点、海陆交界处,兼得山海之利,历史上素有"海上名山"之美称,是 21 世纪海上丝绸之路的重要节点城市。台州市东濒东海,南邻温州市,西连丽水市、金华市,北接绍兴市、宁波市,是长江三角洲中心区城市,也是浙江沿海的区域性中心城市与现代化港口城市。台州市地理位置得天独厚,居山面海,其中陆地总面积达 9411 平方千米,海域面积达 8 万平方千米,大陆海岸线长约达 740 千米,岛屿有 928 个,海岛岸线长约达 941 千米,岛陆域面积约达 273.76 平方千米。台州市现辖椒江区、黄岩区、路桥区 3 个区,临海市、温岭市、玉环市 3 个县级市和天台县、仙居县、三门县 3 个县及 1 个省级新区台州湾新区。截至 2022 年 11 月 30 日,台州市户籍总人口数达 604.95 万人,其中市区户籍人口有 164.48 万人,占总人口数的 27.19%。

(二)产业环境

台州市产业经济保持稳定增长,2022 年实现生产总值 6040.72 亿元,按可比价格计算,比上年增长 2.7%。其中,第一产业增加值达 330.06 亿元,比上年增长 2.9%;第二产业增加值达 2639.10 亿元,比上年增长 1.5%;第三产业增加值达 3071.56 亿元,比上年增长 3.8%;三次产业结构为 5.5∶43.7∶50.8。台州市区实现生产总值 2138.90 亿元,比上年增长 2.6%。相较于 2021 年,2022 年台州市经济增长速度有所放缓。

2022 年,台州市固定资产投资施工项目不断涌现,全年共计 4550 个,其中本年新开工项目 1544 个。全年固定资产投资比上年增长 6.5%。其中,第一产业投资比上年下降 56.1%,第二产业投资比上年增长 22.3%,第三产业投资比上年增长 2.4%。在固定资产投资中,工业性投资比上年增长 22.3%;工业企业技术改造投资比上年增长 9.7%;公共服务投资比上年增长 5.8%;民间投资与去年持平。全市农业生产平稳,总产值达 574.53 亿元,比上年增长 3.1%。全市实现工业增加值 2238.61 亿元,比上年增长 1.1%;规模以上工业企业有 5386 家,实现工业增加值 1538.71 亿元,比上年增长 0.3%;全年规模以上高新技术产业实现增加值 1001.59 亿元,比上年增长 0.3%;规模以上数字经济核心企业实现增加值 89.48 亿元,比上年增长 6.5%。整体经济稳中有进。

(三)文化环境

台州市历史悠久,文化底蕴深厚,9000 年前就有先民在此生息繁衍,是下汤文化发祥地、"和合文化"发源地、浙东唐诗之路目的地。台州市以"佛宗道源"之称享誉海内外,是佛教天台宗和道教南宗创立地,也是大陈岛垦荒精神诞生地和"活佛济公"的故里。台州市历史上才人辈出,从三国立郡以至清末,正史立传的历代名人有 96 位,南宋第一贤相杜范、布衣爱国诗人戴复古及大历史学家赵师渊皆出自台州。

2022 年,台州市继续推进文化事业发展,台州大剧院、温岭市文化中心等地标性文化设施建设顺利推进,黄岩区图书馆新馆、玉环市图书馆新馆、路桥区博物馆新馆先后建成开馆。台州府城文化旅游区成功晋级国家 5A 级旅游景区。台州 1 号公路入选浙江省交通和旅游融合发展试点名单。全市共有 2936 个行政村建有农村文化礼堂,实现农村文化礼堂应建村全覆盖,共有和合书吧 138 家、艺术表演团体 162 个、文化馆 10 家、文化站 129 家、公共图书馆 10 家,藏书量达到 252.70 万册。全年举办展览 2528 场次,组织文艺活动 95796 次。具体如表 1 所示。截至 2022 年年末,台州市拥有人类非遗 1 项、国家级非遗 17 项、省级非遗 115 项、市级非遗 382 项,以及全国重点文保单位 17 处、省级文保单位 83 处、市(县)级文保单位 418 处,这些都展现出了台州深厚的文化积淀。

表 1　2017—2022 年台州市部分文化事业发展指标

指标	2017 年	2018 年	2019 年	2020 年	2021 年	2022 年
艺术表演团体/个	208	225	224	175	163	162
举办展览/场次	1484	1767	2046	1815	1706	2528
组织文艺活动/次	10237	15480	25516	11854	18788	95796
藏书/万册	204.50	211.65	214.12	232.66	229.35	252.70

数据来源:《台州统计年鉴 2023》。

(四)创新环境

台州市围绕高水平建设国家创新型城市目标,坚持科技创新与体制机制创新"双轮驱动"。2022 年,科创走廊范围内落地 83 个创业人才项目,台州市新引入台州光电创新中心、航天环保工程技术研究院等高能级平台载体 18 家,新认定国家级众创空间 4 家、省级众创空间 4 家,新认定省级国际合作载体 1 家。2022 年,全市共有省级企业研究院 174 家、省级高新技术企业研发中心 566 家;新增国家重点扶持的高新技术企业 441 家,累计 1891 家;新增省级科技型中小企业 1229 家,累计 6836 家。全市共有市级以上众创空间 103 家,其中国家级 9 家、省级 36 家。台州市全年专利授权 36556 件,其中发明专利 2941 件,并实现技术交易额 223.46 亿元。

二、台州市文化产业发展现状

(一)产业总体发展现状

2022 年,台州市规模以上文化及相关企业有 340 家,实现营业收入 284.79 亿元,按可比口径计算,比上年增长 2.1%,增速比全省平均高 2.8 个百分点。

分产业类型看,文化批发和零售业、文化服务业营业收入均实现两位数增长,而文化制造业营业收入下降。2022 年,文化批发和零售业营业收入达 55.64 亿元,比上年增长 16.6%;文化服务业营业收入达 88.04 亿元,比上年增长 11.8%;而文化制造业营业收入达 141.11 亿元,比上年下降 7.5%。

分行业看,八大行业营业收入呈现"六降二升"。创意设计服务和文化消费终端生产营业收入实现两位数增长,其增速分别为 15.7% 和 22.7%;其他六大行业出现不同程度的下降,其中文化娱乐休闲和新闻信息服务营业收入降幅较大,比上年分别下降 19.8% 和 11.5%。

分领域看,台州市文化核心领域营业收入占全市文化产业营业收入超过六成。文化核心领域实现营业收入 172.82 亿元,比上年增长 2.3%,占全市文化产业营业收入的 60.7%,比上年提高 0.2 个百分点;文化相关领域实现营业收入 111.97 亿元,增长 1.6%。

分地区看,各县(市、区)营业收入增速相差较大。2022 年,营业收入增幅高于全市平均水平的有椒江区、温岭市、黄岩区,其营业收入分别比上年增长 9.3%、8.7% 和 6.2%;玉环市、天台县、仙居县和三门县营业收入降幅较大,分别比上年下降 17.3%、15.0%、14.7% 和 11.5%。具体如表 2 所示。

表 2　2022 年台州市规模以上文化及相关产业情况

地区	法人单位数/家	营业收入	
		总量/亿元	同比增幅/%
台州市	340	284.79	2.1
椒江区	33	23.17	9.3
黄岩区	75	49.13	6.2
路桥区	43	23.77	−0.9
三门县	8	2.32	−11.5
天台县	20	15.43	−15.0
仙居县	57	18.19	−14.7
温岭市	49	122.63	8.7
临海市	32	19.52	−1.7
玉环市	23	10.63	−17.3

数据来源:《台州市统计年鉴 2023》。

(二)产业分类发展现状

1.新闻信息服务

2022年,台州广播电影电视集团在巩固主体业务的基础上,开拓全新产业发展方向,正式进军户外广告媒体,与上海铁路文化广告发展有限公司、新潮传媒集团有限公司成功签约,围绕杭台高铁站、梯媒广告等领域,在机场、轨道交通等城市主要空间重点布局广告产业,携手打造长三角户外广告的路地合作。

2.内容创作生产

2022年年末,《启航2023——中央广播电视总台跨年晚会》以台州市作为主会场展开,将众多台州文化要素融入其中。舞蹈节目《台绣》对省级非遗以现代方式进行演绎;节目《宋韵之美》表演者则身穿赵伯澐墓出土的服饰"宋服之冠"复制品;晚会主题曲《千年永宁》将台州黄岩的故事娓娓唱来,唱出了一座城的山水魅力,勾勒出了台州黄岩的魅力轮廓。

台州市2022市民艺术节以"和合城台州潮"为主题,分五大主题活动开展。5项联动活动及2项线上活动,共同呈现了精品剧目表演、美术作品展览、沉浸式情景剧表演等40多场精彩活动。尤其是以台州市编排创作的精品剧目,包括由台州乱弹剧团创排的讲述共同富裕故事的现代戏《我的芳林村》、由台州市人艺话剧团创排的话剧《信念》等充分展示出台州市文艺创作的杰出成果。

台州博物馆于2022年推出了"等闲识得宋人面——宋代器物风情展""器道之约——胡嗣雄、胡一皓父子的瓯窑收藏与美学现象"等精品临展。此外,2022年8月30日,"喜迎二十大 共绘富裕路"长三角中国画名家优先展在台州市文化馆开幕;9月6日,41家台州乡村博物馆登上浙江省乡村博物馆榜单;12月10日,黄岩沙埠窑考古成果展亮相浙江省博物馆。这些都反映出了2022年台州市文博事业的蓬勃发展。

3.创意设计服务

在广告领域,台州市展现出强劲的发展态势。在2022年度浙江省广告业百强名单中,台州市共有4家企业顺利入选,并有2家企业入选全省数字广告业百强名单,该数量在全省各地级市中均位于前列。台州市广告业发展潜力巨大,利欧聚合广告有限公司等龙头企业表现出色。目前,台州市已有2家省级广告产业园区,入驻广告及关联产业企业281家,实现广告业务收入33.51亿元,并计划培育第3家省级广告产业园区,持续壮大产业优势。

在设计领域,台州市文化创意设计产业稳步前进,以大陈岛垦荒精神、和合文化、宋韵文化、海洋文化四大主题为代表,各大文创企业开发了一系列台州特色文创精品,如帆布袋、文化衫、笔记本等,受到游客的强烈欢迎。台州博物馆依托自身丰富的馆藏资源,积极开发各类博物馆文创,设计出独有的"台博君"IP形象,并衍生出20款文创产品,以"诗阅台州"文创礼盒最具代表;黄岩博物馆的Q版赵伯澐IP系列文创,则将宋服、五洞桥元素巧妙结合,提升创意价值。2022年6月28日,台州市启动"诗路匠心"2022台州市文化遗产文创设计大赛,共收集到1152件投稿作品,这些作品涵盖IP形象类、插画类、数字类、海报类、文创类等多个类型,有效地推动了诗路文化遗存的保护发展及丝路文化创新的传播转化,聚合了大批创意创新项目人才,帮助文化成果转化落地。

4.文化传播渠道

在电影放映领域,猫眼专业版统计数据显示,台州市2022年电影总票房达到1.72亿元,对比2021年的2.75亿元有一定幅度的下滑,但相比新冠疫情刚暴发时2020年的1.08亿元,仍取得明显进步。

在艺术表演领域,台州市拥有各类规模的艺术表演场馆,并在筹划建设全新的台州大剧院。目前较有代表性的台州市文化馆下辖多个表演场所,包括音乐室、剧场、排练厅、展厅等,会定时举办周二艺术影院、精品剧目展演等活动,提供丰富的文化表演。

5.文化投资运营

2022年,台州市在文旅系统方面继续做好项目攻坚工作,全市"四十百千"项目(含续建项目)共有71项,总投资额达791.5亿元,年度计划投资85.57亿元。其中,千亿投资项目共有24项,年度计划投资34.47亿元;新开工文化和旅游项目41项,总投资额达122.24亿元,年度计划投资21.7亿元。"四十百千"项目涵盖文旅基础设施、休闲度假、乡村旅游、高端业态等多个领域,其中包括仙居县仙山天空之城项目、天台县始丰湖夜游项目等。

台州市文化和广电旅游体育局在2022年根据新出台的产业发展政策,加大对各单位资金的扶持力度,对被新评为国家级及省级的文旅产业融合发展示范区、文化产业园区和夜间文旅消费聚集区的文旅单位分别给予50万元、30万元的奖励,对新评为国家级、省级的文化产业基地的文旅单位分别给予30万元、10万元的奖励。

6.文化娱乐休闲服务

2022年,台州市文化娱乐休闲服务业保持良好发展势头,但入境旅游人数有所下滑。截至2022年年末,全市共有187家旅行社、32家星级饭店与108个景区,其中5A级景区3个、4A级景区17个、3A级景区74个。台州府城文化旅游区成为新晋的5A级旅游景区。台州市政府与台州市文化和广电旅游体育局为了更好地帮助当地文旅企业度过危机,先后出台《2021年度台州市游客招徕奖励申报指南》与《2021年度台州市文旅产业发展扶持资金(以奖代补)专项申报指南》,从资金层面有效地缓解了各大文旅平台与企业的压力。

2022年,有3114.37万人来到台州市旅游,共创造了460.77亿元的旅游总收入(见图1),其中国内旅游人数达3113.94万人,创造了460.67亿元的旅游收入,共接待外国游客2747人,同比大幅减少,国际旅游收入仅为146万美元。在未来数字文旅大会暨首届数字文旅产业展上,台州市文化和广电旅游体育局"首展"6项重点数字化改革成果,充分展现了台州市数字赋能文旅产业的优异成果。此外,"台州人免费游台州"政策继续实施,24个景区定期定量向台州市民免费开放;13条台州精品旅游线路上榜2022年"浙里田园"休闲农业与乡村旅游精品线路;台州市首届文旅项目谋划设计大赛与"诗路匠心"2022台州市文化遗产文创设计大赛等系列活动顺利举办,"共富路上 寻味台州"2022年"百县千碗·台州十大碗"评选推广活动启动,进一步加快台州美食胜地建设。

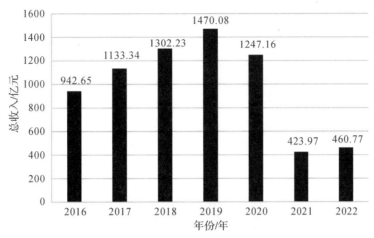

图1 2016—2022年台州市旅游总收入

数据来源:《台州统计年鉴2023》。

7.文化辅助生产和中介服务

在会议展览服务方面,台州市2022年成功举办了"宋韵台州 大雅府城"——首届台州府城宋韵文化艺术特展、方特·狂野大陆品牌发布会、"喜迎二十大 同绘共富路"浙东唐诗之路美术作品主题创作活动、第3届临帖书法作品展、第28届全国摄影艺术展览、台州(黄岩)模塑产业博览会等,有力塑造了台州市城市文化品牌,丰富了城市面貌。

在文化辅助用品制造方面,纸张作为文化产品基础材料之一,是重要的文化辅助用品。台州市2022年规模以上造纸和纸制品业企业数达74家,其中18家为亏损企业;新产品产值为321439万元,新产品销售收入达260898万元,其中出口收入为5758万元;资产总计678794万元,规模以上企业增加值出现一定下跌,降至110076万元(见表3)。

表3 2017—2022年台州市规模以上造纸和纸制品业企业发展情况

指标	2017	2018	2019	2020	2021	2022
企业数/家	52	59	69	70	74	74
企业增加值/万元	109398	138295	136767	122012	121459	110076

数据来源:《台州统计年鉴2023》。

在印刷复制服务方面,台州市2022年规模以上印刷和记录媒介复制业企业数量有所增长,达到71家,其中8家为亏损企业;新产品产值为122798万元,新产品销售收入达到114819万元,其中出口额为14822万元;资产总计536787万元,规模以上企业增加值出现一定下滑,跌至91298万元(见表4)。

表4 2017—2022年台州市规模以上印刷和记录媒介复制业企业发展情况

指标	2017	2018	2019	2020	2021	2022
企业数/家	51	50	51	58	66	71
企业增加值/万元	64674	66848	63980	72165	91461	91298

数据来源:《台州统计年鉴2023》。

8.文化装备生产及文化消费终端生产

2022 年,台州市拥有规模以上文教、工美、体育和娱乐用品制造业企业 165 家(见图 2),生产内容涵盖文教办公用品制造、工艺美术及礼仪用品制造、体育用品制造、玩具制造、游艺器材及娱乐用品制造等,其中亏损企业数达 30 家;规模以上文教、工美、体育和娱乐用品制造业新产品产值达 202706 万元,新产品销售收入达 160189 万元,资产总计 826748 万元。

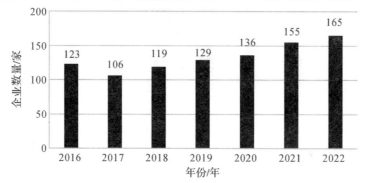

图 2　2016—2022 年台州市规模以上文教、工美、体育和娱乐用品制造业企业数量
数据来源:《台州统计年鉴 2023》。

此外,台州市 2022 年拥有规模以上文化、办公用机械制造业企业 2 家,其中亏损企业 1 家;规模以上文化、办公用机械制造业新产品销售收入达 2195 万元,资产总计 5912 万元。

三、台州市文化产业发展政策

(一)《2021 年度台州市游客招徕奖励申报指南》

2022 年 3 月,台州市文化和广电旅游体育局发布《2021 年度台州市游客招徕奖励申报指南》,进一步明确申报对象、奖励设置与奖励限额、申报时间、申报材料、申报程序及申报要求,以台州市当地依法经营的旅行社为申报主体,为其提供地接奖、疗休养团奖、包机专列奖、踩线推广研发奖、线上营销奖等五大类奖励,每一类均设置有限额奖金,用以进一步扩大台州市旅游客源市场,吸引更多游客来台州市旅游,推进台州市旅游高质量发展。

(二)《2021 年度台州市文旅产业发展扶持资金(以奖代补)专项申报指南》

2022 年 3 月,台州市文化和广电旅游体育局出台《2021 年度台州市文旅产业发展扶持资金(以奖代补)专项申报指南》,对台州市文化产业平台建设、特色文旅行业发展、文化创意产品开发及产品体系建设、文旅企业与高新技术融合发展等各类文化和旅游相关产业项目实行奖励补助、贷款贴息与房租补贴,支持台州市文化产业招大引强工作,并提出以搭建台州市文旅产业发展平台为重点、以推进台州市文旅产业重大项目建设为抓手,充分发挥专项资金的支持作用,带动台州市文旅产业实现高质量发展的思路方针。

(三)《台州市促进服务业纾困帮扶政策 50 条》

2022 年 4 月,台州市人民政府出台《台州市促进服务业纾困帮扶政策 50 条》,在统筹新冠疫情防控与经济发展双重任务叠加的情况下,针对台州市服务业经营成本上升、防疫开支增加等问题提出 3 方面共 50 条纾困帮扶政策。其包括普惠性纾困帮扶政策、分行业领域纾困帮扶政策与助企纾困服务保障政策,其中针对文化旅游业、会展及电影放映等重点服务领域,提出了费用减免、项目补助、保险服务、信贷支持等细化政策,规定发放 500 万元的文旅消费券,以旅行社优势线路产品为切入点,实行 30% 的线路产品补贴,带动沿线文旅消费产业等。

四、台州市文化产业发展经验

(一)实施项目带动,集聚产业共创协同发展

台州市坚持文化走出去与新兴产业项目引进来的发展方向,成立文化产业招商专业组,坚持大项目带动原则,近年来引进深圳华强集团有限公司在台州市分别建立了投资 30 亿元的台州方特·狂野大陆主题乐园与 100 亿元的熊出没小镇;在影视产业方面,引进香港欢喜传媒集团有限公司入驻台州影视文化产业园区并参与制作《疯狂的外星人》等著名影片。

文化产业园区作为文化产业发展的重要载体,在台州市取得了显著进展。台州市目前已拥有各类文化产业园区 30 多个,其中国家级文化产业示范基地 2 个、浙江省重点文化产业园区 4 个、浙江省文化创意街区 5 个,培育出了一批优秀的产业示范园区。通过椒江区老粮坊文化创意产业园、黄岩区模塑工业设计基地、路桥区广告创意印刷产业园等设计园区建设,促进文化、文产、文旅融合,以创意为支点带动经济发展,并新建一批引领性平台,加快椒江葭沚水城商业文化街区、滨江公共空间、天台和合小镇等平台建设,促使产业集聚发展水平进一步提升。从主体培育到园区开发,再到区域集聚,台州市通过串点成线、连片扩面,打造出具有台州特色的和合文化产业带,推进工业创意设计园区、文化创意街区、特色小镇等平台建设,进一步挖掘和赋能文化区域空间价值。

(二)筑立文化品牌,厚植根基凝聚发展力量

台州市丰富的历史文化资源与优越的自然资源条件,为其打造特色文化品牌提供了有力帮助,在品牌建设方面取得持续突破。"山海水城 和合圣地"是台州市最具标志性的城市品牌,这不仅是对台州市自然条件的精炼归纳,也成了台州市文旅的代名词。围绕天台山、神仙居、台州府城等著名山地景区,台州市充分挖掘其背后的历史文化底蕴,推出专属的浙东唐诗文旅路线,并举办众多以"唐诗之路,诗意台州"为主题的征文大赛类活动,让诗路文化成为台州市文旅的"金名片"。在海洋文旅资源开发方面,正在建设中的浙江台州 1 号公路将沿岸的海岛公园、历史文化遗址、湿地、度假区、渔港、传统习俗与海洋传说等自然、人文景观竞相串联起来,以大海岸线的独特布局对火山海岸地质地貌与当地海洋民俗进行融合展示,有效激发了台州市沿海地区的文旅潜力。天台县是和合文化全球论坛的永久驻地,"和合圣地"的文化标签体现出台州市和而不同的和合文化,这既是中华传统文化的精髓,也深刻影响着台州人的日常生活与民俗民风,浓厚的和合氛围遍布台州市的街头巷尾。从和合文化创意街区、后岸和合文化旅游特色村到龙溪和合文化研学基地、和合人间文化园等,

台州市已初步形成了全套的和合公共文化服务与文化产业体系。

(三)完善政策规划,保障产业发展行稳致远

台州市高度重视文化产业的发展,将其作为经济高质量发展的主要增长点之一,围绕当地海洋文化、佛教道教文化、唐诗之路与大陈岛等文旅资源制定了详细的发展规划。台州市政府不仅成立了台州市文化产业促进会,而且每年发布相关产业扶持政策,设立 5000 多万元的文化旅游发展资金,并将引进文化产业人才纳入市"500 精英计划"。尤其在 2022 年新冠疫情期间,台州市先后出台《2021 年度台州市文旅产业发展扶持资金(以奖代补)专项申报指南》与《2021 年度台州市游客招徕奖励申报指南》,用于激活寒冬中的文旅市场,在项目奖励补助、贷款贴息与房租补贴等多个方面给予有力帮助,极大地缓解了当地文旅企业的燃眉之急。

台州市多个县(市)纷纷立足于当地特色,出台相关发展规划与规划解读以引导文化产业有序发展。2022 年 7 月,椒江区人民政府发布《台州市椒江区文化、旅游、体育发展"十四五"规划》,明确提出要加快推动文化产业升级腾飞,进一步完善现代文化产业体系,推进"文化+"产业发展,加强文化企业创新能力,促进文化营销和文化消费,加快建设文化消费聚集区等发展方向。路桥区人民政府发布《台州市路桥区文化、旅游、体育发展"十四五"规划》,提出实现文化遗产的有效保护和传承利用,加快推进旅游目的地体系建设,全方位推进文旅产业提质增效,不断扩展文旅消费市场空间,进一步强化文旅市场监管力度等主要目标。

五、台州市文化产业发展展望

台州市当前存在着文化产业区域发展不平衡、城乡两极分化较为严重、产业基础支撑不够完善、文化资源挖掘程度不足、文化产业品类较为单一等问题,数字文化产业发展的欠缺与产品服务的数字化短板也成为其产业发展的重要阻碍。未来,台州市文化产业发展应着眼于以下几个方面。

(一)整合文化资源,构建联动发展格局

台州市拥有着较为丰富的文化旅游资源,能够通过充分的资源整合助推全市实现整体发展。要加快建设以诗路为脉的"天台山—神仙居—台州府城"三大高能级旅游景区,顺势串联起台州市沿线的历史遗存、人文生态、自然风光等优质文旅资源,打造浙江诗路文化带,形成浙东唐诗之路百里画廊等重要布局,加快实现台州市全域旅游发展。此外,围绕台州市"三核三岛八景"的滨海旅游资源,加快打造世界级海景公路,推动美丽廊道、美丽岸线与美丽海域建设。要深度挖掘台州市美食文化,谋划建设一批美食聚集区,并将其与台州市本土非遗相结合,集聚优势申创世界美食之都,市县联动、整合资源筹划"台州菜"民厨、民菜、民店大赛,形成民间美食矩阵。要加快各地美食聚集区建成投用,推动葭沚老街一期、中华美食一条街等项目开街,加强"台州菜"的品牌宣传,并积极培育台州"百县千碗"特色美食街区,持续打造国家级、省级夜间文旅消费聚集区,推动浙江台州 1 号公路沿线美食带建设,让

台州美食成为台州市文旅新名片。

(二)借势数字科技,赋能文化产业发展

台州市长期以来将文旅产业作为文化产业的发展重点,除影视产业外的其他数字文化产业发展较为滞后,需积极促进自身文化产业结构调整与转型升级。要在网络游戏、数字出版、数字音乐等方面开展更多的试点工作,支持数字内容创作,培育一批具有竞争力与创新性的本土数字文化企业,并通过制定出台产业政策扶持打造台州市数字文化产业园区,优化台州市的文化产业发展布局,对外引进优质的动漫、游戏等数字文化企业入驻,逐步形成自身的产业生态圈。

在传统文旅产业方面,同样要借助数字赋能带动产业发展。要将虚拟现实、增强现实、人工智能等数字科技应用于具体的文旅场景之中,增强游客游玩体验感,并通过对游客与产品销售大数据的挖掘,分析消费者偏好,进行产品设计与生产,运用新媒体手段做好产品营销与旅游推广,持续推进文旅数字系统的功能完善、宣传推介和整体运维,打造出贴近千万百姓的"互联网+文旅"现象级公共产品。要进一步优化数字化、智能化文旅服务,迭代升级台州市文旅数字平台,提升台州市文旅数字化服务,引领文旅企业发展,满足群众多样化需求。积极推广应用文旅安全码、燃气数字化巡检工具、省旅游安全监管在线平台等数字化手段,创新文旅项目运营的数字化监管。

(三)聚焦人才短板,提升产业人才资源

台州市文化产业的发展离不开相关产业人才的有效补充与智力支撑。针对当前的人才短板问题,要进一步完善人才评审机制与激励机制,积极制定发布产业人才扶持政策,通过多元的人才项目与计划,持续引进一批高端人才、紧缺人才、青年人才,整合各领域专业人才资源办大事,深度挖掘台州市的文旅资源与文化产业发展潜力,讲好台州市的文化故事,形成自身的文化品牌推广矩阵。要加快实施文化人才梯队培养计划,加速提升台州市文化产业人才队伍层次和水平,设立专属的文化产业相关智库与产业研究院,实行当地高校与地方文化企业的联合培养模式,优化高校文化产业相关学科培养体系,探索产学研深度融合培养体系,提升专业人才的应用型与复合型能力。

(四)发挥资源优势,推进文旅深度融合

台州市作为国家历史文化名城,坐拥3个5A级景区,在全国范围内处于领先位置,拥有强大的文旅发展潜力。未来,台州市要充分发挥自身资源优势,继续推进文旅深度融合发展。一是提升文旅载体能级。全面实施旅游景区转型提质行动,统筹推进台州府城文化旅游区、神仙居、天台山风景名胜区"千万级"核心大景区,以及路桥十里长街省级旅游休闲街区培育工作,加快旅游产品多样化、特色化、优质化转型发展。二是大力发展乡村休闲游。将文旅产业与共同富裕有效结合,充分挖掘台州市乡村民俗风情,大力推进"四市百村"乡村旅游带工程建设,加快3A级景区村庄创建,打造一批资源优势明显、产业发展领先的乡村旅游示范区。三是加强文旅服务支撑,聚焦"住"和"行",提升全市服务支撑能力。要协同交通运输部门,推动区间旅游交通取得实质性突破,搭建文旅产业公路与铁路直通体系。同时,开展文旅企业梯度培育,支持一批骨干企业加速发展,争创文化产业示范基地,实现文旅企业间的资源共享,积极组织研讨会、论坛等行业交流活动,增强产业发展集聚效应。

参考文献

[1] 丁如依,郭兰英.台州市城市品牌形象设计与推广研究[J].美与时代(城市版),2022(07):104-106.

[2] 高利红.乡村振兴背景下台州诗路文化旅游发展研究:基于沿线乡村居民协同参与视角[J].农家参谋,2022(07):66-68.

[3] 李弘.新旧动能转换思维下台州文化创意产业发展对策研究:以玉环为例[J].产业与科技论坛,2022,21(04):18-20.

[4] 台州市人民政府办公室.台州市促进服务业纾困帮扶政策50条规定[EB/OL].(2022-04-19)[2024-07-03]. https://www.zjtz.gov.cn/art/2022/4/26/art_1229564401_1674309.html.

[5] 台州市市场监督管理局.全省广告业百强名单出炉,台州上榜6家[EB/OL].(2023-08-17)[2024-07-03]. https://mp.weixin.qq.com/s/UQqaHiXiBrvU9Cni3aYRAA.

[6] 台州市统计局.台州市2022年国民经济和社会发展统计公报[EB/OL].(2023-12-25)[2024-07-03]. https://tjj.zjtz.gov.cn/art/2023/4/12/art_1229020471_58671978.html.

[7] 台州市统计局.2022年全市规模以上文化及相关产业收入增速超全省平均水平[EB/OL].(2023-02-18)[2024-07-03]. https://tjj.zjtz.gov.cn/art/2023/2/10/art_1229020471_58671654.html.

[8] 台州市统计局.2022年全市数字经济核心产业投资增长42.4%[EB/OL].(2023-01-30)[2024-07-03]. https://tjj.zjtz.gov.cn/art/2023/1/30/art_1229020471_58671590.html.

[9] 台州市统计局.2022年台州经济运行简况[EB/OL].(2023-01-19)[2024-07-03]. https://tjj.zjtz.gov.cn/art/2023/1/19/art_1229020471_58671558.html.

[10] 台州市统计局.2023年年鉴[EB/OL].(2023-12-25)[2024-07-03]. https://tjj.zjtz.gov.cn/art/2023/12/25/art_1229020475_58673230.html.

[11] 台州市外商投资发展中心.台州文创产业摁下"快进键"[EB/OL].(2023-3-17)[2024-07-03]. https://mp.weixin.qq.com/s/TdiSDnOrGudUdjd-uc_iEA

[12] 台州市文化和广电旅游体育局.关于印发《2022年度台州市文旅产业发展扶持资金申报指南》的通知[EB/OL].(2023-04-25)[2024-07-3]. https://wgltj.zjtz.gov.cn/art/2023/4/25/art_1229057564_3865800.html.

[13] 台州市文化和广电旅游体育局.关于印发2021年度台州市游客招徕奖励申报指南的

通知［EB/OL］.（2022-03-15）［2024-07-03］. https：//www. zjtz. gov. cn/art/2022/3/15/art_1229191223_1673473. html.

［14］台州市文化和广电旅游体育局.门红|"四十百千"再出发,台州今年重大文旅开工项目清单出炉［EB/OL］.（2022-2-16）［2024-07-03］. https：//mp. weixin. qq. com/s/9uLEmJtrr-SQs1NFBclm8w.

［15］王佳丽.全面发力,台州按下文化产业发展"快进"键［N］.台州日报,2021-09-02(005).

2023 年湖州市文化产业发展报告

宋　雪　郑琳涵

2022 年,湖州市坚持以习近平新时代中国特色社会主义思想为指导,坚持贯彻习近平总书记赋予湖州市"再接再厉、顺势而为、乘胜前进"的新期望、新要求,以深入建设人文新湖州为契机,传承好、挖掘好、弘扬好、运用好湖州市深厚的历史文化资源,以文塑形焕发"新生机",让文化软实力成为助推高质量赶超发展的硬支撑,奋力谱写中国式现代化精彩湖州篇章。

一、湖州市文化产业发展环境

(一)区位环境:长三角枢纽城市

湖州市地处长三角中心区域,是沪、杭、宁三大城市的共同腹地,是连接长三角南北两翼和东中部地区的节点城市;是"绿水青山就是金山银山"理念诞生地、美丽乡村发源地、全国首个地级市生态文明先行示范区;是一座建在枢纽上、长在风景里的城市。湖州市辖吴兴区、南浔区 2 个区和德清县、长兴县、安吉县 3 个县,面积达 5820 平方千米。2022 年年末,全市常住人口数为 341.3 万人,比 2021 年末增加 0.6 万人。2022 年,湖州市主动融入上海大都市圈建设,持续放大与沪、杭、宁等大城市的同城化效应,围绕加强跨省平台合作、产业创新协同等重点领域,签约一批长三角一体化发展重大合作事项,为进一步推动长三角地区一体化赋能高质量发展拓展新空间,成为长三角一体化融合的枢纽城市。"1211"综合交通重大项目促开工攻坚行动扎实推进,加快实施沪苏湖高铁、杭德市域铁路、湖杭高速公路、苏台高速公路、浙北高等级航道等项目,实现综合交通投资额在 247 亿元以上,形成长三角主要城市"一小时"区域交通枢纽门户。南太湖新区与上海张江高科合作打造半导体产业园,长三角(湖州)产业合作区进入开发建设加速期,湖州市接轨上海市创新合作区建设扎实起步,展现长三角科创枢纽城市新形象。

(二)产业环境

2022 年,湖州市持续深化"在湖州看见美丽中国"实干争先主题实践,把高质量发展作为首要任务,把实现人民对美好生活的向往作为根本目的,致力稳进提质、聚力攻坚破难、着力回升向好。2022 年,全市实现地区生产总值 3850.0 亿元,比上年增长 3.3%;人均地区生产总值为 112902 元,比上年增长 2.7%。其中,第一产业增加值达 161.1 亿元,比上年增长 4.6%;第二产业增加值达 1966.2 亿元,比上年增长 2.7%;第三产业增加值达 1722.7 亿元,比上年增长 3.8%。三次产业增加值结构调整为 4.2∶51.1∶44.7,形成工业和服务业协同推进的产业发展新格局。以新一轮制造业"腾笼换鸟、凤凰涅槃"攻坚行动为主抓手,深入实施工业全域有机更新,规模以上工业亩均税收达到 38.1 万元。梯度培育市场主体,入围中国民营企业 500 强 6 家,新增上市公司 5 家、国家级专精特新"小巨人"企业 44 家,市场主体逆势突破 50 万户。加快培育"八业千亿"乡村产业,引进千万元以上乡村产业项目 180 个,认定未来农场 20 家,农林牧渔业增加值比上年增长 4.8%。

(三)文化环境

湖州市是一座有着 100 万年人类活动史、2300 多年建城史的国家历史文化名城,是环太湖地区唯一因湖得名的江南城市,是"战国四公子"之一黄歇春申君的封地,是我国湖笔文化、丝绸文化、茶文化、瓷文化的发源地。湖学是宋韵文化的正脉所在,湖州市与海派文化渊源深厚,"两弹一星"元勋等湖州优秀儿女为城市精神谱系注入了强大基因。2022 年,湖州市坚持守正创新、变革重塑,推进文化和旅游全方位、深层次、高质量、可持续融合发展,高质量打造湖州文化生态新样本,高品质建设"湖光山色·度假之州"旅游目的地,为发展文化产业、建设人文新湖州奠定了良好基础。全市旅游业"微改造、精提升"实绩评价和乡村旅游经营总收入位列全省第 1,获批省级"江南文化探源"研学旅行产业试验区。多个项目入选全球首批国际地质遗产地名录、国家考古遗址公园及人类非遗代表作名录。

二、湖州市文化产业发展现状

(一)产业总体发展现状

1.文化产业稳进提质

2022 年,湖州市加快激活文化产业活力,集中力量攻坚推进 40 个重点文化产业项目,入选浙江省第 6 批成长型文化企业 10 家、浙江省成长型培育企业 6 家,数量分别位列全省第 2、第 1。扶持培育文化企业,安排 500 万元对文化企业进行贷款贴息补助,累计兑现扶持资金 364.8 万元,惠及文化企业 43 家,规模以上企业数比上年增长 27.5%,规模以上企业总营业收入比上年增长 30.42%。

2.文艺精品异彩纷呈

2022 年,湖州市以文艺精品丰富群众文化生活,系统深入实施"文艺精品攀峰"工程,加快优质文艺作品创作。首次举办第 10 届南太湖艺术节,评选出金奖作品 22 件、银奖作品 38 件、铜奖作品 82 件;创作歌曲《岁月生香》、书法《绿水青山》等一大批文艺作品。启动实施"文艺星火赋美"工程,5 部文艺精品获浙江省"五个一工程"奖,3 部文艺精品获浙江省"群星奖",舞蹈《星空下的高铁卫士》入围全国"群星奖"决赛。

3.公共文化惠民悦民

湖州市深入推进全国唯一的文旅公共服务融合、广播电视基本公共服务标准化、乡村博物馆建设等三大国字号试点,首次以市政府名义高规格举办南太湖艺术节,湖剧《国之守锷》

等文艺精品获浙江省第 15 届精神文明建设"五个一工程"奖。湖州市非遗馆、德清大剧院、南浔图书馆新馆对外开放,新增城市书房 14 家、文旅驿站 15 家、乡村博物馆 82 家,"15 分钟品质文化生活圈"数量达到 452 个。

4.文化遗产厚积薄发

湖州市加大文化遗产保护传承力度,推动 300 余枚乌程汉简回归湖州,央视大型文化纪录片《乌程青史》在湖州开拍,《典籍里的中国》陈列馆落户湖州。4 个考古项目获评"新时代浙江考古十大发现"等全省考古界最高奖。2 项湖州茶(安吉白茶、长兴紫笋茶)制作技艺被列入联合国人类非遗代表作名录,使湖州市成为全省唯一拥有 2 项制作技艺入选的地级市。

(二)产业分类发展现状

1.新闻信息服务

(1)新闻服务

2022 年,湖州市聚焦党的二十大、省(市)党代会、实干争先等重大主题,打造主流声音传播矩阵,获省级奖项共计 32 件,其中重大主题报道策划创新奖 1 件、一等奖 6 件。全年完成外宣稿件 4700 余篇(条),其中国家级 1863 篇(条)。

2022 年,湖州市各媒体平台共刊播重点新闻宣传报道 4.9 万余篇,刊发评论言论 400 多篇;新华社、《人民日报》等国家级新媒体重点平台首页首条的数量实现新突破,累计 8 条;探索国际传播新模式,境外媒体发稿 69 篇(条);自主策划的"走向共同富裕打造先行示范——'带动专家访专家'"融媒体新闻行动荣获浙江新闻奖重大主题报道策划创新奖。

(2)报纸信息服务

2022 年,湖州市出版各类报纸 10.9 万份,比上年下降 21.6%。其中《湖州日报》出版 4.7 万份,比上年增长 0.4%;《湖州晚报》出版 6.2 万份,与上年基本持平。湖州市订销报纸累计份数为 112819 万份,比上年增加 108579 万份;订销杂志累计份数为 3856 万份,比上年增加 3713 万份。

(3)广播电视信息服务

在广播领域,至 2022 年年末湖州市共有广播节目 7 套,平均每日播音时长为 145 小时,制作广播节目 31906 小时,广播人口综合覆盖率达 99.84%。在电视领域,至 2022 年年末湖州市有线电视用户数达 664247 户,有线电视入户率为 94.4%,电视人口综合覆盖率为 99.84%,平均每周播出 664 小时(见表 1)。市县联动,全域构建"1+3"标准体。市、县两级出台《广播电视基本公共服务标准化试点工作实施方案》,按照"市出基本,县出特色,两级联动,合力共建"的工作思路,形成《广播电视公共服务规范》《未来乡村智慧广电建设与服务规范》《智慧应急广播公共服务规范》《智慧广电服务乡村规范》等广播电视公共服务"1+3"标准体系。服务下沉,全力打通广电服务"最后一公里"。坚持内容为王,精准推送群众喜闻乐见的服务内容,《安吉有个"矛盾终点站"》荣获第 31 届中国新闻奖三等奖,实现历史性突破。

表1　2022年年末湖州市广播、电视基本情况

	项目	数量
广播	节目套数/套	7
	平均每日播音时间/小时	145
	制作广播节目/小时	31906
	广播人口综合覆盖人数/万人	472.03
电视	有线电视用户/户	664247
	有线电视入户率/%	94.4
	电视人口综合覆盖人数/万人	472.03
	无线电视平均每周播出时间/小时	664

数据来源:《湖州统计年鉴2023》。

(4)互联网信息服务

2022年,湖州南太湖智媒云2.0版成功获得软件著作权,"96345"数字惠民服务、南太湖智媒云和政务公开掌上专区等3个项目被中国地市报研究会授予全国地方党媒融合发展创新项目奖。湖州市加速建成以用户、业务、内容3个数据仓库为主的数据中台,完成141万个用户画像,人均标签132个,形成了一套自有的数据标签体系。开发"共富班车"等38项应用,让更多数字化改革成果惠及百姓,"南太湖钱包"功能入选2022年中国报业媒体融合"用得好"案例库名录。参与基层数据治理,智慧邻里场景在7个社区落地推广。利用"民意直通车"应用场景,开设"战疫工具箱"专区,每天收集近千条群众求助信息,实时解答群众反映问题,部门回复率达100%,累计访问超3000万人次。

2.内容创作生产

(1)出版服务

2022年,湖州市编纂出版《湖州契约档案文献图鉴》《凤凰行动·解码新湖商》等书籍,充分满足群众文化需求。持续提升主流媒体刊稿率,是全省唯一连续6年全域消灭"一报一刊""零稿县"的地市。编撰出版《浙江文史记忆丛书》(湖州卷及区县卷),《湖州味道》专栏编发文化基因解码52期,开展"宋韵湖州十二讲"6期。深入挖掘二十五史等传统文化典籍,组织编纂《典籍里的湖州故事》,收录62篇原创文章,讲好湖州历史经典故事,为"在湖州看见美丽中国"城市品牌塑造贡献史志力量。

(2)创作表演服务

2022年,湖州市以文艺品牌开创局面,树立全市文艺品牌"最'艺'是湖州"。联合举办第3届"赵孟頫杯"全国书法篆刻展、"人生只合住湖州"西泠印社湖州籍社员主题创作展、"艺江南——第3届长三角摄影艺术周"、"花开五四"首届莫干山全国青年空间艺术创意大展暨2022"言之有物"——浙江、重庆综合材料绘画交流展等一系列重大品牌活动。举办重大文艺展赛20余场次,市级以上媒体宣传报道160余篇,线下、线上观展人数超120万人

次。"书画进校园"工程推进有力,举办"沈尹默奖"湖州市第 3 届青少年书法篆刻展,组建"蒲公英"书画普及志愿者队伍,在湖州市志和中学、南浔区善琏学校等 6 所学校开展试点。

(3)内容保存服务

2022 年,湖州市持续建设高品质文化空间,打造精准化服务供给。至 2022 年年末,全市拥有文化馆 6 家,举办展览 937 个,组织文艺活动 4701 次;拥有公共图书馆 6 家;拥有乡镇街道文化站 72 家、博物馆(纪念馆)36 家;拥有文物保护单位 426 家,其中国家级 28 处、省级 54 处。湖州市博物馆新馆概念方案招标工作全面启动。

在公共图书馆领域,2022 年,湖州市公共图书馆总藏量达 448 万册,比上年增长 9.7%;其中图书藏量达 412 万册,比上年增长 9.8%。在博物馆领域,全国乡村博物馆建设试点获国家文物局结题验收,认定办法、管理办法成为全省推广的核心样本,全市建成乡村博物馆 119 家,其中 82 家通过省、市验收。

在文物保护利用方面,湖州市深入实施"文物安全整治年"行动,持续推进文物安全"三责三防四险"专项整治工作,属地政府主体责任有效落实。创新实施市级文物数字地图,上线不可移动文物数字监管平台,推动市本级三普登录文物"两划"进度达 60%。推动文物活化利用,实施宋韵文化不可移动文物活化利用方案编制,助力打造湖州文化生态新样本。安吉古城考古遗址公园入选第 4 批国家考古遗址公园名单,并获 2022 年"全球世界遗产教育创新案例奖"。

在非遗保护传承方面,蚕丝织造技艺亮相央视《非遗里的中国》;11 项国家级非遗项目保护单位评估完成,入选浙江省第 6 批非遗代表性项目 8 项;创成首批省级传统工艺工作站 3 家、省级非遗工坊 2 个;推进湖剧曲牌抢救和优秀剧目创排、复排,"绿水青山·旅居安吉"入选首批省级非遗主题旅游线路。

3. 创意设计服务

2022 年,湖州市用"在湖州看见美丽中国"视觉系统,策划制作城市画册,推进城市品牌落地应用见实见效。深度介入乡镇文化品牌挖掘包装,实现区、县、乡、镇街道合作全覆盖;发挥影视制作优势,提升活动组织等特色服务效能,策划承办各类活动会展 200 余场次。平面设计等技术输出、文创产品依托本土资源开展创意设计类定制、新媒体技术赋能;依托技术运维、移动直播视频制作、舆情评估、在线发券等服务及应用场景开发,改造提升户外广告,布局高铁站广告代理运营、遮阳棚改造等项目,抢占广告宣传阵地。

4. 文化传播渠道

(1)艺术表演

2022 年,湖州市艺术表演团体数为 85 个;拥有剧院 3 家,演出场次达 213 场次,演出观看人数达 13 万人次,总收入为 1918.7 万元(见表 2)。湖州市、区、县创新举办"4·23"全民阅读月活动、国际博物馆日、文化和自然遗产日主题活动及基层艺术活动,开展送戏下乡 850 场次、送书下乡 11.95 万册、送展览讲座 824 场次,放映农村公益电影 1.2 万余场次,举办"诗行远方"文化走亲、"喜迎二十大"主题文化活动 1000 余场次,举办"城市艺术课堂"等品牌公益培训 2258 班次,培训 30.8 万人次。

表 2　2022 年湖州市艺术表演团体基本情况

艺术表演团体/个	剧院/家	剧院演出场次/场次	观看人数/万人次	总收入/万元
85	3	213	13	1918.7

数据来源:《湖州统计年鉴 2023》。

（2）文化交流平台

湖州市成功举办首届文化博览会,全方位、多角度地展示湖州文化产业发展成果,共有 100 余家企业单位和 2000 余件文创产品参展,现场交易及达成合作意向累计 2.15 万笔。创新举办度假产业发展大会、首届长三角露营大会等品牌会展,主动赴澳门和上海大都市圈城市开展主题推介,并加强与央视等主流媒体和 OTA 平台的合作,促消费、提能级。以"文旅驿站""共富工坊"的形式搭建文化产业交流平台,引导村民加入工坊、文创企业等新型经营主体。

5. 文化投资运营

2022 年,湖州市率先启动文旅高峰塑造工程重大项目攻坚行动,出台《湖州市文化和旅游项目准入导引》,入库规模在亿元以上项目数量为 246 个,居全省第 2。设立"宿在湖州奖""组客来湖奖""升规上限奖"等 2500 万元专项资金助文旅企业纾困、提质,投资规模保持在 2200 亿元以上。推动南浔大象酒店等文旅项目完成年度投资 450 亿元,创历史新高,项目投资指标排名居全省前 2,所有县(区)的项目投资指标在全省 90 个县(区、市)中排名前 8。加快打造大运河诗路文化带旅游目的地,投入全省大运河诗路建设资金 4621 万元,完成南浔水晶晶美食城等项目投资 204 亿元。深入推进文旅融合发展,南浔古镇、太湖龙之梦入选第 2 批国家级夜间文旅消费集聚区,40 个重点文化产业项目完成投资 194 亿元。

6. 文化娱乐休闲服务

2022 年,湖州市接待总游客量为 2841.37 万人次,实现旅游总收入 459.31 亿元。旅游业增加值同比下降 6.58%,占生产总值比重为 6.88%,增速和占比分别居全省第 3、第 4。其中,全市接待国内游客 2839.70 万人次,国内旅游收入达 458.73 亿元,分别恢复至 2019 年的 21.5%、30.0%;接待国际游客 1.67 万人次,国际旅游总收入达 857 万美元,恢复至 2019 年的 5.7% 左右。具体如表 3 所示。

提升乡村旅游资源质量,打造旅游度假品牌,不断健全产业链条。打造景区村庄 2.0 版本,新增示范景区村庄 21 个,3 个村入选省级 3A 级景区村庄培育名单,实现 3A 级以上景区全覆盖,10 个村、5 个镇入选浙江省乡村旅游重点村镇名录。培育一批"民宿＋露营""民宿＋非遗""民宿＋音乐"等不同风格的主题民宿,新创建省级民宿 24 家、文化主题(非遗)民宿 4 家,民宿总数突破 152 家,继续保持全省领先。安吉县、长兴县、德清县连续 4 年进入全国县域旅游综合实力百强县前 10 位,分别列第 1、3 和 7 位。

坚定不移地招大引强、招强引优,新签约矿坑运动乐园等文旅项目 117 个,全市度假接待设施、景区景点、旅游娱乐综合体等度假类项目数量占项目总量的 61％，较上年提升 12％。新入选省级民宿和文化主题（非遗）民宿 28 家、省采摘旅游体验基地 10 家，认定金（银）百合乡村酒店 11 家。发布"湖州生态宴"，入选全省"百县千碗"美食旗舰店 1 家、美食镇 1 个、美食体验店 5 家。

表 3　2022 年湖州市旅游业综合情况

指标	数量
总游客量/万人次	2841.37
国内游客/万人次	2839.70
旅游总收入/亿元	459.31
国内旅游收入/亿元	458.73
国际旅游收入/万美元	857
接待入境过夜旅游人数/人次	16681
星级饭店/家	24
A 级景区/个	96
省级旅游度假区/个	7

数据来源：《湖州统计年鉴 2023》。

7. 文化辅助生产和中介服务

（1）文化辅助用品制造

从机制纸及纸板产量来看，受市场低迷、纤维原料短缺、能源原料等主要生产成本攀升等因素的影响，造纸企业生产经营面临增产不增利、旺季不旺、淡季更淡的严峻局势。全市拥有规模以上机制纸企业 16 家，居全省第 5 位；完成机制纸及纸板产量 61.92 万吨，同比增长 2.9％，占全省总产量的比例仅为 3.87％。具体如表 4 所示。

表 4　2022 年湖州市规模以上机制纸企业、机制纸及纸板产量情况

规模以上机制纸企业		机制纸及纸板产量		机制纸及纸板产量同比增长		机制纸及纸板产量占全省总产量的比例	
数量/家	排名	产量/万吨	排名	增速/％	排名	占比/％	排名
16	5	61.92	7	2.9	4	3.87	7

数据来源：《浙江省造纸工业 2022 年运行报告及 2023 年展望》。

（2）印刷复制服务

2022 年，湖州市规模以上印刷和记录媒介复制企业营业收入保持稳定增长，但利润同比下降。湖州市规模以上印刷和记录媒介复制企业全年实现营业收入 29.4 亿元，同比增长 3.5％；利润总额达 0.8 亿元，同比下降 13.9％。具体如表 5 所示。

表5　2022年湖州市规模以上印刷和记录媒介复制企业数量及效益情况

企业数量/家	营业收入		利润总额	
	金额/亿元	同比增长/%	金额/亿元	同比增长/%
40	29.4	3.5	0.8	−13.9

数据来源:《湖州年鉴2023》。

8.文化装备与文化消费终端生产

湖州的文化产业制造业中,主要以办公用品、乐器和游艺器材及娱乐用品等文化用品的制造为主。2022年,湖州市在夯实传统文化产业承载的基础上,持续推动文化智造高端化、品牌化,聚焦文化产业制造业绿色化,不断推动行业平台数字转型,通过做好淘汰与集聚2篇文章,实现历史经典产业和"老字号"华丽蜕变,加速新兴产业提质增效,努力创建"东亚文化之都"。在文化消费终端方面,推动产业不断优化升级,虽然经济效益有所下降,但大体呈现稳步发展的良好态势。以文教体育用品制造为例,规模以上企业实现营业收入81.7亿元,同比下降7.2%;利润总额为2.9亿元,同比下降3.0%。

2022年,湖州市湖笔产业共有生产和经营企业118家、家庭作坊204家,生产湖笔1300多万支,湖笔及其相关产业年产值近11.7亿元。其中有30多家湖笔企业积极探索抖音、小红书等直播营销模式,抱团网上销售,网上销售额近1.8亿元,约占湖笔行业销售总额的60%。湖州市研究出台全省首部保护历史经典产业的地方性法规——《湖州市湖笔保护和发展条例》,成功夺得全省制造业最高荣誉——"浙江制造天工鼎",省级以上领导对湖州市工业批示次数达13次。

三、湖州市文化产业发展政策

(一)《湖州市文旅融合"五百五千"工程三年行动计划(2022—2025)》

2022年,湖州市文化广电旅游局按照浙江省文旅融合"五百五千"工程启动会会议精神及《浙江省文旅融合"五百五千"工程三年行动计划(2022—2025)》工作部署,举办"五百五千"工程启动仪式并发布《湖州市文旅融合"五百五千"三年行动计划(2022—2025)》。文旅融合"五百五千"工程是浙江省的一项战略性举措。湖州市充分融入本地元素,实施文旅融合"五百五千"工程文旅业态体验点建设,以融合业态为抓手打造南太湖观光大道文旅资源聚集区,努力提升文旅公共服务功能性。

(二)《湖州市推进国家知识产权强市建设试点城市工作方案(2022—2025年)》

2022年,湖州市人民政府按照国家知识产权局印发的《关于确定国家知识产权强市建设试点示范城市的通知》(国知发运字〔2022〕33号)的工作要求,结合湖州市实际情况,制定《湖州市推进国家知识产权强市建设试点城市工作方案(2022—2025年)》,并提出推进高质量品牌建设。助推打造"在湖州看见美丽中国"城市品牌,深入推进"浙江制造"产品认证和"品字标"区域公共品牌建设。实施高知名度商标培育计划,加强重点产业商标建设,形成品牌规模效应。

四、湖州市文化产业发展经验

(一)聚焦传承创新,擦亮历史"文化名片"

协调传承、保护与融合发展,全方位打造人文新湖州。加强文化保护传承利用,传承振兴湖学文化,创新发展丝绸、书画、茶、湖笔等传统文化,结合"湖笔文化节""苕溪茶会"等特色民俗文化活动、研学教育活动等形式,探索建立一批体现城市品牌的文化旅游 IP,将传统文化、非遗资源在传承中再开发、再活化,彰显湖州城市文化底蕴。重视文化遗产保护利用,抢救修缮不可移动革命文物,实现不可移动文物数智监管,高质量完成市级文物数字地图、"两划"项目。推进新博物馆、科技馆、少年宫和湿地公园等项目规划设计,融入城市休闲、文化展览、生态展示等功能,打造"湖山间的文化客厅"。有序实施城市有机更新,加快建设老城历史文化区,打通市河沿线文化展示路径,激活历史文脉,差异化、特色化植入新业态功能,重现街巷里的厚重文化。

(二)聚焦民生福祉,擦亮群众"幸福名片"

深入实施文化惠民工程,高质量完成"湖城文化"民生实事项目,公共图书馆分馆、文化馆分馆实现乡镇覆盖率 100%。推动全民阅读,打造书香城市,提升全民科学、人文、健康素养,线上、线下联动开展全民阅读月、国际博物馆日、文化和自然遗产日等主题性文化活动,服务指数争先晋位。持续优化城乡文化空间布局,落实《文化和旅游公共服务机构功能融合建设和服务规范》,全省公共文化服务现代化领航项目(文旅驿站)通过验收。聚焦构建现代化公共文化服务体系,积极实施品质文化提升行动,突出全域、均衡、可及,全力打造小而美的文化新空间,持续供给家门口的文化活动秀,有效激活城、镇、村的文化主阵地。常态化开展"文艺赋美"活动,将各类优秀文化广泛地传播到普通老百姓的耳边、眼前、心中。开好"村游富农"班车,推进"千户农家旅游致富"计划,创新乡村文旅运营模式,推进新时代乡村旅游产业融合发展试验区建设与农民"持股增收"计划,探索乡村旅游项目分红新模式。制定出台地方标准《未来民宿建设指南》,开展民宿标准的改革试点。科学规划田园风光整体风格的设计、农文旅产业的集聚升级和智慧管理平台的打造,推进文创集市、乡村剧场、文创休闲空间等场所的提档升级,提升乡村文旅融合发展的吸引力和竞争力,形成全域携手共建、协调发展新格局。

(三)聚焦文化强市,擦亮特色"产业名片"

跨界融合、提质增效,实现文化产业与现代产业要素跨界配置,持续探索文化产业发展的新模式、新路径。一是文旅聚合赋能,让文旅经济成为"点绿成金"的样板经济,推动文化和旅游产业成为绿色低碳共富的重要增长极。围绕"湖光山色·度假之州""极限之都·户外天堂"等区域品牌,高品质打造长三角休闲娱乐中心、中国江南文化体验中心和国际乡村度假中心。培育露营休闲、旅游会展等新兴业态,壮大滨湖旅游、乡村度假等优势产业,构筑文旅产业生态圈,争创国家文化和旅游消费示范城市。二是文化与科技水乳交融,以科技和文化产业的蓬勃发展赋能城市的绿色发展、促进共同富裕。"环浙工大创新经济圈"启动莫干山 AI 影视城,紧抓机遇,不断引进、培育影视文化产业及相关产业企业,带动其上下游的摄影棚、研学活动、旅游、表演等企业,辐射整个文化产业链。湖笔产业结合现代科技,通过数字赋能打造新时代经典文化品牌,创新商品二维码的识读解析等功能,将本土 IP 文化与数字系统有机结合,激活整体业态转型升级。

(四)聚焦规范发展,擦亮治理"法治名片"

法治文旅建设取得显著成效,推动文化产业市场平稳有序发展,为绘就"在湖州看见美丽中国"的幸福图景营造良好环境。全面加强法治文旅建设体系,以实际行动引领文化市场综合执法工作法治化、程序化、规范化、制度化建设。加快推动《湖州市非物质文化遗产保护条例》等立法工作,深入推进落实《中华人民共和国文物保护法》《湖州市乡村旅游促进条例》《湖州市露营营地景区化管理办法(试行)》等政策。数字赋能综合执法能力,提升综合执法数字化水平,优化营商环境。进行"证照分离",实现许可事项的网上办理,全年实现告知承诺审批办件 47 件,优化审批服务 129 项。不断深化政务 2.0 办件全过程、全维护、无异常,共办理政务办件 1578 件,全部审批事项"一网通办率"达 100%。紧盯新业态监管,织牢织密安全生产网络。在全省率先出台《湖州市旅游新业态安全监督管理办法》等多个行业管理规范,系统构建多部门全过程联合监管体系,实现度假项目全生命周期监管。同时,根据《湖州市旅游新业态项目多部门全过程联合监管实施办法》,对全市旅游新业态项目设施设备开展逐条逐项对照检查,针对新增威亚、新西兰滑板车 2 个旅游新业态项目的安全管理,出台管理规范,完善安全监管体系。

五、湖州市文化产业发展展望

(一)打造品牌传播矩阵,活化文化标识优势

打造品牌传播矩阵。坚定不移地走绿水青山就是金山银山之路,持续高质量打造湖州文化生态新样本,擦亮历史底蕴深厚的"文化名片"、绿色低碳发展的"产业名片"、长三角一体化发展的"开放名片"、共同富裕先行的"幸福名片"。以"在湖州看见美丽中国"实干争先主题实践为总抓手,以名城、名镇、名村为纲,以頔塘、溇港、运河为线,激活文化古迹、历史建筑和名镇名村,生动展示湖派宋韵文化、吴越文化等文化主题。加速文化对外传播,加大对湖笔、丝绸、茶、瓷等"源文化"的研究,成立陆羽茶文化国际推广基金,打响"茶和天下"品牌。合力推进"东亚文化之都"申办工作,持续加大优秀传统文化向日、韩、东南亚地区的传播力度,提升湖派文化影响力,为全省乃至全国文化走出去赋能。持续深入开展文化基因解码工程,推进江南文化标识建设,培育文化基因解码成果转化利用创新项目,打造宋韵文化、湖学文化等活化利用示范项目,创建省级示范文旅 IP、省级产业融合示范基地。

(二)扩大优质文旅供给,强化供需精准对接

以文艺精品促进文旅高质量融合。实施"文艺精品攀峰"工程,打造文艺原创强市,建立

完善的全周期文艺精品服务机制,规划一批重大主题创作项目,注重国家级、省级获奖作品的持续巡演和后续传播。提升湖州影视城、太湖龙之梦乐园等基地,推出更多互动式影视体验项目。鼓励文旅体融合业态发展壮大,支持开展文化基因激活工程,拓展"文化＋旅游＋体育＋产业"的融合发展,支持集文化、旅游、体育等属性的重点产业发展,支持公共文化体育设施及场所建设,增强旅游休闲功能。切实加强历史文化保护传承,有序推进湖丝、湖笔、湖茶等文化标识融入美丽城镇建设,全力打造文创、康养、旅游等新兴产业,实现历史遗存与城镇公共服务、产业发展有机融合。依托"一湾引领、两带并进"的文旅产业发展总体空间格局,集聚资源要素,实现产品与要素配置有效衔接,提升产业发展水平,构筑完善的文旅产业生态圈层。发挥省文化产业发展专项资金的引领、撬动作用,加大对文化产业项目的支持力度。推进环太湖生态文化旅游圈联动发展,加快推进环太湖生态文化旅游圈建设,提升湖州市在环太湖城市文化和旅游融合发展的核心地位。

(三)落实链接产业协同,加速新业态繁荣跃升

坚持招智选资、招大引强,培大育强文化旅游、影视传媒、会展业等新兴产业,全力推进"一湾极化、两廊牵引、多区联动、全域美丽"生产力布局。聚焦文化产业发展需求,加大力度招引数字内容、影视产业等新业态重大项目和企业。集中优势资源,遴选认定一批龙头文化企业、重点文化企业、成长型文化企业、文化和旅游梯度培育企业、重点文化产业园区、省级文化创意街区,给予一定奖励。强化创意驱动、美学引领、艺术点亮、科技赋能,加快推动传统文化产业、旅游业向时尚化、智能化和国际化转型,打造新业态产业链,实现上下游企业共同体集体破圈。建立一批省级数字化文化创意产业试验区与数字文化产业集聚发展新平台,打造长三角区域一流的绿色全景片库,培育一批具有湖州特色韵味的文化品牌,讲好湖州故事。

(四)加强新兴业态监管,确保文旅消费安心

要直面"旧办法"不匹配"新业态"的症结,积极探索制定文旅市场新业态的行业监管办法,分析本地区出现的新业态安全风险,有效解决行业领域存在的监管空白、监管交叉和职责不清等问题,强化新业态安全监管力量,构建起全领域安全监管体系。积极转变工作思路,努力建立、完善以"服务"为核心的文化市场行政执法(监管)工作体系。引入第三方专业机构开展"诊断式""专家门诊"检查,推动"安心玩"文娱场所安全监管在线实现区、县全覆盖。持续开展全省数字化改革湖州文旅应用试点,积极融入省、市、县 3 级联动应用平台,升级"湖州度假"平台,统筹智慧化旅游监管与调度,实现重点场所信息推送、客流承载、安全防范、舆情评估等方面的实时功能全覆盖,实现全域游客"安心游""安心玩""安心营"。加快传统消费数字化转型,促进电子商务、直播经济、在线文娱等数字消费规范发展。支持线上、线下商品消费融合发展,提升网上购物节的质量,加强移动支付等安全监管。推动平台经济规范健康持续发展,持续推动创新突破,开辟更多新领域、新赛道,进一步完善相关领域服务标准。

参考文献

[1] 湖州市人民政府.2023 年湖州市政府工作报告[EB/OL].(2023-03-06)[2024-08-03].
https://www.huzhou.gov.cn/art/2023/3/6/art_1229513689_3914727.html.

[2] 湖州市人民政府.湖州市文旅深度融合工程实施方案(2023—2027 年)[EB/OL].(2023-4-
05)[2024-08-03].https://www.huzhou.gov.cn/art/2023/4/5/art_1229561845_1670838.
html.

[3] 湖州统计局.湖州统计年鉴 2023[M].北京:中国统计出版社,2023.

[4] 湖州市文化广电旅游局.湖州市文化广电旅游局(文物局)2023 年工作要点[EB/OL].(2023-02-
22)[2024-08-03].https://whgdlyj.huzhou.gov.cn/art/2023/2/22/art_1229513091_3914078.html.

[5] 中共湖州市委党史研究室.湖州年鉴 2023[M].北京:方志出版社,2023.

2023 年嘉兴市文化产业发展报告

吴怡频　李梦瑶

2022 年,嘉兴市全面开启高水平建设社会主义现代化先行市,着力守好红色根脉,不断放大"两个文化"交相辉映的发展优势,围绕"不忘初心地"和"走新时代路"两大主题,塑造文化复兴嘉兴文化标识。推进禾城文化复兴行动,促进文化基因解码工程,打造具有地域特色的嘉兴文化标识。同时,嘉兴市放大历史文化效能,大力挖掘各级非遗资源,强化非遗的活态传承;构建城乡博物馆体系,形成布局合理、类型多样、特色鲜明的博物馆体系。另外,嘉兴市紧扣"文化和旅游领域促进人民群众精神富有市域试点"这一重大发展课题,全面推进"两个文化"传承保护等五大工程及农民"文化共富"行动等百个项目,探索文化和旅游促进人民群众富有实践路径,形成全域共建、全民共享的精神共富格局。嘉兴市发挥"头雁效应",推进重大文旅项目建设,探索大众旅游"嘉兴实践"。建设智慧文旅大脑,探索行业治理的"嘉兴经验",建成"文化有约·精神富有"的驾驶舱,整合公益性文化场馆和社会文化机构的力量,开展文化活动。

一、嘉兴市文化产业发展环境

(一)区位环境

嘉兴市,别称"禾城",是浙江省地级市,也是长三角城市群重要城市、上海大都市圈重要城市、环杭州湾大湾区核心城市、杭州都市圈副中心城市、沪嘉杭 G60 科创走廊中心城市,位于浙江省东北部的长江三角洲杭嘉湖平原腹地。嘉兴市处江河湖海交汇之位,扼太湖南走廊之咽喉。作为沪杭、苏杭交通干线中枢,嘉兴市交通便利,高铁可在 1 小时内直达杭州、上海,实现与周边城市的高效联通。同时,借助优越的地理优势,嘉兴市积极融入上海、杭州都市圈,协同共建平湖—金山产城融合发展区等省际毗邻区、张江长三角科技城平湖园、上海漕河泾新兴技术开发区海宁分区等合作平台。加强海宁市、桐乡市融杭板块协同,大力推进杭海新区建设。积极推动嘉湖一体化、甬嘉一体化和苏嘉一体化。

作为长三角区域的重要一员,嘉兴市紧邻上海市、杭州市等经济文化强市,享有便捷的交通网络和丰富的资源辐射,市场需求旺盛,消费潜力巨大,这为嘉兴市文化产业提供了广阔的市场空间,也为区域文化的交流与融合搭建了桥梁。"十四五"期间,嘉兴市扎实推进枢纽嘉兴建设,加快构筑以"三圈三枢纽"为标志的高水平现代化交通体系,扩大轨道交通,加强与长三角城市的连接,加密沪嘉杭通道,构建苏嘉甬通道,谋划嘉湖通道。近年来,嘉兴市文化产业单位数和文化产业增加值持续增长。2022 年,嘉兴市新增规模(限额)以上文化单位 1206 家,规模(限额)以上文化单位实现总产出 851.79 亿元。凭借优越的区位优势,嘉兴市得以吸引大量文化企业和机构入驻,形成文化产业资源的集聚效应。

(二)产业环境

2022 年,嘉兴市生产总值为 6739.45 亿元,比上年增长 2.5%,人均生产总值为 121794 元。其中第一产业增加值为 144.01 亿元,比上年增长 2.4%;第二产业增加值为 3719.61 亿元,比上年增长 2.9%;第三产业增加值为 2875.83 亿元,比上年增长 2.0%。嘉兴市财政总收入为 1029.99 亿元。嘉兴市进一步深化"腾笼换鸟、凤凰涅槃"攻坚行动,全力实施"凤凰行动"和"上市 100"专项行动,新增上市公司 11 家,列全省第 2 位;累计上市公司 80 家,列全省第 4 位。

(三)文化环境

嘉兴市建制始于秦,有 2000 多年的人文历史,自古为繁荣富庶之地,素有"鱼米之乡""丝绸之府"的美誉,是一座具有典型江南水乡风情的国家历史文化名城。嘉兴市历代名人辈出,涌现出沈钧儒、茅盾、金庸、徐志摩、王国维、丰子恺、张乐平等名家大师。近年来,嘉兴市积极实施"文化强市"战略,通过打响嘉兴端午民俗文化节、嘉兴国际漫画双年展、乌镇戏剧节等特色品牌,广泛开展市民文化艺术节、乡村文化艺术周、"文化走亲"等群众文化活动,有效地丰富了人民群众的精神文化生活。文化遗产保护不断深入,全市拥有国家级非遗代表性项目 15 项,以及省级和市级非遗代表性项目 394 项。全市还拥有文化艺术表演团体 21 个、艺术表演场所 26 个、文物保护单位 1267 家、全国重点文保单位 24 家、省级文保单位 59 家和文物保护点 714 个,连续举办文化和自然"遗产日""服务传承人月"系列活动,扎实开展"非遗暖禾城"等系列爱心公益活动,营造全社会关心和支持非遗保护传承事业的良好氛围。

(四)创新环境

嘉兴市高度重视对"两个文化"的传承与发展,为此采取了一系列多措并举、多点发力的措施。通过强化服务意识、明确工作导向、优化营商环境,嘉兴市为文化产业的发展提供了坚实的保障,为加快推进长三角城市群重要中心城市的建设贡献了力量。为了激发文化产业的创新活力,嘉兴市持续办好嘉兴市文化产业博览会、嘉兴市文化创意设计大赛等。同时,嘉兴市加快兑现文化产业发展政策资金,优化营商环境。

嘉兴市在浙江省内率先开展人才服务体系建设,通过人才引进、培养和服务,打造长三角最优人才生态市,为文化产业的发展提供了强有力的人才支持。嘉兴市已建成各类文化创意产业园区 33 个,这些园区以报业传媒、广告设计、文化艺术、数字创意等产业为重点,构建以核心层产业、外围层产业、相关层产业等三大产业为发展目标的发展模式。为进一步提升文化产业创新能力,嘉兴市积极整合各类创新资源,构建由产业、科研机构、高校、政府、协会等多方共同参与的创新联盟,推动产业创新能力的提升。

二、嘉兴市文化产业发展现状

(一)文化产业总体发展现状

近年来,嘉兴市高度重视文化产业发展工作,积极推动文化产业高质量发展,已初步形成影视传媒、文化创意、文化旅游、工艺美术等产业板块,并建立了多个国家级、省级和市级文化产业园区。这些园区通过集聚效应,吸引了大量文化企业和人才入驻,推动了文化产业的快速发展。嘉兴市文化产业在发展过程中注重品牌建设和推广,形成了一批具有影响力的文化品牌。嘉兴市以数字赋能、融合发展为重点,积极谋划新项目,培育新业态,开发新产品,打造新品牌,推动文化产业的质量变革、效率变革、动力变革,努力形成主导行业突出、布局结构合理、创新能力较强、市场繁荣有序、带动作用明显的文化产业发展格局。文化制造业在嘉兴市文化产业内部占据主导地位,实现产业增加值占比最高。文化服务业增加值尽管占比相对较低,但仍呈现增长趋势。2022 年,嘉兴市规模以上文化服务业(不含贸易)增加值占规模以上文化单位增加值的比重为 3.6%。

(二)文化产业分类发展现状

1.新闻信息服务

2022 年,嘉兴市全年编印《嘉兴日报》358 期、《南湖晚报》358 期,获得省级以上新闻奖一等奖 85 件,其中 17 件作品获浙江新闻奖一等奖。2022 年,嘉兴市围绕党的二十大、共同富裕、数字化改革等重大主题,着眼嘉兴特色,提前谋划,精心策划,全媒出击。聚焦学习宣传贯彻党的二十大精神,开设《喜迎二十大 沿着总书记的足迹看奋进嘉兴》《习语声声·十年筑梦》等专题专栏 20 余个,全媒联动策划推出《老代表看今朝》《总书记之问的嘉兴之答》等主题报道 1200 余篇。嘉兴市加强对外宣传,深化与央媒、省媒的重大选题共同策划机制,打造重点宣传采访线 60 多条,在中央电视台《新闻联播》报道 67 次,向外界展现嘉兴在第二个百年新征程中焕发新气象、展现新作为。

2022 年,嘉兴市文化广电旅游局确保党的二十大、北京冬奥会、全国两会、省第十五次党代会等重要保障期的节目的安全播出和网络安全,完成全年广播电视安全保障任务,推进非法卫星电视接收设施整治行动,助推平安嘉兴建设。嘉兴市广播电视集团全年总收入达5.28 亿元,其中广告收入达 1.97 亿元,比上年增长 2.22%。49 件新闻作品获省级以上奖项,其中一等奖以上 15 件,2 件作品被选送中国新闻奖,集团获 TV 地标"全国年度综合实力城市台"等荣誉。嘉兴市全年在中央电视台《新闻联播》用稿 67 条次、《焦点访谈》用稿 6 期、《经济半小时》等其他栏目用稿 207 条,浙江卫视用稿超 600 条;在中央人民广播电台播出 32条,在《浙江之声》用稿 332 条,在人民网、新华网、"学习强国"(非嘉兴平台)等中央级新媒体平台用稿 76 篇次。

2.内容创作生产

2022 年,嘉兴市图书馆古籍部新书入藏 14 种 281 册,其中包括《中国历代绘画大系》39

册;收集地方文献 2876 册(件)、特藏文献 348 册(件);完成全国古籍保护重点单位复核;完成浙江省古籍保护中心古籍善本二、三级的定级申报,共 1787 部。嘉兴市有 24 种(册)古籍参展杭州国家版本馆"江南版本文化展"。参与由上海图书馆牵头的《当代家谱联合目录》编制工作,完成馆藏 36 种当代家谱的详细编目工作;完成《槜李诗文合集》(72 册)的目录索引(共 27587 条)以及人名索引编制工作;开展雕版印刷体验、线装书装订、活字印刷体验、石刻传拓技艺体验等多元化的活动,全年举办各类活动 41 场次,762 人次参加。《嘉兴文献丛书·史部·方志》全 100 册出版首发,该系列丛书是嘉兴市迄今规模最大、最全面、最系统的地方文献史料,以整理嘉兴地方文献、传承优秀地方文化为宗旨,强化嘉兴地方意识,显示了嘉兴在中国文化史上的重要价值。嘉兴市还着手编制出版重要的水文化遗产集萃——《浙水遗韵·嘉兴卷》,该书通过讲述感人水故事、弘扬先进水文化、厚植红色水基因,达到传承保护浙江珍贵水遗产的目的。

嘉兴市致力于全面完善品质文化生活圈,推进农村文化礼堂、社区文化家园、智慧书房、文化有约等载体建设。同时,逐步打造城乡一体"10 分钟品质文化生活圈"。嘉兴市连续 9 年在全省地市基层公共文化服务评估指标排名中位列第 1,群众的获得感、幸福感、安全感持续提升。嘉兴市在全国率先探索建立公共图书馆和文化馆总馆体系,构建起具有嘉兴特色、东部地区示范、全国领先的现代公共文化服务体系,城乡公共文化服务均等化水平走在全国前列。全市拥有县级以上公共图书馆 8 家、文化馆 8 家、文化站 72 家、博物馆 35 家以及农村文化礼堂 791 家。县级图书馆和文化馆覆盖率均达 100%,乡镇文化站和行政村文化活动室覆盖率也均达 100%。嘉兴市推进高品质民生优享,深入推进"健心客厅"项目。3 个试点"健心客厅"已经累计入驻心理顾问 400 人次,开展 300 多场活动,发放 1 万多份宣传资料,提供心理服务 4 万多人次。嘉兴市在全市公共图书馆体系内共建集健心、阅读、休闲、育儿于一体的"健心客厅"51 家,服务的触角不断向基层延伸。

嘉兴市公共图书馆体系日益完善,依托智慧化技术与手段,积极举办"农民读书会""嘉书房""阅动全家·书香嘉兴"主题阅读活动,构建联络城乡、各街道一体化的公共图书馆服务体系。表 1 和表 2 分别为 2022 年嘉兴市图书馆、文化馆情况。

表 1　2022 年嘉兴市图书馆情况

图书馆/家	藏书/万册	发放借书证/个	图书馆流通人数/万人次
8	1253	1470751	1437

数据来源:《嘉兴统计年鉴 2023》。

表 2　2022 年嘉兴市文化馆情况

文化馆/家	举办展览/个	组织文艺活动/次	举办训练班次/次	举办训练结业人数/人
8	724	2184	3128	116731

数据来源:《嘉兴统计年鉴 2023》。

作为国家历史文化名城,嘉兴市全面深入开展文化遗产保护工程,强化非遗活态传承,大力挖掘各级非遗资源,完善非遗传承人师徒结对机制,保障非遗传承后继有人,创建具有嘉兴地域特色的省级文化传承生态保护区,培育建设一批主题突出、内涵丰富的非遗主题园、非遗主题旅游线路、非遗旅游景区。创新发展非遗馆总、分馆传承保护体系,新建非遗分馆 10 家。深化非遗学院和非遗客厅建设,将非遗传承保护融入课堂和校园文化建设,构建具有嘉兴特色的非遗课程和教材体系。

嘉兴市依托浙江省非遗保护信息化平台建立了"嘉兴非遗"数据库,整合全市非遗数据资料并逐步数字化,归集 1000 个细致点位的基础信息,形成"一馆一档"。试点推进数字非遗馆建设,建成嘉兴非遗网络传习所,包含资讯、课件、直播和师资等栏目,运用大数据、三维展示、云计算、互联网等先进技术,建立展示传播、智慧管理和数据服务平台,创新推动非遗传承。推动非遗展馆入驻"文化有约",构建了一个集图、文、声、形于一体的非遗数字生态。搭建在线交易平台,依托"嘉有非遗"抖音直播平台,指导传承人将作品(产品)上传平台,将嘉兴非遗文创产品对外展示销售。已完成纪录片《嘉兴市非物质文化遗产百人百集系列》的制作。开通嘉兴非遗公众号、视频号、抖音号,累计圈粉超过 13 万人次,形成了多角度、全方位的非遗传播模式。

3. 文化传播渠道

2022 年,嘉兴大剧院引进专业演出 91 场,其中市本级 82 场、嘉兴港区 9 场。演出种类丰富,其中音乐会有"四手联弹钢琴名曲音乐会""乌克兰二重奏漫步经典——长笛与钢琴音乐会""久石让电影音乐视听音乐会"等,儿童剧有《丛林奇境大救援》《冰雪女王·爱莎之魔法归来》等,杂技魔术有《杂技魔术欢乐秀》《浙山·纳海》等,还有歌剧《在希望的田野上》、话剧《雄关漫道》《思凡·陆小曼》《刘伯温·霜台忠魂》、舞蹈诗剧《只此青绿》、红色音乐剧《牦牛革命》、大型民族管弦乐《印象良渚》、喜剧《皇帝的新娘》等剧目。推进"雏鹰计划万里行"公益儿童剧演出,特邀浙江话剧团为全市少儿演出 35 场公益儿童剧——《疯狂语文课》。组建滨海团队,托管滨海文体中心大剧院,指导团队以打造具有港区特色、辐射周边、百姓喜欢的剧院为目标,引进专业演出 9 场。

4. 文化投资运营

2022 年,嘉兴市文化旅游类项目总投资为 434.7 亿元,计划投资 52.2 亿元。其中,桐乡市丰子恺国际艺术中心、南北湖开元森泊度假乐园等 11 个项目为新建类项目;大运河文化公园(嘉兴段)建设项目一期二阶段、海宁盐官音乐文旅项目等 18 个项目为续建类项目;银杏天鹅湖商业项目等 3 个项目于 2022 年竣工。

在运营管理领域,嘉兴市积极创建国家级文化产业示范园区,培育一批主业突出、具有核心竞争力的骨干文化产业园。2022 年,嘉兴市公布了第五批认定的 3 家嘉兴市文化产业园区。位于桐乡经济开发区(高桥街道)的浙江佳教数字文化产业科技园主要以文化创意内容为核心,依托数字技术进行创作、生产,传播和服务数字文化内容产品,打造专业型科技企业孵化器,汇聚 3D 打印共享服务中心、佳教数字影视基地、数字文化产品展览展示中心、STEAM 创客教室空间等多个公共服务平台。目前该园区内有在孵企业 23 家,主要聚焦于文化教育、创意设计、动漫、游戏、网络文化、数字文化装备、数字艺术展示等重点领域。位于南湖区的七星桥堍文化产业园将文化特色商业休闲街区、文化展览展示区和文创区有机结合，满足人们旅游、购物、社交、娱乐、商务等多方面需求。该园区囊括箱包及文化景观设计、旅游文创及非遗文创产品、酒店及养老业等产业。同样位于南湖区的嘉兴广电信息科技产业园聚焦信息技术、文化传媒和智慧产业，结合广电5G业务和超高清、智慧广电相关战略布局，利用700MHz资源优势打造优质物联网服务，利用视频品牌和本地化内容优势打造高新视频业务，引进研发创新类、产业示范类、科技创新型项目。

5. 文化娱乐休闲服务

2022年，面对严峻复杂的外部环境以及超预期因素的冲击和挑战，嘉兴市坚持以习近平新时代中国特色社会主义思想为指导，全面贯彻落实党的二十大精神以及党中央、国务院、浙江省委省政府和嘉兴市委市政府的各项决策部署，坚持稳中求进工作总基调，高效统筹新冠疫情防控和经济社会发展，统筹发展和安全。嘉兴市全年共计接待国内外游客3001.05万人次，实现旅游总收入428.77亿元，同比分别下降6.76%和12.85%。嘉兴市服务业坚持新冠疫情防控和行业增长并重，不断创新发展思路和发展路径，全力推进政策赋能、惠企纾困、提振消费，聚焦平台提质、项目推进、企业培育，多措并举实现服务业逐步回暖。表3和表4分别为2022年嘉兴市旅游业及景区综合情况。

表3 2022年嘉兴市旅游业综合情况

总游客量/万人次	旅游总收入/亿元	入境旅游/万人次	旅游外汇收入/万美元
3001.05	428.77	1.74	2524.06

数据来源：《2022年嘉兴市国民经济和社会发展统计公报》。

表4 2022年嘉兴市景区综合情况

景区城/个	景区镇/个	景区村/个
7	38	590

数据来源：《嘉兴年鉴2023》。

三、嘉兴市文化产业发展政策

2022年，嘉兴市大力弘扬建党精神和红船精神，以满足人民日益增长的美好生活需要为目的，以改革创新为动力，在全省先行探索文化和旅游促进人民群众精神富有的实践路径，全面构建以"物质富裕、精神富有"为总目标的文旅融合高质量发展体系。基于《嘉兴市文化和旅游促进人民群众精神富有试点实施方案》，嘉兴市深入打造红色旅游标杆市，把庆祝建党100周年凝聚起来的工作成果进一步转化为守好红色根脉、推进红色旅游标杆市建设的强劲动力；围绕"不忘初心地"和"走新时代路"两大主题，进一步提升新时代"重走一大路"品牌的知名度和影响力，丰富红色旅游内涵，创新红色展陈方式，提升红色产品品质，将新时代"重走一大路"与南湖景区有机融合；基于《嘉兴市非物质文化遗产保护发展规划纲要》，深入贯彻"保护为主、抢救第一、合理利用、传承发展"的工作方针，全面推进非物质文化遗产的保护与传承工作，补充非遗项目名录，丰富非遗资源。

表 5　2022 年嘉兴市文化产业发展政策

发文机构	执行时间	政策名称
嘉兴市文化广电旅游局	2022 年 4 月	《2022 年度嘉兴市非法卫星电视接收设施整治工作方案》
嘉兴市文化广电旅游局	2022 年 4 月	《关于组建嘉兴市文物安全巡查队的通知》
嘉兴市文化广电旅游局	2023 年 2 月	《关于加快推进农民读书会建设的指导意见》
嘉兴市文化广电旅游局	2023 年 3 月	《关于高质量推进嘉兴市城乡一体"10 分钟品质文化生活圈"建设的实施意见》
嘉兴市文化广电旅游局	2022 年 4 月	《关于打造"禾城艺"公共文化服务品牌的工作方案》
嘉兴市文化广电旅游局	2022 年 4 月	《嘉兴市 2022 年度平安旅游创建工作方案》
嘉兴市文化广电旅游局	2022 年 5 月	《关于进一步明确"千场戏曲进乡村，百场艺术展览下基层"标准要求的通知》
嘉兴市文化广电旅游局	2022 年 5 月	《2022 年嘉兴市文化和旅游领域"除险保安"安全整治行动方案》
嘉兴市文化广电旅游局	2022 年 5 月	《嘉兴市文化和旅游促进人民群众精神富有试点实施方案》
嘉兴市文化广电旅游局	2022 年 6 月	《关于加强乡村博物馆建设工作的通知》
嘉兴市人民政府办公室	2022 年 11 月	《嘉兴市江南水乡古镇保护办法》

数据来源:作者整理。

四、嘉兴市文化产业发展经验

(一)深耕文化资源,打造独特文化品牌与文化地标

嘉兴市加强对文化资源的挖掘利用,以禾城文化复兴工程为抓手,建成以天籁阁为中心的古城文化核心区,提升古镇保护开发水平,打响"中国古镇看嘉兴"品牌,共建大运河国家文化公园,推动海塘潮文化申遗,实施文化设施强基工程,建成覆盖城乡的"10 分钟品质文化生活圈"。在持续推进古城文化核心建设的同时,嘉兴市挖掘研究以彰显宋韵文化、书画文化、名人文化为重点的历史文化研究工程,打造以"天籁阁"和"永不落幕的大系"为标志的城市文化名片,以建设更具嘉兴辨识度的文化地标和文化品牌。2022 年,嘉兴市以大运河为纽带,成立嘉兴市大运河文化带古镇发展联盟,串珠成链、联袂出击,打造以乌镇、西塘、濮院、盐官为重点的"一核四镇"发展格局,形成标杆古镇、主力古镇、潜力古镇发展梯队集群。同时,嘉兴市也积极推进红色文化资源的开发利用,将红色资源、革命遗址串点成线,做优做精新时代"重走一大路"品牌,打造具有全国影响力的红色旅游精品线。2022 年,嘉兴市开展"共庆二十大、同心向未来"主题纪念活动,着力打造"红船引领·同心圆梦"工作品牌,不断深化"六个一"活动,大力开展"七讲七比、争先攀高"党建高地创建行动,打造了红船论坛、

南湖·初心讲堂"365天天讲"等品牌。

(二)发挥产业集聚效应,深度融合新兴业态

随着文化产业的快速发展,嘉兴市文化产业规模持续扩大,已拥有一批具有核心竞争力的文化企业和产业集群。为进一步促进文化产业的发展,嘉兴市加大推进文化产业园区建设,形成了多个具有较大规模和影响力的文化产业集聚区。同时,嘉兴市注重优化文化产业内部结构,通过引导和支持数字文化、创意设计、文化旅游等新兴文化业态,积极推动文化产业的转型升级。在文化产业园区内,文化企业形成良好的集聚效应,企业之间资源共享、优势互补,实现互利共赢。2022年,嘉兴市通过科学规划、政策扶持、基础设施建设等措施,为文化产业的发展营造良好环境,有效推动文化产业的集聚发展。

(三)提供交流平台,促进产业融合与跨界合作

嘉兴市构建"一圈两带"文化产业空间发展格局,积极利用现代科技手段推动文化产业的数字化、智能化发展。通过引入大数据、云计算、人工智能等先进技术,提升文化产品的创新能力和市场竞争力。此外,嘉兴市充分利用当地丰富的旅游资源,将文化元素融入旅游产品之中,打造具有地方特色的文化旅游项目,并通过举办文化旅游节庆活动、建设文化旅游综合体等方式,丰富旅游产品的种类和形式,提升旅游产品的文化内涵和附加值。嘉兴市也积极推动文化产业与其他产业的跨界合作,打破行业壁垒,实现资源共享、优势互补和互利共赢,将文化产业与农业、工业、数字经济等多个领域深度融合,推动文化产业的多元化和融合发展。2022年,嘉兴文化产业博览会以"五彩嘉兴·文化润心"为主题,探索文化产业发展的新路径。该博览会突出"文化味""融合味""书香味",将"文化+"理念融入展览,集中展示"文化+科技""文化+旅游""文化+数字经济"等文化消费新场景,吸引了不同地区特色文化产品集聚展示,为文化企业提供了展示产品和交流合作的机会,有效促进了文化产业的交流与合作。展会作为文化产业发展的重要平台,为文化消费场景的展示和推广提供了重要渠道。

(四)搭建文化内外交流窗口,推动文化出海

嘉兴市借助"一带一路"和世界互联网大会等有利契机,搭建文化内外交流窗口,实施文化"走出去"战略。通过组织参与中国国际进口博览会、嘉兴文化产业博览会等高端活动,嘉兴市不仅成功为本土文化产业搭建了与国际市场对接的桥梁,还加强了文化传播的广度与深度,讲好嘉兴故事,提升嘉兴旅游的国际影响力。嘉兴市还推出了"梦里水乡"外宣采访线,通过这一品牌线路,向世界展示嘉兴独特的江南水乡文化。此外,嘉兴市也积极推动文化产品出口,引导和支持文化企业开拓国际市场。

五、嘉兴市文化产业发展展望

未来,嘉兴市文化产业发展将着力于以下几个方面。

(一)强化品牌优势,加速推进禾城文化复兴

嘉兴市文化产业发展势头良好,已初步形成文化旅游、文化影视等具有一定优势的产业

形态。嘉兴市将继续深挖文化内涵,打造更多具有鲜明地域特色和深厚文化底蕴的文化品牌,进一步强化自身品牌优势。嘉兴市解码禾城文化基因,深入发掘、整理禾城的文化元素和历史文化遗产,重点实施天籁阁、兰溪会馆等复建展示工程,着力打造天籁阁城市文化品牌;启动冶金厂工业遗产区、城隍庙片区、梅湾名人文化片区等重点区域规划设计,编制东塔、子城遗址保护大棚、嘉兴运河文化博物馆、塘浦圩田文化景观等重要工程项目的设计方案;积极推进马家浜考古遗址公园二期工程,力争子城遗址保护大棚项目开工;在发展过程中找准定位,明确发展方向,加强嘉兴市文化品牌的建设优势。同时,嘉兴市依托红船文化、运河文化、古城文化等独特元素,为文化产品的创作和生产提供更加丰富的素材与灵感,通过市场运作实现经济效益,从而推动文化产业的发展壮大。

(二)推动文旅深度融合,升温全域旅游发展

嘉兴市以大运河为纽带,成立嘉兴市大运河文化带古镇发展联盟;通过整合资源、优化布局、提升品质等措施,形成标杆古镇、主力古镇、潜力古镇发展梯队集群,实现古镇旅游的规模化发展。同时,嘉兴市在全域旅游发展中注重旅游产品和线路的创新。未来,嘉兴市将进一步推动文化和旅游发展深度融合;围绕景区城、景区镇、景区村庄创建,提升全域旅游发展品质;有序推进村庄景区化创建工作,实施景区村庄提质扩面工程;以丰富美丽乡村旅游业态、支持村民创业致富为重点,指导景区村庄转型升级;积极引进乡村新业态,在传统的田园观光、农耕体验、农家美食的基础上,创新景区村庄运营理念;重点发展农业非遗体验、农产品精加工等"沉浸式体验"活动,增强景区村庄市场吸引力。

(三)深化数智赋能发展,激发文旅消费潜力

嘉兴市将继续深化数字化改革,构建文旅智慧大脑;聚焦多元数据融合、大数据处理、信息挖掘与表达等方面,加快构建全数集成;在贯通省厅数字化改革项目的基础上,结合嘉兴市文旅实际,加快推进"互联网+文旅"消费业态;开发云旅游等数字旅游产品,推广沉浸式、体验型数字前沿产品;在完成"南湖智慧文旅 E 站""文娱 e 管家"省文旅厅试点项目的基础上,进一步落实全市 4A 级以上旅游景区和省级以上旅游度假区 5G 网络全覆盖,推出一批数字化乡村和智慧民宿。另外,嘉兴市将继续探索全产业链模式深度推进,深化"政府+企业+协会"行业发展模式,打造"旅行社+酒店(民宿)+景区(点)+交通+旅游商品+美食体验+娱乐消费"等涵盖各个行业的旅游消费产业链,统筹推进省级文化和旅游消费试点城市建设。

参考文献

[1] 嘉兴市统计局.2022 年嘉兴市国民经济和社会发展统计公报[EB/OL].(2023-07-17)[2024-07-05].https://tjj.jiaxing.gov.cn/art/2023/7/17/art_151232159144905.html

[2] 嘉兴市地方志编纂委员会.2023 年嘉兴年鉴[M].北京:中华书局,2023.

[3] 嘉兴市文化广电旅游局.对市九届人大三次会议第 195 号建议的答复[EB/OL].(2023-07-24)

［2024-08-21］. https：//whgdlyj. jiaxing. gov. cn/art/2023/7/24/art _ 1229036174 _ 58879669. html.

［4］嘉兴市文化广电旅游局. 关于印发《嘉兴市文化广电旅游局 2021 年工作总结和 2022 年工作思路》的通知［EB/OL］. (2022-11-23)［2024-08-21］. https：//whgdlyj. jiaxing. gov. cn/art/2022/11/23/art_1229154319_5028286. html.

［5］平湖市统计局. 2022 年我市文化产业运行情况简析［EB/OL］. (2023-04-04)［2024.08.16］. https：//www. pinghu. gov. cn/art/2023/4/4/art_1229397284_5089628. html.

2023 年衢州市文化产业发展报告

张云鹤　蔡佳晨

2022 年,衢州市文化产业正处于国内国际双循环构建、高质量发展的关键期,全域化发展更加快速,品质化需求更加突出,数字化应用更加广泛,市场化竞争更加激烈。衢州市政府高度重视当地文化产业发展,将其作为国民经济支柱性产业之一。以衢州市儒学文化产业示范园区创建为战略抓手,努力将衢州市打造成全国具有重要影响力的文化和旅游融合样板地、国内一流的生态旅游目的地、"诗画浙江"大花园最美核心区、四省边际文化新高地。通过创新模式、文旅融合、数字化改革等一系列措施,持续夯实文化产业高质量发展根基;以项目扶持、产业振兴、业态发展为重点,为推动文化产业发展提供强有力支撑。

一、衢州市文化产业发展环境

(一)区位环境

衢州市位于浙江省西部,钱塘江上游,浙、皖、赣、闽四省交界处,素有"四省通衢、五路总头"之称,南接福建省南平市,西连江西省上饶市、景德镇市,北邻安徽省黄山市,东与省内金华市、丽水市、杭州市 3 市相交。衢州市地处金衢盆地西段,以山地丘陵为主,地势总体为南北高、西高东低;常山江、江山江等九水入城汇聚成衢州市的母亲河——衢江;属亚热带季风气候,四季分明,降水丰沛。

衢州市总面积为 8844.55 平方千米,中心城区总面积为 515.45 平方千米,下辖 2 个区、1 个市、3 个县,共计 17 个街道、44 个镇、39 个乡。衢州市战略地位非常重要,是浙、皖、闽、赣 4 省边际的地理中心,连接长三角、海西、珠三角,是三大经济区的重要节点城市。2022 年年末,衢州市常住人口为 229 万人,比上年增加了 0.3 万人。截至 2022 年年底,衢州市公路总里程达 8735 千米,其中,高速公路里程达 422.37 千米,高速公路网人口密度为 1.8 千米/万人(常住人口)。境内干线公路四通八达,省际出入口数量达 12 个,形成衢州 3 小时到达杭州、6 小时到达长三角主要城市、市域 1 小时、县域半小时的交通圈,交通区位优势得到进一步强化。

(二)产业环境

根据衢州市统计局初步核算,2022 年全市生产总值达 2003.44 亿元,按可比价格计算,比上年增长 4.8%。分产业看,第一、二、三产业增加值分别为 93.20 亿元、874.12 亿元和 1036.12 亿元,比上年分别增长 3.6%、6.2%和 3.8%,三次产业增加值结构比为 4.7∶43.6∶

51.7。衢州市全年数字经济核心产业增加值为99.17亿元,按现价计算比上年增长23.7%。规模以上工业中,高技术产业、数字经济核心产业制造业、战略性新兴产业、装备制造业、文化制造业增加值分别增长33.6%、32.1%、15.8%、14.3%、11.5%。规模以上工业新产品产值率为41.7%。按常住人口计算,2022年全市人均地区生产总值为87544元,比上年增长4.5%。

(三)文化环境

衢州市始建于东汉初平三年,有6000多年的文明史和1800多年的建城史,文脉绵延流长,1994年被列入国家历史文化名城,有江南地区保存最好的古代州级城池——衢州府城、全国重点文物保护单位——衢州府城墙,以及复建的天王塔院、文昌阁等历史文化古迹。衢州市是圣人孔子后裔的世居地和第二故乡,是儒学文化在江南的传播中心,素有"东南阙里、南孔圣地"的美誉,位于市区的孔氏南宗家庙是全国仅有的两座孔氏家庙之一。衢州市内有根宫佛国文化旅游区、江郎山·廿八都旅游区两大5A级景区。

2022年,衢州市以高质量建设公共文化服务现代化为总目标,坚持以人为核心的工作理念,不断提升公共文化服务水平。衢州市现有:公共图书馆7家、南孔书屋71家,总面积达66840平方米,藏书量达4752.74千册;博物馆8家,面积达45759平方米;文化馆7家,面积达76843平方米;文化站100家,面积达145926平方米。至2022年年末,衢州市有国家综合档案馆7个和国家专门档案馆1个,总面积达53797.87平方米,馆藏全宗档案1254个。

(四)创新环境

2022年,衢州市拥有国家高新技术企业721家、国有独立研发机构24家和企业技术开发机构554家,获得省级科技进步奖2项。衢州市全年专利授权量达7059件,其中发明专利授权量达962件。财政一般公共预算支出中,科学技术支出达20.27亿元,比上年增长17.0%。截至2022年9月,衢州市高新技术产业投资同比增长116.9%,增幅连续9个月居全省第1,高出全省平均水平99.1%。全市重点发展以新材料、新能源、集成电路、无线电为主的高新技术产业,先后引进了韩国晓星、吉利等一批高新技术产业龙头企业,10亿元高新技术产业投资开工项目数量达36个。衢州市政府成立高新技术产业投资攻坚小组,实行单位一把手挂联区块、挂联项目制度,精准快捷地推动项目建设进度,落实"承包制"强服务。

二、衢州市文化产业发展现状

(一)产业总体发展现状

2022年,衢州市文化产业稳步增长,原计划文化及相关产业增加值增长10%。根据浙江省文化和旅游厅所公布的全省各市县文化事业和文旅产业稳进提质指数年度排名,衢州市获得2022年度第2名,在各县(市、区)综合排名中衢州市的6个县(市、区)全部进入全省前 30 名,其中衢江区、开化县、常山县分别荣获第 3 名、第 6 名、第 17 名的好成绩。

2022 年,衢州市安排"大文旅"专项资金共计 2.2 亿元,用以支持城市品牌对外推介、南孔文化重重落地、文旅产品营销、民宿产业政策配套、市本级免费游补助、广告宣传、文化惠民演出等活动,充分发挥了财政专项资金的引导作用。其中,国家级儒学文化产业园创建扎实推进,以"儒学文化"为主题、以文化产业发展为重心,重点发展以"儒学"为核心的文化旅游、工艺美术、教育培训等业态。完善园区企业服务手册和管理机制,通过统一标识系统、开发公共服务信息化平台,推进重大文化项目建设,强化园区宣传推广。与此同时,加快创建南孔圣地文化旅游区,顺利达成文化和旅游部景观质评的阶段性目标,该景区于 2022 年 10 月底通过 4A 扩容验收,符合 5A 级景区创建要求。

(二)产业分类发展现状

1.内容创作生产

衢州市在出版、创作表演服务领域成绩斐然。2022 年年末,衢州市日均发行《衢州日报》6.0 万份、《衢州晚报》4.0 万份,并围绕"掌上衢州"App、"兴衢班"微信公众号、"掌上衢州"抖音号三大平台,强化众筹、力拓稿源,首次实现媒体融合指数进入全省前 10,大力推动纸媒传播的数字转型。

2022 年,衢州市共有专业艺术表演团体 2 个,艺术表演场所建筑面积达 10000 平方米。全年在水亭门街区常态化开展"水亭门之夜"沉浸式演出,共演出 225 场,其中主题性演出 38 场,"水亭门之夜"成功被评为浙江省首批旅游演艺精品项目。此外,"城市艺术广角"于 2022 年 7 月底在西区市民广场、水亭门、斗潭未来社区、吾悦广场金街、时代广场、万达广场等 6 个点位正式上线,同步开演,通过朗诵、弹唱、器乐等艺术形式满足群众日益增长的精神文化需求。

2022 年 9 月,衢州市完成 770 个"15 分钟品质文化生活圈"、10 家文化驿站、20 家南孔书屋和 28 家乡村博物馆的建设与省级验收。4 项工作完成率全部位列全省第 2,其中,"15分钟品质文化生活圈"、文化驿站、南孔书屋超额完成,完成率分别为 110%、111%、111%。另有 8 处不可移动文物申报第 8 批省级文物保护单位,25 项市级非遗项目申报第 6 批省级非遗代表性项目,7 个非遗工坊被列入省级非遗工坊创建名单。

衢州市进一步促进文艺精品创作繁荣与发展,聚力打造四省边际文化文明桥头堡。2022 年,衢州市共有 2 个作品入围全国第 19 届群星奖决赛,分别为:衢州市文化馆的《竹歌》入围广场舞决赛,柯城区文化馆的《共富路上好带头》入围曲艺类决赛。《All for U》荣获第 2届浙江省旅游歌曲大赛金奖,并入选 2021 年度浙江省年度旅游歌曲;曲艺《谁是网红》荣获 2022 年浙江省"群星奖";《云中杜鹃》获浙江省第 11 届群众戏曲小戏大赛金奖。根据 2022年《衢州市文艺精品扶持工程第十批项目(作品)》,衢州市共扶持文学类作品 13 项、戏剧类作品 4 项、音乐类作品 7 项和广播影视类作品 2 项,其中大多作品具有浓厚的衢州文化特色,如大型歌舞剧《千年宋诗河》、组曲《南孔雅乐》、电视剧《大道地》等(见表1),众多作品获市委宣传部和市文化广电旅游局申报推介。

表1 衢州市文艺精品扶持工程第十批拟入选项目名单(舞台艺术类和广播影视类作品)

序号	项目名称	申请单位
1	大型实景剧《浸梦水亭门》	浙江衢州南孔古城演艺文化传播有限公司
2	婺剧现代戏《嫁给两江口》	衢州市治水办
3	音乐剧《心灵的流向》	衢州市文化馆
4	大型歌舞剧《千年宋诗河》	常山县文化馆
5	器乐《画乡印象》	衢州市文化馆
6	组歌《菱湖三咏》	衢州学院
7	组歌《衢州乡村振兴组歌》	衢州市音乐家协会
8	歌曲《银杏树下》	开化县音乐家协会
9	组曲《南孔雅乐》	衢州市鑫映文化艺术有限公司
10	歌曲《问古》	衢江区文化馆
11	民族管弦乐《火种》	中共常山县委宣传部
12	电视剧《大道地》	中共常山县委宣传部
13	电影《一路夕阳一路歌》	浙江麦田时光影视文化传媒有限公司

数据来源:浙江衢州市文学艺术界联合会.衢州市文艺精品扶持工程第十批拟入选项目公示[EB/OL].(2022-12-10)[2024-07-07].https://mp.weixin.qq.com/s/xFcKpnqLKmfFXfq4k5zv0g.

2.创意设计服务

在广告领域,衢州市整体实力偏弱,缺乏相关领域龙头企业的入驻与广告产业园区的建设。在2022年浙江省广告业发展30强县中,衢州市无一县(市、区)成功入选;在2022年度浙江省广告业百强名单中,衢州市仅衢州广电传媒集团一个企业顺利入选。在广告产业领域,衢州市拥有广阔的发展前景与巨大的发展潜力。

在设计领域,衢州市进一步扶持文化创意产业发展,丰富完善文旅产品体系,打响文旅品牌。衢州市文化广电旅游局主办推出"文旅共富•创意你我"2022衢州市首届文旅产品创意设计大赛。该大赛划分为"传统工艺＋非遗创意"设计类、文化创意设计类、旅游商品创意设计类、品牌及包装创意设计类、数字创意设计类与视觉传达创意设计类六大类,在深入挖掘南孔文化、烂柯围棋文化、衢州非遗等特色资源的基础上,征集作品779件,进一步塑造了衢州特色文化IP。

3.文化投资运营

2022年,衢州市在文化、体育和旅游业固定资产投资增长方面出现一定下滑,增长率为－26.0%(见表2),但在文旅项目建设上如火如荼,总投资约100亿元、总建筑面积约95万平方米的衢州龙之梦旅游度假区项目于10月开工建设。2022年,全市共有381个文旅项目,实际完成投资582.02亿元,同比增长93.01%,完成率达120%,位列全省第一方阵。

表 2 　2022 年衢州市各县(市、区)文化、体育和娱乐业固定资产投资增长情况

地区	文化、体育和娱乐业/%	文化艺术业/%	体育/%	娱乐业/%
全市	-26.0	3.4	-45.6	-11.7
柯城区	-47.5	121.1	-71.1	186.5
衢江区	54.3	5.8	74.4	13.6
江山市	-46.5	-80.4	-31.7	-22.2
常山县	25.9	31.4	12.4	-78.1
开化县	39.3	43.2		-100.0
龙游县	8.1	8.1		

数据来源:《衢州统计年鉴 2023》。

此外,衢州市梳理入库微改造项目 1501 个,实际完成投资 57.21 亿元,同比增长 40.36%,完成率达 102.73%。衢州市 2021 年旅游业"微改造、精提升"综合指数居全省第 2,完成率居全省第 1。2022 年 10 月,浙江省旅游专班下发文件,给予其约 400 亩规划建设用地指标奖励。衢州市全新的"四馆"(图书馆、文化馆、美术馆、非遗馆)项目共占地 3.5 万平方米,于 2022 年 12 月底完工,成为公共文化服务提升的重要标志。

在文教、工美、体育和娱乐用品制造业固定资产投资方面,衢州全市以及一半以上县(市、区)均呈现下跌趋势,其中衢州全市比上年下跌 5.8%,仅开化县与龙游县分别呈 10.9%、77.0% 的正增长(见表 3)。

表 3 　2022 年衢州市各县(市、区)文教、工美、体育和娱乐用品制造业固定资产投资增长情况

全市	柯城区	衢江区	江山市	常山县	开化县	龙游县
-5.8%	-100.0%	-62.8%	-4.0%	-23.7%	10.9%	77.0%

数据来源:《衢州统计年鉴 2023》。

4. 文化娱乐休闲服务

根据衢州市文化广电旅游局 2022 年工作总结,全年接待游客 1321.3 万人次,同比下降 14.1%;旅游总收入达 158.9 亿元,同比下降 12.1%。全市拥有星级饭店 32 家、星级饭店客房间数 5149 间。至 2022 年年末,全市共有国家 A 级旅游景区 76 家,其中 5A 级旅游景区 2 家、4A 级旅游景区 14 家,新增省 4A 级景区镇 14 个、省 3A 级景区镇 8 个、省 3A 级景区村 31 个、国家级乡村旅游重点村 1 个以及省级乡村旅游重点村 9 个。柯城区沟溪乡余东村景区等 3 家单位被列入省金 3A 级景区村庄培育名单。全市 A 级景区村数量达 1253 个,位居全省前列。

乡村旅游业呈现蓬勃发展态势,衢州市的省高等级民宿数量从 2021 年的 60 家增至 2022 年的 75 家。十一黄金周期间,全市民宿客房平均出租率达 95%。2022 年,全市乡村接待游客 437.2 万人次,同比下降 15.4%;旅游经营总收入约为 15 亿元,同比增长 15%;人均

旅游消费达 345 元,同比增长 37.7%。衢州市继续推动文化和旅游"十四五"明珠项目建设(见表 4),加快南孔圣地旅游区创建 5A 级景区,助推儒学文化产业园冲刺创建国家级儒学文化产业示范园区。

表 4　衢州市文化和旅游"十四五"明珠项目(部分)

项目名称	"十四五"目标和发展思路
南孔圣地文化旅游区 5A 级景区创建	"十四五"期间主要完成水亭门游客服务中心建设、儒学文化旅游配套建设、历史街区风貌衔接工程、南湖广场文旅综合体主广场及严家淤半岛项目、鹿鸣山文化院街建设、鹿鸣半岛时尚文化创业园建设等
衢州儒学文化产业园	重点发展以南孔儒学文化为主题、以"衢州有礼"品牌为核心的文化旅游、工艺美术、文化科研培训等文化业态,集聚一批既具"有礼"品牌特色又具"儒学"内核且有创意创新的文化企业,集全市之力创建成国家级儒学文化产业示范园区
"衢州有礼"诗画风光带	突出市域一体、市县联动、串珠成链,扎实推进贯穿全市域、长达 280 千米的"衢州有礼"诗画风光带建设,把美丽城镇、美丽乡村、美丽河湖、美丽田园、美丽庭院等都串起来,建好诗画风光带等数百个重大项目
浙皖闽赣(衢黄南饶)"联盟花园"	努力把"联盟花园"打造成为跨省域旅游协作的先行区、美丽中国"绿水青山就是金山银山"转化的窗口区,推动"绿水青山"源源不断转化为"金山银山",彰显生态山水之美、产业绿色之美、生活幸福之美,使之成为特色鲜明的国家级旅游休闲城市群和世界级生态文化旅游目的地

数据来源:《衢州市文化和旅游发展"十四五"规划》。

5.文化辅助生产和中介服务

2022 年,衢州市拥有规模以上印刷和记录媒介复制业企业 10 家,其中亏损企业 1 家;工业总产值达 225495 万元,资产总计 201402 万元,流动资产合计 127745 万元,固定资产净额达 47677 万元,负债合计 102776 万元,营业收入共计 238390 万元,营业成本为 179077 万元,销售费用为 4442 万元,管理费用为 8331 万元,利润总额 35836 万元,全部从业人员平均人数为 1831 人。

造纸和纸制品业为出版业、文化制造业提供了重要的基础资源。2022 年,衢州市共有规模以上企业 85 家,其中亏损企业 28 家;工业总产值达 2757504 万元,资产总计 3330872 万元,流动资产合计 2192388 万元,固定资产净额达 892455 万元,负债合计 2139978 万元,营业收入合计 2953627 万元,营业成本为 2598316 万元,销售费用为 61659 万元,管理费用为 66616 万元,利润总额为 122551 万元,全部从业人员平均人数为 15114 人。

6.文化装备生产及文化消费终端生产

2022 年,衢州市拥有规模以上文教、工美、体育和娱乐用品制造业企业 24 家,其中亏损企业 6 家;工业总产值达 100030 万元,资产总计 112433 万元,流动资产总计 59928 万元,固定资产净额达 26565 万元,负债合计 79159 万元。所有相关企业营业收入合计 100173 万元,营业成本为 83755 万元,销售费用为 3642 万元,管理费用为 6790 万元,利润总额为 3093

万元,全部从业人员年平均人数为 1841 人。2022 年衢州市文教办公用品与工艺美术品制造业基本情况如表 5 所示。

表 5　2022 年衢州市文教办公用品与工艺美术品制造业基本情况

类别	企业单位数/家	亏损企业数/家	工业总产值/万元	资产/万元
文教办公用品制造	6	1	21417	33383
工艺美术品制造	8	2	40849	35705

数据来源:《衢州统计年鉴 2023》。

三、衢州市文化产业发展政策

(一)《衢州市文旅企业贷款贴息工作实施办法》

2022 年 6 月,衢州市文化广电旅游局出台《衢州市文旅企业贷款贴息工作实施办法》,为应对新冠疫情对本地文旅产业的冲击,提振全市文旅企业信心,规定在衢注册并开展文化和旅游经营业务的企业,包括旅行社、文化创意企业、演艺企业、旅游星级饭店等主体可享受贷款贴息福利,并明确规定其贷款用途及利率、财政贴息具体政策、具体操作流程与工作要求。

(二)《关于加快建设"世界围棋圣地"的若干政策措施》

2022 年 3 月,衢州市人民政府办公室出台《关于加快建设"世界围棋圣地"的若干政策措施》,为加快衢州市建设"世界围棋圣地",推动中国围棋文化走出去,助力打造四省边际共同富裕示范区。该政策措施具体包括健全围棋人才培养体系、建设围棋职业梯队、培养围棋职业棋手、扶持围棋组织发展、打造衢州"烂柯杯"围棋赛事体系、开展围棋主题文化活动、推动围棋产业融合发展等多个方面,并围绕以上措施设置各类财政奖励机制,对相关企业与社会组织给予项目补助、贷款贴息、财政奖励等。

(三)《关于持续开展"全球免费游衢州"活动方案》

2022 年 8 月,衢州市人民政府办公室发布《关于持续开展"全球免费游衢州"活动方案》,旨在进一步打响衢州"南孔圣地·衢州有礼"城市品牌,推进旅游惠民政策,提振新冠疫情防控常态化背景下的文旅产业与文旅消费,从而巩固且扩展旅游客源市场。该方案明确提出主题口号,并对免费景区、免费时间及免费对象做出具体规定,详细说明对应的补助办法,并对政府各部门提出高度重视、持续发力、加强宣传、激发活力、强化监管等系列要求。

四、衢州市文化产业发展经验

(一)打响城市品牌,加快产业平台建设

2022 年,衢州市围绕"南孔圣地·衢州有礼"的城市品牌,在产业平台建设上取得诸多突破。衢州市坚持实施南孔古城"千年古城"复兴计划,南孔圣地文化旅游区于 2022 年 10 月底正式通过 4A 扩容验收,为创建 5A 级旅游景区、进一步宣传衢州市儒学文化奠定了坚实的基础。同时,扎实推进衢州市儒学文化产业园创建,大力打造以儒学文化为重点的研学

教育产业链、生态圈,进行原创培训课程设计、研学产品开发及线上培训核心技术研发,推动研学产业集群化、全链条式发展。目前,衢州市儒学文化产业园区依托丰富的生态资源和儒学文化资源,不仅有以水亭门、北门街为核心的历史文化旅游街区,还立足年轻人文化消费需求,开发系列体验馆、科技馆、电影院、文创店等街区休闲文化旅游项目。此外,"阅读有礼·书香衢州"特色品牌活动的推出,有效强化城市品牌场景应用,提高城市 IP 形象辨识度,让城市品牌与当地旅游产业、影视产业、文化制造业等各方面实现深度融合,加速衢州市文旅产业融合发展,为各类产品赋能升级。在各大文化产业平台与各项文化活动的加持下,衢州市城市品牌影响力近年来多次进入全国前 50。

(二)推进全域旅游,规划精品文旅线路

2022 年,衢州市继续加快文旅项目建设,在改造提升根宫佛国文化旅游区、江郎山·廿八都景区、烂柯山风景区等核心景区的同时,坚持推进灵鹫山、江郎山省级旅游度假区建设,并正式启动六春湖省级旅游度假区建设。此外,衢州市在"微改造、精提升"行动中取得卓越成效,2022 年共梳理入库微改造项目 1501 个,实际完成投资 57.21 亿元,同比增长40.36%。在浙江省文旅深度融合工程工作专班所公布的 2022 年度旅游业"微改造、精提升"实绩评价中,衢州市的江山市、开化县、常山县、龙游县等 4 个县(市、区)均位列全省前 20 名,以精益求精的态度促进当地旅游业高质量发展,着力打造浙皖闽赣四省边际全域旅游的桥头堡。

与此同时,衢州市市县联动构建形成争创国家级、省级全域旅游示范单位梯队,其中江山市获批首批国家全域旅游示范区,开化县与龙游县获评为浙江省全域旅游示范县。衢州市目前已有省级旅游风情小镇 7 个、景区镇 42 个、景区村 1006 个,金星村、大陈村等村庄均被列入全国乡村旅游重点村,以"衢州有礼"诗画风光带串联的市、县、镇、村全域旅游空间架构基本形成。坚持"串珠成链"的发展原则,衢州市深度挖掘当地具有文化内涵的文旅融合线路,在短时间内给予游客深刻的文化体验,充分整合 A 级景区、风情小镇、美丽乡村、民宿等各大资源要素,推出层次多样的自驾游、自由行、小包团、旅行社组团线路。

(三)健全政策体系,护航产业稳进提质

衢州市政府高度重视当地文化产业发展,近年来陆续推出一系列政策规划以保障文化产业健康有序发展。面对 2022 年严峻的新冠疫情防控形势,衢州市及时调整"大文旅"专项资金政策,实施游客组织奖、民宿扶持奖、退还旅游服务质保金、企业贷款贴息等惠企政策,出台《衢州市文旅企业贷款贴息工作实施办法》,在短时间内兑现各类扶持资金 1290 万元,惠及 95 家企业,完成文旅专项纾困政策兑现总额的 90%,最大限度保障企业运营现金流稳定,帮助文旅企业以较快速度复苏。

在《衢州市文化和旅游发展"十四五"规划》的引领下,衢州市政府部门进一步细化各领域的产业扶持政策,发布《关于加快建设"世界围棋圣地"的若干政策措施》,有效助力衢州市"两子文化"中"棋子文化"的成功落地,推动世界围棋文化园、烂柯围棋智慧产业园等项目建设,支持衢州市国际围棋文化交流中心运营,实现本地围棋产业的融合发展。《关于持续开展"全球免费游衢州"活动方案》的出台,提振衢州市在疫情防控常态化背景下的文旅市场活力,吸引更多外籍游客、本地市民了解与体验衢州市的文旅资源,增加相应的文旅消费,保障旅游客源市场,进一步宣传推广"南孔圣地·衢州有礼"的城市品牌。

五、衢州市文化产业发展展望

衢州市文化产业仍存在一些结构性问题尚未得到根本解决,如:市县一体化融合程度不深;文化和旅游资源整合利用不够;旅游业全要素生产率不高;新兴文化产业发展滞后;数字内容文化产业较为匮乏;在四省边际中的文旅影响力不强,遮蔽效应仍然比较突出;文旅产品、公共服务等供给还不能满足个性化、精细化、品质化的消费需求;等等。未来,衢州市文化产业发展应着眼于以下几个方面。

(一)活化文化资源,创新文化产品服务

衢州市现有文物保护单位 500 多处,非遗代表性项目 1100 多项,在加强文物与非遗保护传承的同时,如何将丰富的文化资源进行活化成为当务之急。一方面,衢州市要持续推动文化遗产和旅游的融合发展,依托文化遗产建设旅游景区、规划旅游线路、设计旅游产品。要加大对古建筑、古遗址、古墓葬、近现代重要史迹及代表性建筑修缮与开发利用的力度;推动博物馆专业化、效益化发展,提升文物展陈水平,扶持文博文创产品经营,鼓励博物馆景区化发展,打造数字文博工程。另一方面,衢州市要提升非遗传承发展水平,促推婺剧、廿八都木偶戏、龙游皮纸制作技艺等一批非遗项目的活化工作。要推进当地非遗馆和非遗体验点建设,打造印象古城、戏里春秋、寻味三衢、匠心守艺、巷陌田野、名方医典等非遗主题 IP 品牌;开发非遗景区、非遗街、非遗村以及系列非遗主题产品,并举办好非遗演艺、非遗节庆、浙皖闽赣四省边际非遗美食节、非遗造物节等活动,让衢州市非遗走进寻常百姓家。

(二)深化区域合作,共建协同发展格局

衢州市地处浙皖闽赣四省边际中心,拥有突出的区位交通优势,能有效构建与周边区域文化旅游互促互进、融合发展的新格局。首先,要扎实推进衢黄南饶"联盟花园"共建,以生态优先、绿色发展的理念,将衢黄南饶分散的道路连通打造成特色旅游路线,加快推进"联盟花园"的合作共建,使绿水青山的生态之美转化为金山银山的经济动力。其次,要推进形成浙皖闽赣四省边际文旅开放格局。塑造由徽文化、新安文化、儒家文化、客家文化等一系列文化构筑的文化大空间,打造集散大本营,发挥综合交通优势,使衢州市成为区域外客源城市中转地和集散地,积极举办浙皖闽赣四省边际非遗造物节、美食节、艺术节等区域级线上线下文旅活动。最后,要积极融入"一带一路""长三角一体化"进程,实现杭衢黄、衢丽区域协同发展,联手打造杭衢黄世界遗产精品线,引流国际客源,并加强相互间的文化交流,联合举办博物馆展览与艺术文化活动等,实现区域文化产业发展的共建共享。

(三)厚植传统文化,推进"两子文化"开发

"两子文化"即以围棋仙地——烂柯山为代表的棋子文化和以南孔圣地孔氏南宗家庙为

代表的孔子文化,它们是衢州市悠长历史文化中的宝贵财富与典型代表,也是衢州市文化产业发展的重要支撑与文化源泉。围绕孔子文化,要聚焦于南孔古城复兴与国家级儒学文化产业园区建设,大力推动南孔文化创造性转化、创新性发展,按照产城人文融合发展的理念,实施"千年古城"复兴计划,建设彰显古韵的南孔古城。儒学文化产业园区要精准招商引智,加强文化产业载体建设,逐步形成以数字文化产业为主,以工艺美术、文化旅游、研学教育等为辅的现代文化产业体系。围绕棋子文化,深入挖掘和弘扬"千年烂柯"围棋历史,推进"世界围棋圣地"建设,打响"围棋仙地"文化品牌,深入实施围棋育苗工程、"学校＋俱乐部"结对发展模式,持续推动"围棋七进"活动,提高衢州市围棋的普及率和整体水平。要大力发展围棋产业,打造烂柯围棋文化园,启动创建烂柯山国家级旅游度假区,办好"烂柯杯围棋冠军赛"等系列围棋赛事。

(四)推动科技创新,数字赋能产业发展

随着科技发展,数字科技与文化产业交融程度越来越深,数字赋能文化产业成为不可避免的发展方向。未来,衢州市要不断加强文化产业的数字赋能与科技创新。一是要提升衢州市数字文化和旅游产业创新能力。开发云旅游、云文化消费等数字产品,推进数字文化、数字旅游产业发展,支持全市4A级以上景区打造一站式智慧景区。二是要利用数字技术手段推动数字化平台建设。要打造衢州市数字文旅实验室,研发优质数字文化产品、服务和场景,开发线上、线下数字文旅体验项目,提供高度智能化的文旅产品和服务。不仅要开发线上文博、线上云游、线上预约以及线上文旅平台,还要开发线下沉浸式场景,开发以无人、无接触服务为特征的智能服务场所。三是要构建文旅智慧大脑。聚焦跨部门的多业务协同和数字化、平台化集成应用2大关键,打造全市文旅中枢,做实、做强数据开放共享、创新应用和服务保障;积极推进旅游信息监测与管理技术、区域游客承载量承载技术、旅游数据智能采集和统计分析技术等的创新发展。

参考文献

[1] 方思远.推进南孔文化产业化发展[J].文化产业,2023(22):154-156.

[2] 衢州市发展和改革委员会,衢州市文化广电旅游局.关于印发《衢州市文化和旅游发展"十四五"规划》的通知[EB/OL].(2021-08-16)[2024-07-07].https://www.qz.gov.cn/art/2021/8/16/art_1229542783_59004964.html.

[3] 衢州市人民政府办公室.印发关于加快建设"世界围棋圣地"若干政策措施的通知[EB/OL].(2023-03-24)[2024-07-07].https://www.qz.gov.cn/art/2022/3/24/art_1229561563_2398117.html.

[4] 衢州市统计局.2022年衢州市国民经济和社会发展统计公报[EB/OL].(2023-3-17)[2024-07-07].http://tjj.qz.gov.cn/art/2023/3/17/art_1512010_58919784.html.

[5] 衢州市统计局.2022年衢州市人口主要数据公报[EB/OL].(2023-3-15)[2024-07-07].http://tjj.qz.gov.cn/art/2023/3/15/art_1512010_58919770.html.

［6］衢州市统计局.衢州市 2023 年统计年鉴［EB/OL］.（2023-12-22）［2024-07-07］.http://tjj. qz. gov. cn/art/2023/12/22/art_1229778324_58920641. html.

［7］衢州市统计局.2022 年衢州经济运行情况［EB/OL］.（2023-01-28）［2024-07-07］.http://tjj. qz. gov. cn/art/2023/1/28/art_1512005_58919599. html.

［8］衢州市文化广电旅游局.2022 年工作总结［EB/OL］.（2023-06-26）［2024-07-07］.https://www. qz. gov. cn/art/2023/6/26/art_1229461219_59031550. html.

［9］衢州市文旅局.关于持续开展"全球免费游衢州"活动方案［EB/OL］.（2023-11-1）［2024-07-07］.https://www. qz. gov. cn/art/2023/11/1/art_1229567712_5197338. html.

［10］衢州市文化广电旅游局.关于印发《衢州市文旅企业贷款贴息工作实施办法》的通知［EB/OL］.（2022-06-14）［2024-07-07］.https://www. qz. gov. cn/art/2023/11/1/art_1229567712_5197338. html.

［11］衢州市文化广电旅游局.问"衢"哪得美如许？唯有源头活水来！［EB/OL］.（2022-12-10）［2024-07-07］.https://mp. weixin. qq. com/s/_92d1xd47VcO-YWf9Fgz2w.

［12］浙江衢州文学艺术界联合会.衢州市文艺精品扶持工程第十批拟入选项目公示［EB/OL］.（2022-12-10）［2024-07-07］.https://mp. weixin. qq. com/s/xFcKpnqLKmfFXfq4k5zv0g.

［13］张婧.衢州儒学文化产业园:让传统文化接地气、入人心［N］.中国文化报,2022-05-07（002）.

［14］郑亿.衢州"两子"文化创新发展对策研究［J］.宁波经济（三江论坛）,2024（03）:38-40 ＋22.

2023年丽水市文化产业发展报告

曾照智

2022年,丽水市坚持以习近平新时代中国特色社会主义思想为指导,全面学习宣传贯彻党的二十大精神和浙江省第十五次党代会精神。坚毅笃行"丽水之干",统筹新冠疫情防控与经济稳进提质,全市经济运行保持向好态势,社会大局和谐稳定,高质量发展取得新成效。在常态化疫情防控的特殊时期,丽水市持续推进公共文化服务建设,积极推动地方文化的保护、传承与传播,全方位激活文化产业的市场活力,有效促进了文化产业的复苏与发展。

一、丽水市文化产业发展环境

(一)区位环境

丽水市古名"处州",其取自明代《名胜志》,"隋开皇九年,处士星见于分野,因置处州"。丽水市地处浙江省西南部与浙、闽两省接合部,东南与温州市接壤,西南与福建省宁德市、南平市毗邻,西北与衢州市相接,北部与金华市交界,东北与台州市相连,总面积为1.73万平方千米,占全省土地总面积的16.38%,是浙江省陆域面积最大的地级市。全市设1个市辖区、7个县,代管1个县级市;全市常住人口达251.5万人。

丽水市自然山水资源丰富,生态环境优美。习近平总书记曾赞叹其"秀山丽水、天生丽质"。山是江浙之巅,海拔在1000米以上的山峰有3573座;水是六江之源,瓯江、钱塘江、闽江、飞云江、灵江和福安江的源头都在丽水市,形成了南明湖及生态河川、遂昌十八里翠、松阳松阴溪、景宁畲乡绿廊、云和梯田、缙云好溪和瓯江源—龙泉溪7处国家水利风景区。丽水市水和空气的质量常年居全省前列,是全国空气质量十佳城市中唯一的非沿海、低海拔城市,生态环境质量连续19年居浙江第1,全市森林覆盖率达到79.9%。优越的自然生态环境造就了丰富的地文景观、河湖水域景观、生物景观以及天象与气候景观,如浙江省第一、第二高峰就位于丽水市龙泉市、庆元县等地区,蕴藏着百山祖冷杉、瓯江鼋、峡谷、湖泊、温泉、雾凇、高山草地、高山湿地等多样化的资源单体。

(二)文化环境

丽水市文化底蕴深厚,历史遗存丰富。具有明地域性、辨识度与唯一性的好川文化、山哈文化、红色文化、侨乡文化、畲乡文化、摄影文化、根雕文化、廊桥文化、瓯江文化,再叠加龙泉青瓷、龙泉宝剑、青田石雕等"丽水三宝",龙泉青瓷制作技艺、庆元木拱廊桥制作技艺、遂昌班春劝农等3项人类非遗,青田稻鱼共生系统、庆元林菇共生系统等两大全球重要农业文化遗产,通济堰、松古灌区等 2 个世界灌溉工程遗产,以及众多的非遗、不可移动文物、浙江文化标识等,共同铸就了丽水市丰富多彩的历史文化资源。

(三)产业环境

千百年来,丽水市历史人文荟萃,自然资源富集,红色沃土遍布,形成了丰富多样的文化和旅游资源,它们是丽水市文化产业和旅游业发展的重要根基。丽水市在工艺美术品制造、文化用品制造、油画、摄影等文化产业领域具有广泛的基础,发展了青瓷、宝剑、石雕、木制玩具、竹制品、农业观光、生物医药等特色产业群。龙泉市的青瓷、宝剑,青田县的石雕,莲都区、庆元县等地的文具制造,云和县、龙泉市等地的玩具制造,遂昌县的旅游、黑陶和竹炭,缙云县的影视产业基地和灯具制造业,莲都区"古堰画乡"的油画、摄影基地打造等都已形成具有独特优势的产业。各县(市、区)围绕自己特色文化资源,积极策划举办丽水摄影节、龙泉青瓷・龙泉宝剑文化旅游节、青田石雕文化节、云和木制玩具文化节、庆元香菇文化节、缙云祭祀黄帝典礼、遂昌汤显祖文化节、松阳银猴茶业节、景宁中国畲乡"三月三"、处州白莲节等节庆活动,并形成一定规模的节庆产业。

(四)经济环境

2022 年,丽水市高效统筹新冠疫情防控,经济社会发展取得积极成效,经济总量持续扩大,发展质量稳步提高。全市生产总值达 1830.87 亿元,比上年增长 4.0%(全省排名第 4),高于全国平均水平 3.0%且高于全省平均水平 3.1%。18 项生产总值核算主要基础指标中,有 10 项增速排名全省前 3,其中 4 项居全省第 1。第一产业、第二产业、第三产业增加值分别为 117.71 亿元、705.91 亿元、1007.25 亿元,比上年分别增长 4.4%、4.3%和 3.9%,三次产业结构为 6.4∶38.6∶55.0。人均生产总值为 72812 元,比上年增长 3.9%,高出全省平均水平 1.7 个百分点,增速居全省各市第 3 位。规模以上工业增加值增长 5%,达到 399.58 亿元;规模以上工业产值首次突破 2000 亿元。服务业增加值首破千亿元大关,增速居全省第 1。固定资产投资增长 16%,连续 12 个月居全省前 2。全市数字经济核心产业增加值达 71.1 亿元,比上年增长 19.2%,增速比全省平均水平高出 11.8 个百分点。数字经济核心产业增加值占地区生产总值的比重为 3.9%,比上年提高 0.4 个百分点,其中,数字经济核心产业制造业增加值达 23.1 亿元,比上年增长 18.9%,增速高出规模以上工业 13.9 个百分点。丽水市的 9 个县(市、区)均属于浙江省山区 26 县范畴,故总体上丽水市的经济社会发展在全省排名相对靠后,但保持稳步增长的社会经济发展仍为丽水市文化产业的高质量发展提供了强大的助力。

二、丽水市文化产业发展现状

(一)产业总体发展现状

2022 年,丽水市的社会经济承压前行、稳中向好,文化及相关产业稳步发展。分县域看,9 个县(市、区)营业收入呈"五升四降"局面。松阳县、庆元县、青田县文化产业保持良好发展态势,比上年分别增长66.7%、34.1%和33.7%。云和县规模以上文化及相关产业营业收入达46.28亿元,占全市文化产业营业收入的比重达35%,但受玩具制造业的影响,比上年下降2.8%(见表1)。

表1 2022年全市规模以上文化及相关产业营业收入情况

地区	单位数/家	营业收入/亿元	同比增速/%
全市	209	130.91	5.8
莲都区	36	20.65	0.4
青田县	13	7.96	33.7
缙云县	16	9.10	-4.8
遂昌县	9	9.01	10.7
松阳县	4	5.40	66.7
云和县	68	46.28	-2.8
庆元县	24	15.88	34.1
景宁县	9	3.55	-2.4
龙泉市	30	13.08	-0.6

数据来源:武喆.2022年全市规上文化及相关产业营业收入增速居全省第三[EB/OL].(2023-02-02)[2024-08-10]. http://tjj.lishui.gov.cn/art/2023/2/2/art_1229215960_58845684.html.

(二)产业分类发展现状

1.新闻信息服务

近年来,丽水市积极推进传播媒体的深度融合,持续提升信息传播的影响力,扩大其覆盖面。2022年,丽水市订销报刊累计32702万份,较上年有所增长,如表2所示。作为丽水市传媒行业的龙头企业,丽水日报报业传媒集团有限公司积极参与媒体融合发展,与浙江日报报业集团及其他媒体机构进行紧密合作,通过共享联盟的形式,实现了强强联合、优势互补,深化了人员交流和业务交流,取得了丰硕的成果,打造了浙江媒体深度融合发展的"金名片"。

表2 2020—2022年丽水市订销报刊情况

年份	订销报刊累计份数/千份
2020	34751
2021	32623
2022	32702

数据来源:《丽水统计年鉴2021》《丽水统计年鉴2022》《丽水统计年鉴2023》。

2.内容保存服务

2022年,丽水市共有文化馆10家、文化站173家、图书馆10家、博物馆22家和文物保护管理机构 10 个,如表 3 所示。县级文化馆和图书馆覆盖率均达 100%,乡镇(街道)综合文化站和村(社区)文化服务中心实现全覆盖。在文化资源的保护与传承方面,丽水市入选人类非遗名录 3 项(龙泉青瓷传统烧制技艺、庆元县中国传统木拱廊桥营造技艺、遂昌班春劝农)、国家级非遗名录 21 项、省级非遗名录 114 项、市级非遗名录 304 项;拥有不可移动文物 8000 余处,其中全国重点文物保护单位 17 处,省级文物保护单位 77 处,市、县级文物保护单位 446 处。

表 3　2020—2022 年丽水市主要文化事业发展指标

指标	2020 年	2021 年	2022 年
文化馆/家	10	10	10
文化站/家	173	172	173
图书馆/家	10	10	10
图书馆藏书/千册	5187	5288	3888
博物馆/家	21	22	22
博物馆藏量/件	58756	60067	60067
文物保护管理机构/个	13	13	10

数据来源:《丽水统计年鉴 2021》《丽水统计年鉴 2022》《丽水统计年鉴 2023》。

3.创意设计服务

2022 年,丽水市的创意设计服务产业持续发力,力求有所突破。作为丽水市的生态工业五大主导产业集群之一,丽水市的时尚产业发展表现得十分亮眼,以丽水经开区时尚产业、青田休闲鞋服、庆元竹木家居等为重点,打造时尚产业生态圈,产业集群优势不断提升。在本年度,庆元县新招引落地竹木产业项目 15 个,占制造业项目的 60%;青田时尚鞋服产业通过原材料创新、工艺创新、产品创新,实现专利数量的增加与产品质量的提升,产业链整体规模预计突破 60 亿元。

在文创产品的开发与生产领域,云和县的木玩产业发展迅速,2022 年上半年实现营业收入 23.03 亿元,增长 51.3%,拉动全市增长 14.8 个百分点;"云和木玩"成功入选浙江省首批 100 个"浙江文化标识"培育项目。云和木玩产业聚力引进文创元素,加强木玩与文化相结合,推动木玩企业与文创艺术类企业、科研机构和高等院校进行深度合作,塑造自有品牌;打造木玩产业品牌发展高地,已经逐步实现从贴牌加工到自主创新、从木头玩偶到文化创意、从产业名城到文创名城的跨越。

4.文化传播渠道

2022 年,丽水市艺术表演团体由 2021 年的 162 个减少至 149 个,艺术表演场所仍为 8 个,如表 4 所示。为应对新冠疫情带来的冲击,丽水市加大力度促进文化艺术的传播与交流,打造特色文艺品牌,传播地方文艺精品。2022 年,丽水市成功举办首届丽水艺术节、乡村春晚原创歌曲大赛等系列文艺活动,丽水市的原创艺术精品获奖数量和等次创新高。越剧《绿水青山》在浙江省人民大会堂公演;推进文艺星火赋美工程,推进全民艺术普及,打造 10 个"处州小剧场"和 24 个"村晚梦剧场"星火点位,联动城乡打造流动的文化景观;举办全国村晚联盟大会、"同村晚 共富裕"全国乡村春晚"百县万村"联动活动,乡村春晚标准化试点成为全省唯一入选第五批全国农村综合改革标准化试点的项目;龙泉市城北乡木偶戏、花鼓戏和缙云县新建镇婺剧入选第三批浙江省戏曲之乡。为进一步加深地方文化交流,丽水市文化和广电旅游体育局组织人员赴安徽黄山、四川泸州等地,举办"丽水三宝"大师作品展、红军挺进浙西南革命文物泸州展。遂昌县汤显祖纪念馆入选浙江省公共文化国际交流基地。

表 4　2020—2022 年丽水市艺术表演团体发展情况

指标	2020 年	2021 年	2022 年
艺术表演团体/个	2	162	149
艺术表演场所/个	1	8	8

数据来源:《丽水统计年鉴 2021》《丽水统计年鉴 2022》《丽水统计年鉴 2023》。

5.文化投资运营

(1)文化资金投入

2022 年,受新冠疫情的巨大冲击,丽水市文化、体育和娱乐业固定资产投资增速减慢,可比增速降至 49.4%(见表 5)。为了激发文化产业发展的活力,丽水市坚持"抓大项目,大抓项目",改革招商思维、拓展投资路径,加大文化产业项目的招引、落地与建设。以丽水市文旅产业为例,本年度全市实施文旅投资项目 282 个,累计完成投资 457.42 亿元,同比增长 45.55%,投资综合评价稳居全省第二梯队。文旅共签约项目 28 个,总签约额 130.08 亿元,签订意向、框架协议 21 个,签约额 108.16 亿元;签订正式协议 7 个,签约额 21.92 亿元。那云天空之城、花园路精品酒店等旗舰型文旅项目相继建成运营。

表 5　2020—2022 年丽水市文化、体育和娱乐业固定资产投资情况

年份	固定资产投资可比增速/%
2020	−46.8
2021	82.0
2022	49.4

数据来源:《丽水统计年鉴 2021》《丽水统计年鉴 2022》《丽水统计年鉴 2023》。

(2)文化市场运营

2022 年,丽水市共有 209 家规上文化及相关产业企业营业收入合计 130.9 亿元,比上年增长 5.8%,增幅比全省高 6.5 个百分点,在 11 个地级市中位居第 3。分产业类型看,丽水市的文化及相关产业的 3 个产业类型均实现增长。133 家文化制造业营业收入 83.92 亿元,增长 5.0%。其中,笔墨制造业营业收入 17.81 亿元,增长 28.8%;玩具制造业营业收入

40.73 亿元,下降 9.4%。43 家文化批发和零售业营业收入 34.31 亿元,增长 3.4%。33 家文化服务业营业收入 12.67 亿元,增长 19.5%,如表 6 所示。

表 6　2022 年丽水市规模以上文化及相关产业企业基本情况

产业类型	单位数/家	营业收入/亿元	同比增长/%
文化制造业	133	83.92	5.0
文化批发和零售业	43	34.31	3.4
文化服务业	33	12.67	19.5

数据来源:武喆.2022 年全市规上文化及相关产业营业收入增速居全省第三[EB/OL].(2023-02-02)[2024-08-10].http://tjj.lishui.gov.cn/art/2023/2/2/art_1229215960_58845684.html.

6.文化娱乐休闲服务

经过多年发展,文旅产业已成为丽水市文化产业的战略性支柱产业,服务水平持续提升。2022 年,受新冠疫情的影响,丽水市全年旅游总收入为 282.8 亿元,按可比口径计算,比上年降低 10.2%。其中,国内旅游接待游客 2293.8 万人次,营业收入达到 282.8 亿元;国际旅游接待游客 669 人次,外汇收入达到 21 万美元。

2022 年,丽水市的旅游业整体发展情况如表 7 所示。分县域看,庆元县的旅游业实现了较快的发展,2022 年接待旅游总人数达到 107 万人次,同比增长 5.4%;实现旅游总收入达到 13.7 亿元,同比增长 10.4%。除了庆元县以外,其余 8 个县(市、区)均受到新冠疫情的较大冲击,增速明显下滑,尤其是云和县、遂昌县与缙云县,营业收入分别降低 18.7%、16.1%、15.2%,损失较大。

表 7　2022 年丽水市旅游业发展状况

地区	旅游总人数		旅游总收入	
	绝对额/万人次	同口径比/%	绝对额/亿元	同口径比/%
丽水市	2293.8	-12.9	282.8	-10.2
莲都区	461.0	-19.4	68.9	-3.4
青田县	169.2	-11.8	21.9	-6.0
缙云县	318.6	-8.0	34.4	-15.2
遂昌县	318.7	-18.8	39.8	-16.1
松阳县	239.4	-12.7	29.9	-7.9
云和县	211.3	-11.6	22.3	-18.7
庆元县	107.0	5.4	13.7	10.4
景宁县	255.0	-1.9	25.7	-13.2
龙泉市	213.7	-16.3	26.1	-13.2

数据来源:《2022 年年度分县(市、区)旅游主要指标情况》。

7.文化辅助生产和中介服务

(1)文化辅助用品制造

2022年,受新冠疫情影响,丽水市文化生产的辅助用品制造市场规模未见明显增长。以机制纸及纸板产量为例,全市拥有规模以上机制纸企业14家,比上一年增加1家;完成机制纸及纸板产量24.68万吨,占全省总产量的比例为1.54%,均比上一年略有减少。如表8所示。

表8 2020—2022年丽水市机制纸及纸板产量情况

年份	企业数量/家	机制纸及纸板产量/万吨	占全省产量比例
2022	11	24.08	1.66
2021	13	26.03	1.76
2022	14	24.68	1.54

数据来源:《浙江省造纸工业2020年运行报告及2021年展望》《浙江省造纸工业2021年运行报告及2022年展望》《浙江省造纸工业2022年运行报告及2023年展望》。

(2)版权服务

2022年,丽水市知识产权行政保护绩效考核在全国159个副省级城市及地级市中综合排名位列第14位,连续2年获国家知识产权局通报表扬。2022年,丽水市新认定国家高新技术企业180家,入围浙江省首台(套)装备11个,"首版次"软件产品和版权服务工作站实现"0"的突破。全市每万人高价值发明专利拥有量达4.3件,增幅居全省第1。商标总数突破9万件,实现版权登记203件。在农业方面,丽水市获得省部级品种审定1个,成功选育新品种3个。

丽水市不断完善机制体制、提升执法质效、加强司法保护,知识产权保护效能稳步增强。2022年,全市市场监管系统立案查处知识产权领域案件136起,涉案金额达2462万元,移送公安机关案件24起;市委宣传部推动全市安装使用正版办公软件12.7万个;文广旅体部门办理出版印刷类案件3起,共计收缴非法出版物734册;丽水市海关开展知识产权备案企业7家。丽水市公安机关立案知识产权类案件24起;法院系统共受理知识产权类案件1700余件,其中市中院立案244件,涉及刑事案件7件,共处罚金145万元;检察系统共受理知识产权审查起诉案件11件。

与此同时,丽水市知识产权转化运用得到有效提升,覆盖范围更广,助富动能更强。2022年,丽水市在全省率先启动全域成果转移支付试点工作,建成6家成果转化"加速器"和5家技术技能创新服务平台。同时,丽水市实现知识产权质押融资超45亿元,同比增长350%;人才科技类贷款余额为174.1亿元,同比增长77.16%;签订专利保险合同1169单,累计保额2.02亿元;签订全省首单"丽水山耕"区域公用品牌综合保险合同,涉及保额9200万元。值得一提的是,"运用'庆元香菇'地理标志促进乡村振兴工程"项目入选国家知识产权局地理标志运用促进工程重点名录。

（3）会议展览服务

2022 年，丽水市举办了以"世界影像，丽水坐标"为主题，突出青春、时尚、先锋特色的世界摄影大会，以摄影文化将丽水市打造成为"国际摄影名城"。为纪念著名艺术家李震坚百年诞辰，丽水市美术馆举办了由中国美术家协会、中国美术学院、中共丽水市委宣传部、浙江美术馆联合主办的"大道行深——纪念李震坚诞辰一百周年作品展丽水巡展"。松阳县文化馆举办了"江南秘境 松阳古村落摄影展"活动，将摄影展送入松阳各乡镇、街道"15 分钟品质文化生活圈"和文化礼堂，共计 30 场，把优质的公共文化服务延伸至广大基层，实现城乡公共文化资源共享。由浙江省人民政府主办的壬寅（2022）年中国仙都祭祀轩辕黄帝大典在缙云县举行，此次祭典活动对深入挖掘、弘扬"黄帝文化"的精神内涵和时代价值，增强中华儿女的民族认同感，助力"两个先行"起着推动促进作用。缙云县博物馆还举办了"黄帝文化标识建设成果"主题展览，内容包含黄帝文化传承历史、历届祭典盛况、黄帝文化基因解码转化利用。

三、丽水市文化产业发展政策

（一）《丽水市文化和旅游发展"十四五"规划》

2022 年 2 月，丽水市文化和广电旅游体育局正式发布《丽水市文化和旅游发展"十四五"规划》。该规划提出，到 2025 年，丽水市将聚焦高质量、现代化，全面推进文化和旅游产品升级、服务升级、品牌升级、合作升级、改革升级，走出文化和旅游塑城兴城、富民惠民的特色道路，打造具有独特韵味、深厚人文内涵、蓬勃生机活力的文旅强市；到 2035 年，丽水市要建成历史经典与现代时尚交相辉映，全域旅游与丽水文化深度融合，充满文化魅力和旅游活力的全国文化和旅游高质量发展标杆城市。

（二）《丽水市文旅导师工作室建设管理暂行办法（试行）》

为了进一步推动丽水市"招才引智""文旅融合"工作在新时代的发展，加强丽水市文化和旅游领域高水平、高技能人才队伍建设，丽水市文化和广电旅游体育局制定发布了《丽水市文旅导师工作室建设管理暂行办法（试行）》。该办法提出，丽水市文旅导师工作室是由经丽水市文化和广电旅游体育局认定，由丽水市文化和旅游领域视觉艺术、表演艺术、非遗、文博、地方文化研究、旅游规划、产品创作与设计、销售、运营管理、新业态等方面的人才领办的，主要承担师带徒传承技艺、合作互补创新业务、引领带动产业发展、塑造形象传播丽水等职责的平台和场所，旨在破解人才短缺，提升人才创业创新能力，促进文旅产业良性发展。

（三）《丽水市中小学文化艺术类校外培训机构监督管理实施意见（试行）》

为培育高质量文化艺术培训行业，打造高水平文化艺术阵地，建设高标准教育良好生态体系，深化文化艺术类校外培训行业监管，积极引导文化艺术类校外培训机构"以美育人"，结合丽水实际，丽水市文化和广电旅游体育局联合市教育局修订了《丽水市中小学文化艺术类校外培训机构监督管理实施意见（试行）》。该意见提出，要执行文化艺术类校外培训机构准入制度,规范审核登记程序和退出机制,落实文化艺术类校外培训机构职责,强化组织领导、监督管理与权责分工。

四、丽水市文化产业发展经验

(一)持续助力文化和旅游的产业发展与资源开发

在中央及省政府的支持下,丽水市大力促进文旅产业的深度融合和高质量发展,产业发展和资源开发成果丰硕。丽水市的旅游开发大为加速,生态保护与历史遗址、遗迹保护大为加码,非遗保护与传承大为加强。这为新时代文化和旅游资源的发现、挖掘以及进一步的开发利用打下了坚实的基础,也进一步奠定了丽水市主客共享、全域开发的高质量文旅资源开发利用的基础。

2022年,丽水市的文旅产业稳进提质综合评价位居全省第4名;花园路精品酒店、那云天空之城等项目建成开放,郎奇白桥康养旅游、缙云城市滨江休闲服务中心、松阳清露乡隐旅游度假区等项目稳步推进,全市实施文旅投资项目综合评价稳居全省第二梯队;全年完成275个旅游业微改造示范点市级民生实事项目;4家单位被纳入第一批山区26县"造月工程"培育名单,入选数量全省第一;云和梯田被列入省文化和旅游厅国家5A级景区推荐名单,瓯江风情旅游度假区入选国家旅游度假区意向名单,遂昌金矿国家矿山公园景区入选国家5A级旅游景区意向名单;市区创成全省首个市区主体4A级景区城,景宁创成全市首个5A级景区城,全市景区城、镇、村覆盖率分别达100%、84.4%、74.4%;云和县创成省级全域旅游示范县,庆元县通过第5批省级全域旅游示范县验收认定。

(二)全力推进产业升级,促进产业融合与数字化转型

丽水市不断推进产业融合与升级。助力农文旅融合,加快推动"丽水山景"与"丽水山耕""丽水山居"融合发展、协同发展,推动更多的文化资源、生态资源转化为旅游产品;加快"旅游+农业""旅游+文化""旅游+研学"等融合发展,积极探索多元化的旅游产业融合发展体系。2002年,丽水市持续打响"丽水山景""丽水山路"品牌,成为全省唯一"浙江乡村旅游产业转型升级试点市",实施"万户农家旅游致富"计划,总帮扶结对率达到105%;新增全国乡村旅游重点村2个,全国乡村旅游精品线路1条,3个村庄入选全省首批金3A级景区村庄培育名单;"丽水市乡村旅游转型升级路径探索"入选全省文化和旅游共同富裕最佳实践案例;评选首批"丽水山景"示范基地35家;推进丽水味道走进省党代会、省委党校、省文化和旅游厅、政府接待菜单等;新增省级"百县千碗"旗舰店1家、体验店31家;强化"处州游学"品牌建设,评选"处州游学"十佳基地。4地通过浙江省文旅产业融合试验,新增省级文化产业、工旅融合、中医院养生融合示范基地7家;饭店业品质提升取得历史性突破,新增2家国家五星级旅游饭店;举办"万象市集"等文旅四季活动、"来丽水,体验年轻态的康养生活"主题疗休养推介交流活动,助力旅游市场回暖。

丽水市着眼深化文化产业的数字化改革,强化基层智治、场景应用、工作体系综合集成,

推动平台、数据、应用全面贯通。坚持数字化改革"一号工程",以"小切口"做好"大集成",全面推进数字文化应用场景建设,初步建成了"一中心、一平台、多应用"智慧旅游服务体系;文旅融合数字化集成应用场景"全民阅读数智通""村晚梦剧场"正式上线;"丽水山路""一机游丽水"(畅游美丽大花园)完成升级,并获评"全省数字文化跑道"优秀应用;"处州游学一张网"获评"全省文化和旅游数字化改革"最佳应用。

五、丽水市文化产业发展展望

(一)打造地方文旅"金名片",塑造城市文化卓越品牌

丽水市将加大对瓯江沿线的山水资源、经典产业、文化文物、古镇古村等特色资源的整合力度,大力发展文化演艺旅游、红色旅游、研学旅游、康养旅游等旅游新兴业态,深化推进瓯江山水诗路黄金旅游带和瓯江文创产业带建设;大力发展红色旅游,加快红色旅游项目前期推进和落地建设;开展旅游民宿等级评定及旅游民宿质量评价,规范提升我市民宿特色发展;加快推进乡村旅游重点村建设,储备一批乡村旅游重点村和"能人"(项目)培育单位。

丽水市将加快提升城市软实力,深耕城市文化,塑造城市品牌。加快建设宜居之城、畅通之城、清洁之城、绿色之城、花园之城、书香之城,化育城市精神气质,以深入弘扬、践行浙西南革命精神为推动,守好"红色根脉",实施"德润处州"行动,打造"诚信丽水",深化文明典范城市创建;一体化推进"丽水山居""丽水山景""丽水味道""万象市集"等具有丽水辨识度的文旅消费品牌提档升级;办好仙都黄帝祭典、丽水摄影节、世界青瓷大会、中国畲乡"三月三"、丽水马拉松等大型活动;大力发展夜间经济,常态化打造"处州万象夜"沉浸式演艺品牌;加快培育数字影像、剑瓷、石雕、木玩、文体用品等五大百亿文化产业集群,使文化产业增速保持全省前列,扩大城市影响力,让丽水市的城市文化品牌更有辨识度、美誉度。

(二)优化城市文化服务,构建现代文化服务体系

丽水市将致力于构建城乡一体的现代化公共文化服务体系,促进城乡公共文化服务均衡发展。协调推进公共文化场馆景区化、基层文化站等级提升、图书馆总分馆建设。市博物馆和市图书馆争创国家一级馆;推出《丽水市文博空间随行卡》,形成"文博旅游一张网";以"村晚"品牌建设为抓手,完善城乡公共文化服务网络,深化全国农村综合改革标准化试点项目建设,筹建中国群众文化学会乡村春晚分会;加快省基本公共文化服务标准化重点市、县建设,推进"15 分钟品质文化生活圈"全面覆盖,形成"线上线下、主客共享"的全域高品质现代化文化服务供给体系,使人民群众的文化生活更加丰富、充实。

在文旅服务方面,丽水市将迭代升级"一机游丽水"平台。从方便游客角度出发,串联吃、住、行、游、购、娱的旅游要素,增加服务企业、让利优惠、文化活动等内容,推动"一机游丽水"App 成为游客会用、好用、经常用的文旅服务平台;结合全年营销活动,加大平台参与度和推广度,全面对接"旅游通""长三角一卡通""浙里文化圈"等公共服务平台,与 OTA 平台合作联动;迭代升级"秀山丽水·文旅一卡通",扩大市场主体覆盖,提升体验感并拓展用户群。

参考文献

[1] 丽水市人民政府.2023年丽水市政府工作报告[EB/OL].(2023-03-07)[2024-08-06].
http://www. lishui. gov. cn/art/2023/3/7/art_1229283363_5076348. html.

[2] 丽水市发展和改革委员会.丽水市2022年国民经济和社会发展计划执行情况[EB/OL].
(2023-03-08)[2024-08-10]. http://fgw. lishui. gov. cn/art/2023/3/8/art_1229226403_
58721602. html.

[3] 丽水市统计局,国家统计局丽水调查队.丽水统计年鉴2021[M].北京:中国统计出版
社,2021.

[4] 丽水市统计局,国家统计局丽水调查队.丽水统计年鉴2022[M].北京:中国统计出版
社,2022.

[5] 丽水市统计局,国家统计局丽水调查队.丽水统计年鉴2023[M].北京:中国统计出版
社,2023.

[6] 丽水市文化和广电旅游体育局.丽水市文化和广电旅游体育局2022年工作总结和2023年
工作要点[EB/OL].(2023-03-08)[2024-08-10]. http://www. lishui. gov. cn/art/2023/5/
11/art_1229268115_5110906. html.

[5] 丽水市人民政府.持续推进"稳进提质赛马机制",全力激发文旅经济活力[EB/OL].
(2023-07-12)[2024-08-20]. http://www. lishui. gov. cn/art/2023/7/12/art_1229738350_
57348165. html.

[6] 丽水市经济和信息化局.丽水时尚产业生态圈的"智造"跨越之路[EB/OL].(2023-08-11)
[2024-08-27]. http://jxj. lishui. gov. cn/art/2023/8/11/art_1229243840_58719332.
html.

[7] 云和县融媒体中心.云和构建木玩文化产业发展新格局[EB/OL].(2022-08-31)[2024-08-27].
http://www. yunhe. gov. cn/art/2022/8/31/art_1229376214_59106306. html.

[8] 谢佳俊,陈垭霓.我市知识产权行政保护绩效考核排名全国第14位[EB/OL].(2023-04-25)
[2024-08-27]. http://www. lishui. gov. cn/art/2023/4/25/art_1229218389_57345801.
html.

2023 年金华市文化产业发展报告

曾照智

2022 年,面对复杂严峻的国内外形势和多重超预期因素的冲击,金华市坚持以习近平新时代中国特色社会主义思想为指导,统筹新冠疫情防控和经济发展,打好稳进提质、除险保安、塑造变革的组合拳,形成基础产业支撑有力、内生动力持续增强、民生保障稳步提升、经济延续稳中加固的态势。在新冠疫情防控的特殊时期,金华市坚持推动文化产业发展,促进文化传播与繁荣,提升社会文明水平和城市形象,拉动经济增长,以文化发展助力经济复苏。

一、金华市文化产业发展环境

(一)区位环境

金华市地理位置十分优越,位于浙江省中部,东邻台州市,南毗丽水市,西连衢州市,北接绍兴市、杭州市。全市下辖 2 个区、3 个县,代管 4 个县级市,总面积达 10942 平方千米;全市常住人口达 712.7 万人。金华市是浙江地貌景观最丰富的地区之一,"三面环山夹一川,盆地错落涵三江"是金华市地貌的基本特征,地处金衢盆地东段,地势南北高、中部低。金华市境的东、东北有大盘山、会稽山,南属仙霞岭,北、西北接龙门山及千里岗山脉,有国家级风景区双龙洞,黄大仙祖宫亦坐落于此;有省级风景区永康市方岩,兰溪市六洞山地下长河、诸葛八卦村,浦江县仙华山,武义县郭洞—龙潭,磐安县花溪、百杖潭、双峰漂流、大盘山国家自然保护区,婺城区仙源湖旅游度假区、汤溪九峰山,东阳市花都—屏岩等。得天独厚的地理条件为金华市旅游业的发展奠定了重要基础。

金华市历史悠久,拥有丰厚的文化遗产。金华市已公布各级文物保护单位 971 处,其中全国重点文物保护单位 38 处、省级文物保护单位 132 处、市县级文物保护单位 801 处;已公布文物保护点 1142 处。金华市获"国家历史文化名城",有东阳市、兰溪市 2 座省级历史文化名城,古子城历史文化街区、雅畈历史文化街区 2 个历史文化街区,以及历史文化名镇、名村 48 个,其中中国历史文化名镇 2 个、中国历史文化名村 10 个、省级历史文化名镇 9 个、省级历史文化名村 27 个;有中国传统村落 104 个、省级传统村落 16 个、市级传统村落 42 个。丰厚的文化资源为金华市的文化产业发展提供了强大支持。

(二)产业环境

作为长三角经济圈的重要节点城市,金华市依托其优越的地理优势与深厚的文化积淀,形成了独特的文化产业发展格局。2022年,金华市持续优化文化产业的发展环境,不断推进文化创意、数字文化和文化旅游的深度融合。尤其是在横店影视城的带动下,影视产业已成为推动金华市文化产业发展的重要支柱。作为中国最大的影视拍摄基地,横店影视城吸引了全国众多的影视剧制作团队,出品了众多精品剧作。2022年12月,中共中央宣传部第16届精神文明建设"五个一工程"获奖名单正式公布,7部浙江作品入选,其中有5部系横店影视出品。

与此同时,金华市抓紧出台文化产业金融支持政策,为产业发展营造良好的氛围;建立专项基金及产业基金,鼓励社会资本参与文化"新业态",助力文化企业发展壮大;加快建设营商环境最优市,引导文化企业发挥自身优势,利用电销及网商等多种营销新模式,降本增效,提高文化产业质量效益和核心竞争力,从而带动文化产业各项经济指标进一步趋好。特别是加大对影视、文创产业以及数字内容创作领域的扶持力度,推动文化产业的多元化和数字化发展,为文化企业提供了广阔的发展空间。

(三)经济环境

作为浙江省民营经济的重要发祥地,金华市持续优化营商环境,促进社会经济健康发展,持续焕发市场活力。2022年,金华市坚持以习近平新时代中国特色社会主义思想为指导,统筹新冠疫情防控和经济发展,经济总量稳步提升。全市地区生产总值达5562.47亿元,同比增长2.5%;全市居民人均可支配收入达58080元,比上年增长3.9%,增速高于地区生产总值增速1.4个百分点。分产业看,第一产业增加值达161.77亿元,比上年增长1.9%;第二产业增加值达2328.48亿元,比上年增长3.0%;第三产业增加值达3072.22亿元,比上年增长2.1%。全市人均生产总值为78086元,比上年增长2.0%。第一、二、三产业增加值对地区生产总值增长的贡献率分别为2.3%、49.2%、48.5%。三次产业增加值结构为2.9:41.9:55.2。其中,全市数字经济核心产业增加值达414.56亿元,比上年增长21.6%,增速高出全省平均水平14.2个百分点,增速排名列台州市、衢州市之后,居全省第3位。数字经济核心产业增加值占地区生产总值的比重由2021年的7.1%提高到2022年的7.5%。数字经济服务业营业收入达442.04亿元,比上年增长11.5%,增速高出规模以上服务业5.1个百分点。社会经济的稳步快速发展,为金华市的文化产业发展提供了良好的经济基础和市场环境,使文化产业的潜力得以充分释放。

二、金华市文化产业发展现状

(一)产业总体发展现状

2022年,金华市文化产业的发展保持稳步发展态势,全市规模以上文化、体育和娱乐服务业实现营业收入109.11亿元,同比增长7.0%。这不仅反映了金华市文化产业在全市经济中的重要性不断提升,也显示出了金华市在推动文化产业与其他产业的协同发展上取得了显著成效。特别是在数字化转型的背景下,文化产业得以快速适应市场变化,实现了更高的经济效益;文化产业的多元化发展也丰富了文化产品的供需市场。截至 2022 年,金华市的文化产业结构已基本形成了以影视文化产业为龙头,数字娱乐、文化贸易、文化制造、文化旅游等产业齐头并进的发展格局。

(二)产业分类发展现状

1.新闻信息服务

近年来,金华市的新闻信息服务产业以传统媒体与新兴媒体融合为主,整体市场规模继续扩大,新闻服务覆盖面与用户黏性稳步提升。2022 年,金华市的报刊期发份数为 83 万份,比上年略有增加;订销报刊累计份数为 15509 万份,实现 3 年连续增长;规模以上新闻出版服务业的营业收入达 17212 万元,较前 2 年大有增长,如表 1 所示。同时,2022 年,金华市的广播人口综合覆盖率与电视人口综合覆盖率均已达到 100%,规模以上广播、电视、电影和录音制作服务业的营业收入达 1054909 万元,实现持续增长,如表 2 所示。

表 1　2020—2022 年金华市报刊出版情况

年份	报刊期发份数/万份	订销报刊累计份数/万份	规模以上新闻出版服务业营业收入/万元
2020	85	15066	11628
2021	82	15360	11376
2022	83	15509	17212

数据来源:《金华统计年鉴 2021》《金华统计年鉴 2022》《金华统计年鉴 2023》。

表 2　2020—2022 年金华市广播电视事业发展情况

年份	广播人口综合覆盖率/%	电视人口综合覆盖率/%	规模以上广播、电视、电影和录音制作服务业营业收入/万元
2020	99.89	99.92	711687
2021	100	100	915902
2022	100	100	1054909

数据来源:《金华统计年鉴 2021》《金华统计年鉴 2022》《金华统计年鉴 2023》。

2.内容创作生产

(1)内容保存服务

金华市持续推动文化设施建设的水平升级。2022 年,金华市共有文化馆 10 家、文化站 145 家、博物馆 33 家、图书馆 10 家,图书馆藏书达到 709.5 万册,如表 3 所示。金华市新建 766 个"15 分钟品质文化圈"、19 家"悦读吧"自助图书馆(城市书房)、9 家文化驿站和 67 家乡村博物馆;全市 146 个乡镇(街道)实现文化馆分馆、图书馆分馆全覆盖;完成 2008 家"e 家书房"进社区、进农村文化礼堂,实现服务全域覆盖。

表3 2020—2022年金华市主要文化事业发展指标

指标	2020年	2021年	2022年
文化馆/家	10	10	10
文化站/家	148	148	145
博物馆/家	9	31	33
图书馆/家	11	10	10
图书馆藏书/万册	576.1	615.0	709.5

数据来源:《金华统计年鉴2021》《金华统计年鉴2022》《金华统计年鉴2023》。

金华市非常注重保护文化遗存。2022年,浦江上山遗址成功申报人类非遗项目,为金华市的文化保护工作注入了强心剂。金华市域范围内非遗名录共有413项;金华市区非遗名录共有76项,其中:国家级非遗7项,包含黄大仙传说、婺剧、金华道情、金华酒传统酿造技艺、婺州举岩茶制作技艺、金华火腿腌制技艺及婺州窑陶瓷烧制技艺;省级非遗17项、市级非遗52项,包含西安高腔、木版年画等。金华市有国家级代表性传承人26人、省级代表性传承人138人和市级代表性传承人480人。金华市还有2批"传统老字号"共计47项;历史城区内有20条历史街道、5条近现代街道。金华市历代名人,包括从《后汉书》到《清史稿》所记载的古代人物134人,以及《金华市历代名人》中的163人(两者存在重叠)。

(2)内容创作生产

在传统文化内容创作方面,2022年,婺剧成功入选首批浙江文化印记,《三打白骨精》作为全省唯一戏曲院团项目入选国家艺术基金2022年度资助项目。在影视生产方面,横店影视城继续发挥核心作用,横店影视产业实验区获批建立全国首个国家级影视产业实验区。除了不断丰富拍摄场景以外,横店影视城的配套设施项目建设也在提速。自2022年5月开始,横店演员村项目土建施工,预计2025年6月完成建设,未来将一站式满足剧组的实际使用需求。

3.创意设计服务

2022年,金华市的创意设计服务产业延续了稳步发展的态势,尤其是在工业设计、平面设计和文创产品设计等方面表现亮眼。以义乌市为代表的文创产业,通过设计与电商平台的结合,提升了文创产品的国际竞争力。2022年,义乌市深入开展"设计进市场""标准进市场"等活动,成功举办第5届"义乌中国小商品城"杯国际小商品创意设计大赛,征集创意作品近5000件,同比增加34.6%;制定团体标准5个,编制行业标准白皮书12本,浙江中国小商品城"标准进市场"服务标准化试点被列为"2022年度国家级服务业标准化试点项目"。

4.文化传播渠道

2022年,金华市继续推进文化传播渠道多元化发展,提升文化产品的传播效率,将地方文化推向更广阔的市场。作为金华市的地方特色戏曲,婺剧于2008年就已被列入国家级非遗名录,近年来屡次荣登国家级重要舞台。2022年,婺剧第5次登上央视春晚,第6次登上央视新年戏曲春晚,第 3 次登上元宵戏曲晚会,先后参加粤港澳大湾区中国戏剧文化节、中国秦腔艺术节等国家级节庆活动。

(1)艺术表演

受新冠疫情冲击及外部环境影响,2022 年,金华市艺术表演团体由 2021 年的 185 个减少至 136 个,演出观看人次由 2021 年的 610.6 万人次减少至 588.6 万人次,但演出数量由 2021 年的 11500 场增加至 116400 场,如表 4 所示。

表 4 2020—2022 年金华市艺术表演团体发展情况

指标	2020 年	2021 年	2022 年
艺术表演团体/个	101	185	136
演出数量/场	113343	11500	116400
演出观看人数/万人次	1295.9	610.6	588.6

数据来源:《金华统计年鉴 2021》《金华统计年鉴 2022》《金华统计年鉴 2023》。

(2)文化交流

2022 年,金华市成功举办中非文化合作交流周,《最金华》微纪录片非洲传播季、"金彩世界 云涌非洲"云上展览及海外发布、中非艺术展播等 6 项活动精彩纷呈。《最金华》微纪录片登陆 40 多个非洲国家,覆盖超千万电视用户。"金彩世界 云涌非洲"云上展览在非洲 30 多个国家的 50 多家媒体平台上推广。

5.文化投资运营

2022 年,金华市通过设立专项文化基金,吸引了大量社会资本进入文化领域,文化项目的投资规模大幅扩大,特别是在影视、文创和旅游等领域的投资。以横店影视城为例,通过项目资本运作有效提升影视基地的产业链条,形成了集影视拍摄、制作、发行于一体的完整产业链,提升了整个文化产业链的效率和价值。与此同时,通过不断推进横店影视城的项目投资与基建规划,金华市引导影视产业与旅游、乡村振兴等深度融合,进一步带动了相关产业的快速发展。另外,浙江省文化与旅游重大项目于 2022 年年初集中开工,金华市涉及义乌大剧院建设项目与燕语湖二期建设项目,项目投资金额分别为 24 亿元和 9.54 亿元,年度计划完成投资额度分别为 1.8 亿元和 1.5 亿元。

6.文化娱乐休闲服务

2022 年,金华市的文化娱乐服务产业实现了快速复苏,市场规模进一步扩大。金华市规模以上服务业实现营业收入 947.39 亿元,比上年增长 6.4%;文化、体育和娱乐业收入比上年增长 7.0%。2022 年,金华市接待国际游客 3.3 万人次,创汇收入达 1863 万美元;接待国内游客 3830 万人次,实现收入 654 亿元。金华市旅游业将夜间经济和文化旅游深度结合,以"金华文化"为切入点,将"老街巷"传统文化作为吸引元素,开展具有金华特色的历史文化系列活动,打造独具古城特色的夜间文旅消费目的地。

7. 文化辅助生产和中介服务

(1)文化辅助用品制造

2022年,金华市文化辅助用品制造市场规模保持着较稳定的增长速度。以机制纸及纸板产量为例,全市拥有规模以上机制纸企业19家,全省排名第4位;完成机制纸及纸板产量128.17万吨,占全省总产量的比例为8.01%,均在全省排名第4位;各项指标均实现3年连续增长。具体情况如表5所示。

表5　2020—2022年金华市机制纸及纸板相关情况

年份	规模以上机制纸企业		机制纸及纸板产量		占全省产量	
	数量/家	全省排名	产量/万吨	全省排名	占比/%	全省排名
2020	18	4	111.25	5	7.65	5
2021	18	4	128.15	4	8.65	4
2022	19	4	128.17	4	8.01	4

数据来源:《浙江省造纸工业2020年运行报告及2021年展望》《浙江省造纸工业2021年运行报告及2022年展望》《浙江省造纸工业2022年运行报告及2023年展望》。

(2)版权服务

近年来,金华市不断提高知识产权创造、运用、保护、管理服务水平。在强化知识产权长效监管机制方面,对知识产权侵权案件实施全链条打击,有效提升了知识产权的保护能力。2022年6月,国家知识产权局通报2021年度全国知识产权行政保护工作绩效考核情况,金华市知识产权行政保护工作居全国第3,为历年来知识产权保护工作所取得的最好成绩。此次考核对象为全国157个已被列为国家知识产权试点示范城市的副省级城市和地级市,金华市的成绩排在宁波市和广州市2个副省级城市之后,为全国所有地级市之首。金华市建立知识产权快速维权中心,为市场主体提供知识产权创造、运用、保护、管理、服务"一站式"集成服务;继续健全知识产权涉外预警机制,开展海外知识产权预警分析以及知识产权海外维权援助,为企业应对海外知识产权风险和纠纷提供服务指导。

三、金华市文化产业发展政策

(一)《关于推动公共文化服务高质量发展助力共同富裕示范区建设的行动方案(2021—2025年)》

2022年,为全面推动金华市公共文化服务高质量发展,满足人民群众对美好生活的新期待,奋力开创"扛旗争先、崛起浙中"新局面,金华市文化广电旅游局发布了《关于推动公共文化服务高质量发展助力共同富裕示范区建设的行动方案(2021—2025年)》,制定了5年内的工作目标与主要任务,提出到2025年要实现城乡一体"15分钟品质文化生活圈"全面覆盖,人民群众基本文化权益得到有效保障,文化获得感、幸福感显著增强,以人民为中心、以人的发展为核心的高质量现代化公共文化服务体系基本建成,文化治理体系基本完善,文化治理能力显著增强,"品质发展、创新发展、均衡发展、协调发展"的公共文化服务现代化主要指标赶超全省平均水平。

(二)《关于促进婺剧高质量发展的实施意见》

为进一步擦亮婺剧"金名片"、加强婺剧政策深化,持续推进婺剧事业发展。2022 年,金华市文化广电旅游局、金华市财政局发布了《关于促进婺剧高质量发展的实施意见》,建设性地提出婺剧事业高质量发展举措:通过实施婺剧传统剧目"双百"工程促进精品生产;通过开展"名角培育、名师帮扶、婺剧繁星"三大计划确保人才培养;通过做大做强中国(金华)李渔戏剧汇,并在浙江婺剧艺术研究院开展"五个一"建设,推进品牌建设;通过建设县市大剧院,推动设施生态的发展;通过"婺剧＋旅游""婺剧＋文创""婺剧＋媒体",加强戏曲生态创新;通过婺剧进校园、进企业、进农村等方式加强消费生态培育。同时,聚焦浙江省中西部文化中心建设,通过"一团一策"深化浙婺院团改革。以打造浙江婺剧艺术研究院为全国一流地方戏院团为目标,对原《婺剧 6 条》有关条款进行调整并新增一些内容。

(三)《金华历史文化名城保护规划(2021—2035)》

为进一步加强金华历史文化名城的保护,强化名城保护管理与实施,继承和弘扬城市传统文化,促进名城保护与经济社会的和谐发展,彰显金华市城市特色和名城形象,2022 年,金华市住建局牵头制定了《金华历史文化名城保护规划(2021—2035)》。该规划经浙江省政府批复后,成为中共中央办公厅、国务院办公厅印发的《关于在城乡建设中加强历史文化保护传承的意见》之后浙江省实施的第一个国家级历史文化名城保护规划。该规划是指导金华历史文化名城保护和管理的依据。在该规划范围内进行涉及历史文化名城保护的建设活动,均应遵守该规划的要求。该规划提出,在市域层面,重点关注全域保护体系的构建,基于金华名城的历史文化价值,建立全域全要素的保护框架,与各级国土空间规划衔接;在市区层面,重点关注金华古城的价值及传统格局研究,明确保护结构及核心文化资源集聚区域的保护和管控要求,与市(县)级国土空间规划衔接;在历史城区层面,重点关注传统格局、建筑高度及风貌控制、用地导控要求、总体发展引导等,明确刚性和引导性的管控要求,将详细规划落实到历史城区。

(四)《金华市中小学文化艺术类校外培训机构监督管理实施方案(2022 年修订版)》

2022 年,为加强对文化艺术类校外培训机构的管理,促进全市文化艺术类校外培训机构规范有序发展,金华市文化广电旅游局联合市教育局联合修订发布了《金华市中小学文化艺术类校外培训机构监督管理实施方案(2022 年修订版)》。该方案规范了文化艺术类校外培训机构的准入标准、审核登记程序和退出机制,明确了文化艺术类校外培训机构的职责,形成了由各级文化行政主管部门组织领导,市、县(市、区)文化馆协助强化监督管理的协作机制,为深入推进校外培训机构治理工作提供了有力的制度保障。

四、金华市文化产业发展经验

(一)注重提升文化服务水平,高效统筹市场监管

金华市致力于不断提升公共文化服务的品质与水平,高标准推进民生实事项目与任务,扎实开展文物保护工程,深入挖掘地方文化资源。2022年,金华市打造"15分钟品质文化生活圈",全市乡镇(街道)所有文化站、图书室的图书实现通借通还,行政村(社区)"e家书房"实现全覆盖,有力提升了群众的文化获得感和幸福感;上山文化申遗全面启动,绿茶制作技艺(婺州举岩)和庙会(赶茶场)作为"中国传统制茶技艺及其相关习俗"的组成部分,成功入选联合国教科文组织发布的人类非遗代表作名录;佛手文化等10个项目入选首批"浙江文化标识",继续做大做强"婺风遗韵"品牌,举办"婺风遗韵"系列活动264场。

与此同时,金华市高效统筹市场监管,推进安全生产与文化执法。金华市守牢安全生产底线,深入开展消防安全、防汛防台等专项排查整治行动,在新冠疫情防控的特殊时期筑牢屏障;把牢文化执法关口,充分利用"互联网＋监管"等方式加强监管执法,防范化解风险,维护社会稳定。

(二)提质升级文旅产业,持续开拓文旅市场

在文旅产业建设方面,金华市聚焦纵深化发展全域旅游,创建品质化景区,全力扩大旅游的空间与格局。2022年,金华市持续推动项目建设的提速提效,以"四十百千"为重点狠抓重大项目建设;全国县域旅游综合实力百强县中,金华市占6席,连续4年位列全省第1,并不断推进婺城区创建省级全域旅游示范区;双龙风景旅游区创建5A级景区稳步推进,景区品质和能级进一步提升。

在文旅市场开发方面,金华市注重文旅品牌的推广深化,精心策划主题活动,打造特色旅游线路。2022年,金华市建设"真理味道 信仰之源"红色文化长廊,设计开发4条红色旅游精品线路和35条县域精品线路,打造红色政治高地。另外,金华市通过与外地的交流合作和新媒体推广宣传,不断拓宽文旅市场。金华市在全省率先开展以"微度假轻旅行"为主题的金华文旅"迎省运走十城"文旅推介会,并先后赴成都市、巴中市等地开展对口合作,有力地拓展了文旅市场;联合浙江日报社专版刊发报道《点石成金 双星争华——金华逐梦文旅新图景》,联合金华日报社推出《文旅共富新图景》专版11期;充分依托抖音、微博、小红书等新媒体平台,全面拓宽宣传维度,成功打造了熊猫猪猪乐园等一批网红打卡地;积极引进浙江卫视的《奔跑吧》《还有诗和远方》、爱奇艺的《萌探探探案》等节目来金华市开展主题拍摄,以明星流量带动话题效应,推动一大批金华美景、美食成功出圈。

五、金华市文化产业发展展望

(一)加强文化品牌建设,拓宽国际市场

金华市将更加注重文化品牌的打造和推广,提升地方文化的知名度与影响力。通过举

办文化节、展览和创意大赛等活动,积极宣传金华市的历史文化和现代成就,吸引更多的外部关注。同时,通过建立地方文化标识和品牌形象,增强市民对地方文化的认同感,形成文化自信,促进文化消费。金华市还将主动拓展文化产品和服务的国际市场,尤其是在"一带一路"倡议的背景下,积极参与国际文化交流和合作,通过与海外文化机构建立伙伴关系,推动金华市文化的国际化发展,增加文化产品的出口;借助国际展会和文化节等平台,展示金华市的文化魅力,吸引外资和外来文化资源。

(二)提升企业自主创新能力,促进科技与文化融合

金华市将大力推动科技与文化的深度融合,支持文化企业利用先进技术提升创作、传播和运营效率;通过引入大数据、人工智能和虚拟现实等新技术,创新文化产品形态,提升用户体验;鼓励科技企业参与文化项目,为文化产业的发展提供更多技术支持。金华市将积极引导文化企业强化科技支撑,提高自主创新能力,进一步突出文化企业的技术创新主体地位,推动人、财、物等各种创新要素向企业集聚,使企业真正成为技术创新决策、研发投入、科研组织、成果转化的主体;完善支持企业创新的相关政策,依法保护企业自主创新的成果与权益,支持构建以企业为主导、产学研合作的文化产业技术创新联合体,加快推动高校和科研院所向企业开放共享创新资源,促进科技与文化产业结合,从而进一步探索文化产业园区建设模式,打造文化产业链建设,促进文化市场多元化发展。

(三)构建文化企业培育机制,推进新业态新产业发展

金华市将建立多层次、递进式的文化企业培育机制,筛选培育一批文化制造业、文化新业态产业、影视文化产业与数字文化产业的企业,探索构建有利于企业成长升级的工作机制,引导企业突破其发展瓶颈,鼓励大型文化企业带动创新链、产业链上下游中小微文化企业协同发展。同时,金华市还将大力推动新业态、新产业的企业与国内高精尖企业以及学术、科研机构互联对接,在技术创新、人才引进等方面给予更大力度的税费优惠、资金支持,在政府采购、能源指标、土地、基建等方面给予倾斜,降低实施门槛,扩大适用范围,加大文化产业政策的培训、宣传力度,确保文化新业态、新产业企业"应享尽享"政策优惠,下好新业态、新产业发展这盘棋,争取在全省占据较大份额。

参考文献

[1] 金华市人民政府.2023 年金华市政府工作报告[EB/OL].(2023-02-14)[2024-07-21].http://www.jinhua.gov.cn/art/2023/2/14/art_1229161268_4062509.html.

[2] 金华市统计局,国家统计局金华调查队.2022 年金华市国民经济和社会发展统计公报[EB/OL].(2023-03-22)[2024-07-26].http://tjj.jinhua.gov.cn/art/2023/3/22/art_1229317894_4078036.html.

[3] 金华市统计局.2023 金华统计年鉴[EB/OL].(2023-12-25)[2024-07-20].http://tjj.jinhua.gov.cn/art/2023/12/25/art_1229166308_58685302.html.

［4］金华市文化广电旅游局.金华市文化广电旅游局2022年工作总结和2023年工作思路
［EB/OL］.（2023-06-13）［2024-07-26］. http://wglyj. jinhua. gov. cn/art/2023/6/13/art
_1229639303_4097023. html.

［5］义乌市统计局.数字义乌:2022义乌国民经济和社会发展概况［EB/OL］.（2023-05-11）
［2024-07-26］. http://www. yw. gov. cn/art/2023/5/11/art_1229137466_59440093.
html.

［6］浙江省城市化发展研究中心.【三名保护】历史文化名城系列:走近金华,探索千年古城
［EB/OL］.（2023-03-15）［2024-07-26］. https://mp. weixin. qq. com/s?__biz=
MzkzMjI1Mjg1MA==&mid=2247512776&idx=1&sn=daf0fb4e16efe1ca7f05648ea3
90c6be&chksm=c25c6f15f52be6036aec2beca75bf5171525ca00bd7b8249f46d4487190de6
9b1beaca5965e2&scene=27.

［7］佚名.浙江横店年终观察:新业态折射影视业发展新趋势［EB/OL］.（2022-12-29）［2024-
07-26］. https://baijiahao. baidu. com/s? id=1753539040238076625&wfr=spider&for
=pc.

2023 年舟山市文化产业发展报告

张云鹤　翁欣怡

2022 年,舟山市文化产业在政策引领和市场需求的双重驱动下,展现出蓬勃的发展态势。依托海洋文化资源和地理优势,舟山市深化文化与旅游、体育等产业的融合,推动文化产业的多元化发展。同时,舟山市通过实施扶持政策、加强文化品牌建设,既激发了市场主体活力,又提升了城市文化形象。此外,面对存在的挑战,舟山市正通过创新驱动和资源整合,积极探索文化产业的高质量发展之路。

一、舟山市文化产业发展环境

(一)区位环境

舟山市,古称"海中洲",是浙江省辖地级市,位于浙江省东北部舟山群岛,地处中国东部黄金海岸线与长江黄金水道的交汇处,背靠长三角广阔经济腹地。舟山市拥有 2085 个岛屿和 270 多千米深水岸线,是中国第一大群岛和重要港口城市。舟山市总面积为 2.22 万平方千米,其中海域面积为 2.08 万平方千米,4696 个岛礁陆地总面积为 1440.2 平方千米。

(二)产业环境

根据地区生产总值统一核算结果,2022 年舟山市地区生产总值为 1951.3 亿元,按可比价格计算,比上年增长 8.5%,增速持续领跑全省各市。分产业看,第一产业增加值达 170.9 亿元,比上年增长 3.7%;第二产业增加值达 950.4 亿元,比上年增长 15.0%;第三产业增加值达 830.0 亿元,比上年增长 3.3%。三次产业增加值结构为 8.8∶48.7∶42.5。全年居民消费价格比上年上涨 1.7%(见表 1),其中服务类价格下跌 0.3%,消费品价格上涨 3.1%,商品零售价格上涨 3.3%。

2022 年,全市固定资产投资施工项目共有 181 个重点建设项目,其中本年新开工项目 72 个。全市固定资产投资比上年增长 4.0%,其中:第一产业比上年下降 20.5%;第二产业比上年下降 12.3%;第三产业比上年增长 27.9%。从重点领域投资来看,交通投资比上年增长 97.8%,生态环保、城市更新和水利设施投资比上年增长 35.8%,高新技术产业投资比上年下降 7.6%,民间投资比上年下降 8.7%。

2022 年,舟山市新设企业 9749 户,比上年减少 15.0%;新设个体工商户 15534 户,比上年增长 10.3%。2022 年年末,在册市场主体数量达 15.4 万户,比上年增长 3.9%,其中企业数达 5.7 万户,比上年增长 1.1%。

表1 2022年舟山市分大类居民消费价格比上年涨跌幅度

类别	比上年涨跌幅度/%
居民消费价格	1.7
一、食品烟酒	3.2
二、衣着	-2.4
三、居住	-0.6
四、生活用品及服务	1.3
五、交通和通信	5.6
六、教育文化和娱乐	1.5
七、医疗保健	0.3
八、其他用品和服务	0.6

数据来源:舟山市统计局.2022年舟山市国民经济和社会发展统计公报[EB/OL].(2023-03-16)[2024-09-24]. https://www.zhoushan.gov.cn/art/2023/3/16/art_1229789546_3887800.html.

(三)文化环境

2022年,舟山市实施文化惠民工程,建成450个"15分钟品质文化生活圈",实现500人以上行政村文化礼堂全覆盖。2022年年末,全市有文化艺术表演团体1824个(见表2)、艺术表演场所13处、文化馆5家、文化站36家,公共图书馆5家;全市有线电视用户数达25.5万户,数字电视用户数达25.5万户,广播人口综合覆盖率达100%,电视人口综合覆盖率达100%。

2022年,全市有7项非遗项目被列入省级非遗代表性项目名录,具体包括民间文学"舟山民间谜语"、传统音乐"贺郎调"、传统舞蹈"打莲湘"、传统杂技"舟山船拳"、传统美术"嵊泗海洋剪纸"、传统技艺"普陀佛茶制作技艺"和传统医药"顾氏骨伤疗法"。

表2 2017—2022年舟山市部分文化事业发展指标

指标	2017年	2018年	2019年	2020年	2021年	2022年
艺术表演团体/个	933	1314	2004	2072	1285	1824
电影放映单位/个	15	15	18	17	19	19
公共图书馆藏书/万册	191.69	204.91	216.06	245.85	258.50	259.99

数据来源:《舟山统计年鉴2023》。

(四)创新环境

2022年,舟山市在创新环境建设方面取得了显著的进展,特别是在高新技术企业和研发投入方面。2022年,舟山市规模以上工业企业的研发费用达79.51亿元,同比增长49.4%;高新技术产业增加值达898.99亿元,比上年增长25.6%,增速在全省中排名第1。到2022年底,有研发活动的企业在规模以上工业企业中的占比达64.7%。2022年,舟山市新认定国家高新技术企业 49 家、省级科技型中小企业 151 家。

二、舟山市文化产业发展现状

(一)产业总体发展现状

2022 年,舟山市文化产业发展总体呈现积极态势,在多个领域均实现了突破,市场活力和增长潜力显著。在内容创作生产方面,舟山市影视产业取得显著进展,12 家影视企业落户舟山市,60 余个影视及综艺节目在舟山市拍摄;在创意设计服务方面,舟山市在浙江省博物馆文创大赛中获得佳绩,推出多款深受欢迎的文创产品;在文化传播渠道方面,舟山市数字化平台"海岛文 e 家"上线,文化艺术设施数量庞大,广播电视服务全面覆盖,网络零售和消费增长显著;在文化投资运营方面,舟山市固定资产投资增长,特别是文旅领域投资增长显著,实施"星辰大海"计划,推进文旅产业发展;在休闲娱乐服务方面,舟山市旅游业复苏势头强劲,打造文旅 IP 和文旅项目,如"沈家门渔港"和"冠素堂"入选第 2 批浙江省创建级文旅 IP,12 个重大文旅项目总投资额高达 97.21 亿元。

(二)产业分类发展现状

1.内容创作生产

近年来,舟山市在广播电视电影产业方面取得了积极进展。通过吸引影视剧组拍摄、优化审查流程、建设全域影视文化基地等措施,推动了当地影视产业的发展。

2022 年,在舟山市拍摄的影视及综艺节目超过 60 个,已完成拍摄 30 余个,显现出良好的市场效应。2022 年 1 月,网络影视剧《消散的痕迹》在舟山市开机拍摄。此外,超级网剧《你是我的美味》全程在舟山市取景拍摄,剧中展现了舟山市的美食和美景,这些美食和美景成为剧中甜蜜爱情故事的"催化剂"。

2022 年 5 月,舟山市网络影视剧审查中心成立,浙江省广播电视局将网络影视剧的审查权下放到舟山市,提高了审查效率,缩短了审查周期,加快了传播速度。舟山市还计划在2023—2027 年,利用现有自然文化资源的优势,打造全域影视文化基地,为现代题材影视剧的剧组节约成本,同时为当地文旅发展注入强劲动力。

2.创意设计服务

近年来,舟山市在文化创意设计方面取得了显著成绩。舟山市各家博物馆通过研发具备自身特色的文创产品,以更具创意的方式弘扬博物馆文化,深受大众喜爱。

2022 年,舟山市在浙江省博物馆文创大赛中获得了 1 金、2 银、4 铜的佳绩,具体获奖作品如下:普陀区博物馆的鱼刀、鱼梭创意书签获金奖,其设计理念来源于馆内收藏的鱼刀、鱼梭,体现了丰富的渔文化元素;岱山县海洋文化博物馆的伴睡沙漏灯获银奖,其以岱山灯塔博物馆的灯塔为主要元素,加入萌宠元素,极具本土特色;普陀区博物馆的普陀灯塔主题摆件获银奖,其以普陀区域内的灯塔为创作元素,展现海岛文化;嵊泗枸杞贻贝产业体验馆的东海公主帆布包、舟山博物馆的松鹤图系列文创摆件、嵊泗博物馆的乌贼夫妻泳衣套装、舟山博物馆的舟山特色海洋生物系列拼斗纸模型获铜奖。这些文创产品不仅是博物馆文化展示和教育活动的延伸,也是博物馆在文化传播手段上的创新。

3. 文化传播渠道

2022年,舟山市在文化传播渠道方面取得了积极进展,通过数字化平台的建设、文化艺术设施的完善、广播电视的全面覆盖以及网络渠道的利用,形成了多元化的文化传播渠道。这些措施不仅增强了文化的传播力和影响力,也为市民提供了更加丰富和便捷的文化服务。

在数字化文化传播平台方面,舟山市借助数字化改革,推出了"海岛文e家"应用,这是一个公共文化管理服务"智达慧享"平台。该平台的上线,使得群众可以通过手机等移动设备享受文化服务,如点单观看文艺演出、参与文化活动等,极大地扩展了文化传播的渠道,提高了文化传播的互动性和便捷性。

在文化艺术设施建设方面,舟山市文化艺术团体和设施丰富,包括表演团体、艺术表演场所、文化馆、文化站和公共图书馆等,这些团体和设施是文化传承、交流的重要平台。同时,广播电视服务全面覆盖,确保了信息传播的广泛性和及时性。

在网络零售和消费方面,舟山市全年实现网络零售额124.1亿元,比上年增长16.5%;居民网络消费额达223.8亿元,比上年增长8.1%。这些数据显示了网络在文化传播和消费中的重要性,网络已经成为文化传播的重要渠道之一。

在文化产品和服务的供给方面,舟山市通过"淘文化"平台,实现了文化产品和服务的社会化运作,让群众可以根据自己的喜好选择文化活动。这种模式的创新,提高了文化传播的精准性和有效性。

4. 文化投资运营

2022年,舟山市在投资运营方面呈现出积极的发展态势,采取了积极的财政支持措施。通过专项资金的设立和项目库的建立,促进了文化企业的发展和文化产业的集聚。同时,舟山市对文化产业园区和首次上规模的文化企业给予奖励,以激励产业升级和市场扩张。

根据《2022年舟山市国民经济和社会发展统计公报》,全市固定资产投资比上年增长4.0%,第三产业固定资产投资比上年增长27.9%。其中,作为第三产业重要组成部分的文旅领域投资增长显著,推进了舟山市文化旅游产业的高质量发展。例如,舟山市实施了"星辰大海"计划,旨在推进城市滨海岸线景观风貌提升、文化标识打造、文旅产业发展。该计划的实施有助于提升舟山市的文化旅游吸引力,进一步促进文化旅游产业的投资和运营。同时,舟山市还成功举办了"星辰大海"计划文旅推介行活动,活动期间有10个重点文旅项目完成现场签约,其中7个落地项目签约总金额达3亿元。这进一步证明了舟山市在文化旅游投资方面的活跃态势。

根据《舟山市文化产业发展专项资金管理办法》,舟山市设立了专项资金,用于支持文化产业发展项目、重大平台建设,包括文化产业园区和文化创意街区等。这些资金旨在支持文化企业提质增量,鼓励社会资本投资文化产业,推动文化产业高质量发展。在文化企业支持方面,对于符合条件的文化企业,舟山市提供不同级别的资金支持。例如,对于一般项目、重点项目、重大项目,分别给予 10 万元、30 万元、50 万元的支持。此外,对于首次上规模的文化企业,提供 20 万元的奖励。在文化产业园区奖励方面,对于新入选浙江省重点文化产业园区的运营管理单位,给予 30 万元的奖励,这表明舟山市对文化产业园区的发展给予了高度重视和实质性的资金支持。在文化产业发展项目库方面,舟山市建立了文化产业发展项目库,组织申报并认定入库项目,这有助于管理和优化文化产业发展资金的分配和使用。

5. 休闲娱乐服务

2022 年,舟山市旅游业表现出了强劲的复苏势头和增长潜力,并在打造文旅 IP 和文旅项目方面积极探索与实践。通过构建具有地方特色的文化小岛,不断提高城市文化软实力,扩大城市文化影响力。

根据舟山市文化和广电旅游体育局统计,2022 年 4—11 月,舟山市的旅游接待人数和旅游收入整体呈现上升趋势。夏季是其旅游业的高峰期,而随着季节的变化,舟山市旅游业也出现了一定程度的波动。2022 年 4 月,舟山市旅游接待人数达 41 万人次,旅游收入达 5.5 亿元,住宿设施客房出租率达 19.7%;5 月,舟山市旅游接待人数达 66.5 万人次,旅游收入达 9 亿元,住宿设施客房出租率达 31.4%;6 月,舟山市旅游接待人数达 129 万人次,旅游收入达 17.2 亿元,住宿设施客房出租率达 55.1%;7 月,舟山市旅游接待人数达 152.1 万人次,旅游总收入达 20.4 亿元,住宿设施客房出租率达 65.2%;8 月,舟山市旅游接待人数达 145 万人次,旅游收入达 19.5 亿元,住宿设施客房出租率达 60.9%;9 月,舟山市旅游接待人数达 102.1 万人次,旅游收入达 13.8 亿元,住宿设施客房出租率达 47.0%;10 月,舟山市旅游接待人数达 105.9 万人次,旅游收入达 14.2 亿元,住宿设施客房出租率达 46.8%;11 月,舟山市旅游接待人数达 72.1 万人次,旅游收入达 9.6 亿元,住宿设施客房出租率达 32.4%。

2022 年 2 月,舟山市 12 个重大文旅项目在新城滨海城市带"欢乐海湾"项目现场宣布正式开工,总投资 97.21 亿元,年度计划投资 35.14 亿元,这些项目主要聚焦海岛公园、全域旅游、文化休闲、海岛体验、餐饮住宿、康体养生等众多领域。2022 年 6 月,舟山市举行"小岛你好"——海岛共富行动启动仪式,现场 12 个海岛建设项目签约,包括东岠岛生态休闲旅游岛建设项目、刺山岛风尚露营岛建设项目等,计划实现"一岛一品、一岛一策"。

三、舟山市文化产业发展政策

(一)《舟山市文化产业发展专项资金管理办法》

《舟山市文化产业发展专项资金管理办法》于 2022 年发布,进一步规范舟山市文化产业发展专项资金管理,提高财政资金管理的科学性、规范性和有效性,鼓励社会资本投资文化相关产业。

专项资金重点支持以下项目或单位:(1)被列入国家、省或市文化产业发展规划的重点项目;(2)助力推动全市重大发展战略的文化产业项目;(3)内容创新、业态创新的文化产业项目;(4)与优秀传统文化相结合,发掘、提升传统文化内涵、价值的文化产业项目;(5)具有地区竞争力和影响力,有助于打造特色海洋文化品牌的文化产业"走出去"项目;(6)改善文化产业发展环境、促进产业融合发展的公共服务平台项目或产业园区、街区;(7)有效提升人民文化生活品质、促进就业增收,具有较好社会效益的文化产业项目;(8)提升文化消费软硬件环境、搭建文化贸易平台、拉动文化消费、促进文化市场繁荣的项目;(9)重大文化产业项目的招引及落地,重大文化产业发展项目;(10)新晋"四上"文化企业(3年内不重复奖励);(11)获得市级及以上主管部门表彰的文化相关企事业单位。

(二)《舟山市贯彻落实国务院、浙江省扎实稳住经济一揽子政策措施实施方案》

《舟山市贯彻落实国务院、浙江省扎实稳住经济一揽子政策措施实施方案》于2022年发布,其中对文化旅游产业提出了扶持措施,提振旅游业发展信心。实施促进文广旅体产业恢复发展的相关措施,通过发放旅游消费券、对旅行社"引客入舟"进行奖补、退还旅行社质保金、尽快兑现旅游产业发展资金等举措,帮助旅游业市场主体纾困解难。

四、舟山市文化产业发展经验

(一)完善政策支持,保障产业健康发展

2022年,舟山市文化产业的发展得益于一系列政策的引领和支持。舟山市政府出台了《舟山市文化产业发展专项资金管理办法》《舟山市贯彻落实国务院、浙江省扎实稳住经济一揽子政策措施实施方案》。这些政策不仅涵盖了资金扶持、税收优惠、人才培养等方面,还明确了文化产业发展的重点领域和目标任务,为文化产业的健康发展提供了坚实的政策保障。此外,舟山市通过多部门的合作扶持和文旅融合的创新驱动,成功打造了具有地方特色的文旅品牌如"舟游列岛"。这不仅丰富了文化旅游的内涵,也吸引了大量游客,促进了相关产业的发展。政策体系的健全和多部门的合作,使得文化产业在舟山市能够获得必要的资源和良好的市场环境,从而实现快速发展和产业升级。

(二)深化产业融合,激发市场活力

舟山市文化产业的发展经验之一是深化产业融合,通过文化与旅游、体育等其他产业的深度融合,激发了市场的活力。舟山市政府积极推动文化旅游项目的建设如"小岛你好"——海岛共富行动,签约12个海岛建设项目。这不仅提升了舟山市的文化品位,也带动了相关产业的发展,形成了良好的产业链。此外,舟山市通过举办各类文化节庆活动和展览,进一步丰富了文化产业的内涵,提高了文化产业的附加值和市场竞争力。产业融合的深化为舟山市文化产业发展注入了新的活力,也为其他产业的发展提供了新的增长点。

(三)强化品牌建设,提升文化软实力

品牌建设是舟山市文化产业发展的另一重要经验。舟山市政府明确提出以"舟游列岛"为主打品牌的文旅品牌战略,通过整合区域文化资源和旅游资源,构建独特的品牌形象。同时,通过线上社交媒体、旅游网站、线下旅游展会等多种渠道,加强品牌的传播和推广,提高品牌的知名度和影响力。此外,舟山市还通过举办特色活动、统一品牌视觉形象、提升服务质量、营造文化环境氛围、讲述品牌故事等途径构建品牌的情感链接,让品牌形象更加生动

和深入人心。品牌建设的强化,不仅提升了舟山市的文化软实力,也为文化产业的长远发展奠定了坚实的基础。

(四)优化公共服务,满足群众文化需求

舟山市文化产业的发展经验还体现在优化公共服务、满足群众文化需求上。舟山市政府通过实施文化惠民工程,建成了 450 个"15 分钟品质文化生活圈",实现了 500 人以上行政村文化礼堂全覆盖,极大地丰富了群众的文化生活。此外,通过建设文化艺术表演团体、艺术表演场所、文化馆、文化站、公共图书馆等,提供了丰富的文化产品和服务,满足了群众多样化的文化需求。公共服务的优化,不仅提升了群众的文化生活质量,也为文化产业的发展提供了良好的社会环境。

(五)推动创新发展,增强产业核心竞争力

创新发展是舟山市文化产业发展的核心竞争力。舟山市政府鼓励和支持文化企业利用数字技术进行创新与转型,如通过建设数字文化平台,整合各类文化资源,提供数字化的文化产品和服务。同时,加强数字技术的创新和应用,提升文化企业的数字化水平,增强产业的创新能力和核心竞争力。推动文化产业创新发展为舟山市文化产业注入了新的动能,也为文化产业的高质量发展提供了强有力的支撑。

五、舟山市文化产业发展展望

舟山市文化产业存在区域发展不平衡、资金管理和使用效率不高、文化和旅游产业未深度融合、公共服务平台建设和数字化转型不强、文化资源开发不足等问题。未来,舟山市文化产业应着力以下几个方面。

(一)均衡区域发展,促进产业协调共进

面对舟山市文化产业区域发展不平衡的现状,未来舟山市应着重于均衡区域发展,促进产业协调共进。舟山市应通过政策引导和资源配置,推动文化产业在不同区域之间的均衡发展。这不仅包括加大对欠发达地区的支持力度,也涉及优化产业布局,鼓励各区域根据自身特色和优势发展特色文化产业。例如,可以依托舟山市丰富的海洋文化资源,打造海洋文化主题园区,或者利用地方特色文化资源,发展乡村文化旅游,以此带动地方经济和文化产业的发展。通过这些措施,舟山市将逐步缩小区域发展差距,实现文化产业的整体协调发展。

(二)提升资金效能,优化资源配置策略

针对资金管理和使用效率有待进一步提高的问题,舟山市文化产业的未来展望应聚焦于提升资金效能,优化资源配置策略。这要求相关政府部门加强对文化产业资金的监督和管理,确保资金的有效利用和最大化效益。同时,建立和完善文化产业投资基金、融资担保体系等金融支持机制,为文化企业提供更加多元化的融资渠道。此外,鼓励和引导社会资本投入文化产业,尤其是对于创新型、成长型的文化企业应给予更多的关注和支持,以此激发

市场活力,推动文化产业的可持续发展。

(三)深化文旅融合,拓展产业发展空间

在文化和旅游产业有待深度融合的背景下,舟山市将深化文旅融合,拓展文化产业发展空间。通过整合文化和旅游资源,开发具有地方特色的文旅产品和项目,如海洋文化旅游、海岛休闲旅游等,提升旅游产品的文化内涵和附加值。同时,利用数字技术如虚拟现实(VR)、增强现实(AR)等,创新旅游体验方式,吸引更多游客。此外,通过举办各类文化节庆活动、艺术展览等,丰富文化旅游内容,提升游客的文化体验,从而推动文化和旅游产业的深度融合,实现互利共赢。

(四)加强平台建设,推动产业数字化转型

针对公共服务平台建设和数字化转型有待加强的问题,舟山市将加强平台建设,推动产业数字化转型。这包括建设数字化的文化服务平台,如在线文化展览、数字图书馆等,为公众提供更加便捷高效的文化服务。同时,鼓励文化企业利用数字技术进行创新,如开发数字艺术作品、在线教育课程等,拓展文化产业的发展空间。另外政府应加大对数字化转型的支持力度,提供技术指导、资金扶持等,帮助文化企业提升数字化水平,增强产业的创新能力和市场竞争力。

(五)丰富文化资源开发,激发产业创新活力

面对文化资源开发不足的问题,舟山市将丰富文化资源开发,激发产业创新活力。通过深入挖掘和整理舟山市丰富的海洋文化、佛教文化、渔俗文化等资源,开发具有地方特色的文化产品和服务。同时,加强文化遗产的保护和传承,如通过数字化手段记录和展示非遗,让传统文化在现代社会焕发新的生命力。此外,鼓励文化创意和创新,支持文化企业开发新的文化产品和服务,满足市场需求,从而推动文化产业的创新发展。通过这些措施,舟山市将充分发挥文化资源的优势,为文化产业发展注入新的活力。

参考文献

[1] 季双禹.舟山市渔村文化产业发展研究[J].农村经济与科技,2019,30(09):198-199.

[2] 王微,冯曦元.舟山市市旅游业与区域经济耦合协调关系的研究[J].特区经济,2021(6):56-59.

[3] 武雅娇,岳海静,向欢欢.乡村振兴视角下舟山市普陀佛茶特色文化产业发展研究[J].对外经贸,2022(02):48-51.

[4] 忻海平,施宏斌,史征.舟山市群岛新区文化产业发展理论与实践探索[M].杭州:浙江工商大学出版社,2017.

[5] 徐妍.产业融合视角下舟山市市文化产业发展路径探索[J].统计科学与实践,2021(04):42-45.

[6] 张平华.舟山市旅游文化资源融入文创产业发展机制探究[J].产业与科技论坛,2022,21

(13)：21-22.

［7］舟山市人民政府.2022 年舟山市国民经济和社会发展统计公报［EB/OL］.（2023-04-18）
［2024-09-24］. https://www. zhoushan. gov. cn/art/2024/4/18/art_1229789546_3848546.
html.

［8］舟山市统计局.2022 年舟山市统计年鉴［EB/OL］.（2022-12-26）［2024-09-24］. http://
zstj. zhoushan. gov. cn/col/col1229705812/index. html.

［9］舟山市文化和广电旅游体育局.2022 年舟山市旅游接待与收入情况统计表［EB/OL］.
（2022-9-23）［2024-09-24］. http://zswglt. zhoushan. gov. cn/art/2022/9/23/art_
1229317497_3724673. html.